beck'sche reihe

bsr

Selten sind es große, existenzsprengende Erleuchtungen gewesen, denen die Dichter ihre Werke verdanken. Die Inspiration kennt zwar den betörenden, den berauschenden Klang, aber ihre normale Stimmlage ist eher leise, behutsam, sie setzt auf Nachhaltigkeit. Es ist eine Zeit des schönen Scheins, der die Inspiration entspricht; davon berichtet dieses Buch, das den Lebens- und Werk-Geschichten bekannter Dichter nachgeht. Wenn sie kommt, die Inspiration, bedarf sie der Erwiderung, sie wird zur Idee: «Denn eine Idee: das bist du, in einem bestimmten Zustand. Irgend etwas haucht dich an; wie wenn in das Rauschen von Saiten plötzlich ein Ton kommt; es steht etwas vor dir wie eine Luft-Spiegelung; aus dem Gewirr deiner Seele hat sich ein unendlicher Zug geformt, und alle Schönheiten der Welt scheinen an seinem Weg zu stehn» (Robert Musil).

Otto A. Böhmer lebt als Schriftsteller in Nieder-Wöllstadt (Wetterau). Zahlreiche Veröffentlichungen. Erich-Fried-Preis 2001. Bei C. H. Beck sind von ihm erschienen «Sternstunden der Philosophie» (bsr 1030, [4]1993), «Neue Sternstunden der Philosophie (bsr 1130, [3]1999), «Als Schopenhauer ins Rutschen kam» (bsr 1232, [2]1997).

Dieses Buch ist aus einer Hörfunkreihe des Nachtstudios im Bayerischen Rundfunk entstanden.

Otto A. Böhmer

Sternstunden der Literatur

Von Dante bis Kafka

Verlag C. H. Beck

Eine limitierte Sonderauflage dieses Buches
erschien im Jahr 2003 in der Beck'schen Reihe.

Originalausgabe

2. Auflage. 2003

Satz: Fotosatz Reinhard Amann, Aichstetten
Druck und Bindung: Druckerei C. H. Beck, Nördlingen
Umschlagabbildung: Goethe in der Campagna di Roma (Ausschnitt).
Gemälde von J. H. W. Tischbein
Umschlagentwurf: Fritz Lüdtke, Atelier 59, München
Printed in Germany
ISBN 3 406 49488 9

www.beck.de

Für Christel und Mareike

« Wir werden doch nicht nur geboren, um hinzunehmen oder aufzuschreiben, was war und wie es war, sondern alles wartet auf uns, die Dinge suchen ihren Dichter und wollen auf uns bezogen sein. »

Ernst Bloch

Inhalt

Vorwort

Das Abenteuer der Inspiration

Daß Literatur von Inspiration(en) lebt, ist eine verbreitete und, letztlich, auch wohl begründete Annahme, die allerdings etwas in die Jahre gekommen ist – ebenso wie die Literatur wohl insgesamt etwas in die Jahre gekommen ist und sich doch noch wacker hält. In aufgeklärten Zeiten vertraut man weniger auf Inspirationen; sie haben es schwer, wenn das Wissen wuchert und das Geheimnis entfällt; zu bedeckt hält sich ein einstmals schönes und nun sehr angegriffenes Leben, zu zäh kommt ein Pflichten- und Stimmungsalltag daher, als daß aus ihm noch zündende Funken zu schlagen wären. Dabei machte der Zündflug des Gedankens das Wesen der Inspiration (lat. «Einatmung», «Einhauchung») aus: Er traf, traf zu, und Erleuchtung, Eingebung, Erhellung waren die Folge. Wer das Glück hatte, inspiriert zu sein, wurde ergriffen: «Man zog ein Gesicht dazu wie zu einem Gebet, und hielt den Schritt an», schreibt Nietzsche in der *Fröhlichen Wissenschaft*, «ja man stand stundenlang auf der Straße still, wenn der Gedanke ‹kam› ... So war es der Sache ‹würdig›.»

Inspirationen sind unterschiedlich intensiv, so wie auch die Gefühle, die uns zusetzen, unterschiedlich intensiv sind. Entsprechend fallen die Wertungen aus, die wir mit ihnen verbinden; wir hätten es gern groß und heftig, haben indes, begründeterweise, Angst davor und sind zuletzt froh und dankbar, wenn wir es überhaupt noch schaffen, fortzukommen von den gewöhnlichen Beschwernissen, vom unspektakulären Lasten- und Leidensdruck, vom Mißmut des Positiven, und sei es nur für den einen *erfüllten Augenblick*, der vorgesehen ist für das absolute Genügen, für Entrückung und Klarsichtigkeit ohne Ich. In der Geistesgeschichte waren es denn auch meist die großgemusterten Erleuchtungen, die von sich reden machten (vgl. v. Vf.: *Sternstunden der Philosophie);* leidenschaftliche Zumutungen, Blitzeinschlag im Kopf, Einflüsterungen auf Dauer und Widerhall, die das Wahre, «das Licht einer wunderbaren Einsicht» erahnen ließen. Das Ganze vollzog sich noch ungestraft und durfte nur unwiderstehlich sein: «Eine wahrhaft beglückende, entrückende, zweifellose und gläubige Inspiration», glaubt der Teufel in Thomas Manns *Doktor Faustus* versprechen zu können, «eine Inspiration, bei der es keine Wahl, kein Bessern und Basteln gibt, bei der alles als seliges Diktat empfangen wird, der Schritt stockt und stürzt, sublime Schauer den Heimgesuchten von Scheitel zu den Fußspitzen überrieseln, ein Tränenstrom des Glücks ihm aus den Augen bricht.» Eine massive, vor der Gewalt des Gedankens keineswegs zurückschreckende Einwirkung hatte schon Nietzsche, von dem Thomas Mann bekanntlich viel hielt, der Inspiration zugeschrieben und damit vor allem sich selbst gemeint: «Man hört nicht, man sucht nicht», heißt es in *Ecce Homo*, «man nimmt, man fragt nicht, wer da giebt; wie ein Blitz leuchtet ein Gedanke auf, mit Nothwendigkeiten, in der Form ohne Zögern – ich habe nie eine Wahl gehabt. Eine Entzückung, deren ungeheure Spannung sich mitunter in einen Thränenstrom auslöst; bei der der Schritt unwillkürlich bald stürmt, bald langsam wird; ein vollkommenes Außer-sich-sein mit dem distinktesten Bewußtsein einer Unzahl feiner Schauder und Überrieselungen ...; eine Glückstiefe, in der das Schmerzlichste und Düsterste nicht als Gegensatz wirkt, sondern als bedingt, als herausgefordert ... Alles geschieht im höchsten Grade unfreiwillig, aber wie in einem Sturme von Freiheits-Gefühl, von Unbedingtsein, von Macht, von Göttlichkeit ... Es scheint wirklich, um an ein Wort Zarathustras zu erinnern, als ob die Dinge selber herankämen und sich zum Gleichnisse anböten.»

Die Inspirationen in der Literatur, von denen wir im folgenden erzählen, fallen allerdings unspektakulärer aus; sie ergeben sich wie beiläufig, wachsen aus einer Ordnung auf, die von untergründigen Freiheiten lebt. Sie entspringen Stimmungen gleichsam arretierten Erlebnissen, die ihre Folgerungen anmahnen; ein fast unabdingbarer Geschehensverlauf, der gleichwohl von Freiheit und Abenteuer kündet. Wie Dichter auf ihre Werke gekommen sind: davon erzählen kleine, unaufgeregte Konstellationsgeschichten, die sich behutsamer Vorteilnahme durch die Inspiration verdanken und nicht geringzuschätzen sind – stehen sie doch unserer Befindlichkeit näher als das Modell visionärer, existenzsprengender Erleuchtung. Es ist eine *Zeit des schönen Scheins,* der die Inspiration entspricht (vgl. v. Vf.: *Zeit des schönen Scheins,* Eggingen 1992); wenn sie kommt, sollte der Dichter sie für sich nutzen und zur tragenden Idee werden lassen: «Denn eine Idee: das bist du; in einem bestimmten Zustand», läßt Robert Musil seinen *Mann ohne Eigenschaften* sagen. «Irgend etwas haucht dich an; wie wenn in das Rauschen von Saiten plötzlich ein Ton kommt; es steht etwas vor dir wie eine Luft-Spiegelung; aus dem Gewirr deiner Seele hat sich ein unendlicher Zug geformt, und alle Schönheiten der Welt scheinen an seinem Wege zu stehn. Das bewirkt oft eine einzige Idee. Aber nach einer Weile wird sie allen anderen Ideen, die du schon gehabt hast, ähnlich, sie ordnet sich ihnen unter, sie wird ein Teil deiner Anschauungen und deines Charakters, deiner Grundsätze oder deiner Stimmungen, sie hat die Flügel verloren und eine geheimnisvolle Festigkeit angenommen …»

Als ein Traum, als ein Schweben

Franz Kafka und das nichtgelebte Leben

Um den gewöhnlichen Erkenntnisvorgang, auch um den sogenannten gesunden Menschenverstand, mit dessen Hilfe wir ganz ordentlich durch das uns zugemutete Geschehen finden, machen wir uns nicht mehr Gedanken als unbedingt nötig. Das ist durchaus nützlich, denn die alltägliche Orientierung, das Wechselspiel von Frage und Antwort, von Tun und Lassen bedeutet Arbeit genug; man muß sie nicht unbedingt hinterfragen, es sei denn, man ist ein Philosoph, dem gerade das Nichtstaunenswerte besonders staunenswert vorkommt. Nun gibt es aber weit mehr Philosophen als man meint; die einfache Nachdenklichkeit ist kein Privileg komplizierter Charaktere, womit sich bereits andeutet, daß im Grunde genommen alles, was ist, zum Gegenstand von Neugier und Bedenken werden kann. Die üblichen Antworten, auch die üblichen Verdächtigen genügen dann nicht; man will mehr, eigentlich sogar: alles wissen. Der Dichter Franz Kafka war ein solcher Mensch, der kein Genügen finden konnte: nicht an sich selbst, nicht an der Welt, aber, was schwerer wog, auch nicht an den normalen Erkenntnisvorgängen, die eine Realität voraussetzen und ein Wissen, das sich ebendieser Realität bedient und an ihr abarbeitet. Kafka mußte schon früh erleben, daß er in das gewöhnliche Wirklichkeitsverständnis nicht hineinzufinden vermochte; aus den Antworten, die er erhielt, gewann er, anders als seine Mitmenschen, keine einsehbaren Gewißheiten, sondern bestenfalls neue Fragen. So hat er in einer seiner frühen Erzählungen, *Beschreibung eines Kampfes*, zum ersten Mal anzudeuten versucht, wie sich ihm das Gegebene gerade dann zu entziehen beginnt, wenn scheinbar alles in Ordnung ist: «Ich hoffe von Ihnen zu erfahren, wie es sich mit den Dingen eigentlich verhält, die um mich wie ein Schneefall versinken, während vor andern schon ein kleines Schnapsglas auf dem Tisch fest wie ein Denkmal steht … Sie glauben nicht daran, daß es andern Leuten so geht? Wirklich nicht? Ach, hören Sie doch! Als ich, ein kleines Kind, nach einem kurzen Mittagsschlaf die Augen öffnete, hörte ich, meines Lebens noch nicht ganz sicher, meine Mutter in natürlichem Ton vom Balkon hinunterfragen: ‹Was machen Sie, meine Liebe? Ist das aber eine Hitze!› Eine Frau antwortete aus dem Garten: ‹Ich jause so im Grünen.› Sie sagten es ohne Nachdruck und nicht besonders deutlich, als hätte jene Frau die Frage, meine Mutter die Antwort erwartet› ...»

Das Kind, das seines Lebens nicht ganz sicher ist, hat Kafka für sich nie zurücklassen können. Er selbst ist, je älter er wurde und in geordneten Berufsverhältnissen pflichtbewußt einen ihm übertragenen Dienst erfüllte, immer unsicherer geworden; ihm versanken «die Dinge» tatsächlich «wie ein Schneefall», während den anderen, der erdrückenden Mehrheit, zu der er, vor allem, seinen gefühlsgroben Vater zu rechnen hatte, «schon ein kleines Schnapsglas auf dem Tisch fest wie ein Denkmal» stand. Für Kafka indes stand gar nichts fest; allenfalls, daß er sich selbst nicht entfliehen konnte – und das war keine tröstliche Aussicht: «Mein Weg ist gar nicht gut und ich muß – soviel Übersicht habe ich – wie ein Hund zugrunde gehn. Auch ich würde mir gern ausweichen, aber da das nicht möglich ist, freue ich mich nur noch darüber, daß ich kein Mitleid mit mir habe und so egoistisch also endlich geworden bin.»

Zur Hinnahme seiner selbst sieht Kafka sich veranlaßt, als er zu begreifen beginnt, daß ihm kein gewöhnlicher Umgang mit der Wirklichkeit und ihren Menschen vergönnt sein sollte. Die kleine Episode aus der *Beschreibung eines Kampfes* ist ihm tatsächlich widerfahren; auch in einem Brief an den Freund Max Brod wird sie erwähnt, und Kafka merkt dazu an, daß er «über die Festigkeit» staune, «mit der die Menschen das Leben zu tragen wissen». Er selbst ist zu diesem Zeitpunkt etwa zwanzig Jahre alt und ein folgsamer junger Mann, der sich den elterlichen Karrierewünschen keineswegs entzieht, auch wenn er weiß, daß es ihm nicht vergönnt sein wird, eine Ordnung der Dinge herzustellen, an der er selbst seine Beruhigung findet. Gelingen kann ihm dies nur in der schwebenden Leichtigkeit des Traums, der sich an keine Zeiten und an keine Dienstvorschriften halten muß. In einer Tagebuchaufzeichnung heißt es: «Ich saß einmal vor vielen Jahren, gewiß traurig genug, auf der Lehne des Laurenziberges. Ich prüfte die Wünsche, die ich für das Leben hatte. Als wichtigster oder als reizvollster ergab sich der Wunsch, eine Ansicht des Lebens zu gewinnen (und –

das war allerdings notwendig verbunden – schriftlich die anderen von ihr überzeugen zu können), in der das Leben zwar sein natürliches schweres Steigen und Fallen bewahre, aber gleichzeitig mit nicht minderer Deutlichkeit als ein Nichts, als ein Traum, als ein Schweben erkannt werde. Vielleicht ein schöner Wunsch, wenn ich ihn richtig gewünscht hätte. Etwa als Wunsch, einen Tisch mit peinlich ordentlicher Handwerksmäßigkeit zusammenzuhämmern und dabei gleichzeitig nichts zu tun, und zwar nicht so, daß man sagen könnte: ‹Ihm ist Hämmern ein Nichts›, sondern ‹Ihm ist das Hämmern ein wirkliches Hämmern und gleichzeitig auch ein Nichts›, wodurch ja das Hämmern noch kühner, noch entschlossener, noch wirklicher und, wenn du willst, noch irrsinniger geworden wäre. Aber er konnte gar nicht so wünschen, denn sein Wunsch war kein Wunsch, es war nur eine Verteidigung, eine Verbürgerlichung des Nichts, ein Hauch von Munterkeit, dem er dem Nichts geben wollte, in das er zwar damals kaum die ersten bewußten Schritte tat, das er aber schon als sein Element fühlte. Es war damals eine Art Abschied, den er von der Scheinwelt der Jugend nahm, sie hatte ihn übrigens niemals unmittelbar getäuscht, sondern nur durch die Reden aller Autoritäten ringsherum täuschen lassen ...»

Kafka erkennt, daß er sich weder für die Fassadengänge der Realität noch für die Nichtigkeit einer an träumerischen Kapazitäten ausgerichteten Scheinexistenz zu entscheiden hat; die Wahrheit, die ihm zugemutet wird, liegt in einer Literatur, deren Ansprüche beträchtlich, fast maßlos sind, obwohl ihre Strenge sich vor allem gegen den Urheber richtet. Er muß Schriftsteller sein, und das ohne Wenn und Aber. Als sich ihm diese Gewißheit stellt, der gegenüber es keine Ausflüchte mehr gibt, hat er, paradox genug, die Integration in sein Berufsleben vollzogen. Nach dem Studium der Rechte, der Promotion, einem Praktikum in einer Prager Rechtsanwaltskanzlei arbeitet er seit dem August 1908 in der «Arbeiter-Unfall-Versicherungs-Anstalt für das Königreich Böhmen», der er, bis zu seiner vorzeitigen Pensionierung im Sommer 1922, schweren Herzens die Treue hält. Kafka ist ein überaus verläßlicher Angestellter gewesen, der 1910 zum Beamten ernannt und behördenintern regelmäßig befördert wird. Anfangs versucht er noch, spielerisch mit dem Konflikt zwischen beruflicher Pflicht und unausweichlicher literarischer Neigung umzugehen. In der

Erzählung *Hochzeitsvorbereitungen auf dem Lande*, die 1906 entsteht, heißt es: «Man arbeitet so übertrieben im Amt, daß man sogar zu müde ist, um seine Ferien gut zu genießen. Aber durch alle Arbeit erlangt man noch keinen Anspruch darauf, von allen mit Liebe behandelt zu werden, vielmehr ist man allein, gänzlich fremd und nur Gegenstand der Neugierde ... Alle, die mich quälen wollen und die jetzt den ganzen Raum um mich besetzt haben, werden ganz allmählich durch den gütigen Ablauf dieser Tage zurückgedrängt, ohne daß ich ihnen auch nur im geringsten helfen müßte. Und ich kann, wie es sich natürlich ergeben wird, schwach und still sein und alles mit mir ausführen lassen, und doch muß alles gut werden, nur durch die verfließenden Tage ...»

Auch sie sind es, die Kafka angst machen: die verfließenden Tage. Sie sind bestimmt von seinem Amt, aber an ihm selbst, der sich die knappe, von quälenden Zweifeln erfüllte Zeit zum Schreiben nimmt wie ein Ertrinkender den Strohhalm, streichen die Tage vorbei; sie berühren ihn wohl, aber sie gehören nicht der geheimen Welt an, die er durch die Literatur für sich öffnet. Diese Welt ist kein wüstes Land, das in unzugängliches Privateigentum überführt wurde, sondern ein zerlegtes, entfremdetes Dasein, wie es sich erst dem zweiten, dem durchdringenden Blick darbietet, der an Ausschmückung, an Überwucherung und funktioneller Verfügbarkeit nicht mehr interessiert sein darf. Kafkas Welt gleicht einem von nervöser Stille besetzten Glashaus, in dem auch das Steinewerfen nicht mehr lohnt; der einzelne, der hier umhertappt, erfährt alles, was ihm vorgeführt wird, gedämpft und verschärft zugleich. Die weltabgewandte Seite des Menschen ist verwundbar, und einem Dichter wie Kafka, der sich kein dickes Fell zulegen konnte, muß sie noch viel verwundbarer vorkommen; für ihn gibt es keine Schonzeit, kein Schutzreservat, was allerdings, jenseits herkömmlicher Zufriedenheitserwartungen, auch etwas Gutes für sich hat: «Wenn man so ein Leben überblickt, das sich ohne Lücke wieder und wieder höher türmt, so hoch, daß man es kaum mit seinen Fernrohren erreicht, da kann das Gewissen nicht zur Ruhe kommen. Aber es tut gut, wenn das Gewissen breite Wunden bekommt, denn dadurch wird es empfindlicher für jeden Biß. Ich glaube, man sollte überhaupt nur Bücher lesen, die einen beißen und stechen. Wenn das Buch, das wir lesen, uns nicht mit einem Faustschlag auf den Schädel weckt, wozu lesen wir dann das Buch?

Damit es uns glücklich macht? Mein Gott, glücklich wären wir eben auch, wenn wir keine Bücher hätten, und solche Bücher, die uns glücklich machen, könnten wir zur Not selber schreiben. Wir brauchen aber die Bücher, die auf uns wirken wie ein Unglück, das uns sehr schmerzt, wie der Tod eines, den wir lieber hatten als uns, wie wenn wir in Wälder verstoßen würden, von allen Menschen weg, wie ein Selbstmord, ein Buch muß die Axt sein für das gefrorene Meer in uns.»

Tatsächlich schrieb sich Kafka die Bücher, die er brauchte, «zur Not» selbst, und es war seine eigene Not, der er dabei folgte, nicht die der anderen. Was er zu sagen hatte, machte er durch das Schreiben möglich; daß er dadurch seinen Lesern zugänglicher wurde, läßt sich nicht unbedingt sagen. Die Ängste, die er beschrieb, das mal absurde, mal verzweifelte Ungenügen an der Benennung einer Welt, die ihr Auseinanderfallen in subjektive und objektive Momente niemals verleugnen kann, auch wenn das gewöhnliche Standesbewußtsein Einheitlichkeit und Übereinstimmen suggeriert, entwirft das Bild bleibender Unvertrautheit, die nicht im Privaten aufgeht, sondern der Existenzordnung überhaupt die Sicherheit abgräbt. Von Kafka selbst erfährt man damit nicht mal das Nötigste; der Autor bleibt der Geheimnisträger, der er zeit seines Lebens war, ein meist liebenswürdiger Mensch, der sich noch im Offenen bedeckt halten konnte. Ein Mitschüler Kafkas erinnert sich: «Er war immer rein und ordentlich, unauffällig und solid, aber niemals elegant gekleidet... Wir hatten ihn alle sehr gern und schätzten ihn, aber niemals konnten wir mit ihm ganz intim werden, immer umgab ihn irgendwie eine gläserne Wand. Mit seinem stillen, liebenswürdigen Lächeln öffnete er sich die Welt, aber er verschloß sich vor ihr... Was mir im Gedächtnis haftengeblieben ist, ist das Bild eines schlanken, hochgewachsenen, jungenhaften Menschen, der so still aussah, der gut war und liebenswürdig, der freimütig jedes Andere anerkannte und doch immer irgendwie entfernt und fremd blieb.»

Kafka hat das Befremdliche registriert, ohne es zur Belastungsprobe für andere werden zu lassen; im gesellschaftlichen Binnenverkehr ist er hilfsbereit und zuvorkommend. Auch sein Arbeitgeber, die Versicherungsanstalt, kann mit ihm nur zufrieden sein; er erfüllt die ihm übertragenen Aufgaben zuverlässig und gewissenhaft. Sein eigentliches Leben, das quer zu den Übereinkünften steht, denen er in den Bürozeiten zuarbeitet, beginnt erst in der Nacht. Dann beginnt er zu schreiben, was ihm nie, nicht einmal ansatzweise, leichtfällt; der Schriftsteller, wie Kafka ihn sieht, führt einen aussichtslosen, aber überlebensnotwendigen Kampf, der gelegentlich unerhörte Wahrheiten aufblitzen läßt, ansonsten jedoch eine Veranstaltung von geringem Unterhaltungswert bleibt. Kafka schreibt um sein Leben, und er wird dafür mit lebenslanger Erschütterung bedacht, von der die anderen kaum etwas mitbekommen; seine unauffällige Teilnahme an der Normalität gewährt ihm eine Art Schutzhaft, aus der er, letzten Endes, nicht mehr entlassen werden will. Sein Leben verträgt keine Alternativen; es ist eine fortwährende Zerreißprobe, die das erträgliche Maß überschreitet. In einem Brief an seinen Freund Brod heißt es: «Als ich heute in der schlaflosen Nacht alles immer wieder hin- und hergehn ließ zwischen den schmerzenden Schläfen, wurde mir wieder... bewußt, auf was für einem schwachen oder gar nicht vorhandenen Boden ich lebe, über einem Dunkel, aus dem die dunkle Gewalt nach ihrem Willen herkommt und, ohne sich an mein Stottern zu kehren, mein Leben zerstört. Das Schreiben erhält mich, aber ist es nicht richtiger zu sagen, daß es diese Art Leben erhält? Damit meine ich natürlich nicht, daß mein Leben besser ist, wenn ich nicht schreibe. Vielmehr ist es dann viel schlimmer und ganz unerträglich und muß mit dem Irrsinn enden... Aber wie ist es mit dem Schriftstellersein selbst? Das Schreiben ist ein süßer wunderbarer Lohn, aber wofür? In der Nacht war es mir mit der Deutlichkeit kindlichen Anschauungsunterrichts klar, daß es der Teufelsdienst ist. Dieses Hinabgehen zu den dunklen Mächten, diese Entfesselung von Natur aus gebundener Geister, fragwürdige Umarmungen und was alles noch unten vor sich gehen mag, von dem man oben nichts mehr weiß, wenn man im Sonnenlicht Geschichten schreibt. Vielleicht gibt es auch anderes Schreiben, ich kenne nur dieses...»

Ein Schriftsteller wie Kafka rührt an Mächte, an die er vielleicht nicht hätte rühren sollen; er schaut in Seelenabgründe, die dem «naiven Menschen» besser verborgen bleiben. Das macht ihn in einer Weise süchtig, die an schmerzliche Hellsichtigkeit gemahnt; er ahnt mehr, als daß er sieht, aber von diesen Ahnungen, die ihm fürchterlich begründet erscheinen, mag er nicht lassen. Der Schriftsteller wird die Geister, die er rief, nicht mehr los; damit muß er leben, damit will er auch leben, denn er weiß, daß er für die Wonnen des Alltäglichen nicht taugt. Statt dessen gerät er in eine produktive Besessenheit, die ihre eigenen Ängste kultiviert: «Was der naive Mensch sich manchmal wünscht: ‹Ich wollte sterben und sehn, wie man mich beweint›, das verwirklicht ein solcher Schriftsteller fortwährend, er stirbt (oder er lebt nicht) und beweint sich fortwährend. Daher kommt eine schreckliche Todesangst, die sich nicht als Todesangst äußern muß, sondern auch auftreten kann als Angst vor Veränderung.»

Die Angst vor Veränderung ist Kafka nur allzu bekannt, sie begleitet ihn durch die verfließenden Tage und Nächte. Er ist gegen sie angegangen, tapfer, aber nicht sehr erfolgreich. Bis auf wenige Ausnahmen hat er fast immer in Prag gelebt, obwohl er die Stadt verflucht hat; auch sein Junggesellendasein will er verändern und es gegen ein Glück eintauschen, wie es ihm andere, mehr schlecht als recht, vorspielen. Zweimal hat er sich verlobt und wieder entlobt; für die Liebe, für Frau und Kind, für ein harmonisches Familienleben ist einer wie er nicht geschaffen, meint er, so daß ihm anscheinend nichts anderes übrigbleibt, als seinen Ängsten zu vertrauen und sich im vorauseilenden Gehorsam zum Unglücklichsein anzuhalten, noch bevor er Gelegenheit bekommt, wirklich glücklich zu sein. Das muß auch die dreizehn Jahre jüngere Milena Jesenská-Pollak erfahren, die Kafka im Frühjahr 1920 auf einer seiner seltenen Reisen in Meran kennenlernt. Die Liebe, die beiden widerfährt, hätte für ihn, wenn er entscheidungsfreudiger gewesen wäre, zur großen Liebe werden können; er entzieht sich ihr auf bewährte Weise. Dennoch ist gerade Milena bemerkenswert einfühlsam gewesen; sie schreibt über ihren Freund Kafka: «Er ist ohne die geringste Zuflucht, ohne Obdach. Darum ist er allem ausgesetzt, wovor wir geschützt sind. Er ist wie ein Nackter unter Angekleideten ... Es ist solch ein determiniertes Sein an und für sich, von allen Zutaten entledigt, die ihm helfen könnten, das Leben zu verzeichnen – in Schönheit oder in Elend, einerlei. Und seine Askese ist durchaus unheroisch ... Das ist ein Mensch, der durch seine schreckliche Hellsichtigkeit, Reinheit und Unfähigkeit zum Kompromiß zur Askese gezwungen ist ... Ich weiß, daß er sich nicht gegen das Leben wehrt, sondern gegen diese Art von Leben da wehrt er sich.»

Kafkas Inspiration mußte von Anfang an ohne Erleuchtung und

den Glanz der Gewißheit auskommen; sie wird im Negativen festgemacht, in der fehlenden Deckungsgleichheit zwischen Begriff und Gegenstand, zwischen innerer und äußerer Wahrheit. Der einzige Ort, an dem der Schriftsteller die Übereinstimmung entzweiter Momente herbeizwingen kann, ist der Schreibtisch; ihn erklärt Kafka zu seinem Refugium: «Das Dasein eines Schriftstellers ist ... vom Schreibtisch abhängig, er darf sich eigentlich, wenn er dem Irrsinn entgehen will, niemals vom Schreibtisch entfernen, mit den Zähnen muß er sich festhalten.»

Kafka hat seinen Schreibtisch verteidigt, auch wenn weit und breit keine Angreifer in Sicht waren. Dabei ist ihm manches entgangen, was anderen, den leichter Gestimmten, erwähnenswert erschien; er hat allerdings auch sehr viel mehr gesehen als sie, ohne daß er dafür die Welt draußen abklappern mußte. Letzten Endes ändert allerdings ein kleines Stück Heimat nichts daran, daß der Mensch, ist er denn in etwa so wie Kafka geraten, im großen und ganzen gar keine Heimat finden kann; für ihn ist kein Ort, nirgends. «Er fühlt sich auf dieser Erde gefangen, ihm ist eng, die Trauer, die Schwäche, die Krankheiten, die Wahnvorstellungen der Gefangenen brechen bei ihm aus, kein Trost kann ihn trösten, weil es eben nur Trost ist, zarter kopfschmerzender Trost gegenüber der großen Tatsache des Gefangenseins. Fragt man ihn aber, was er eigentlich haben will, kann er nicht antworten, denn er hat – das ist einer seiner stärksten Beweise – keine Vorstellung von Freiheit.»

Der alten Liebe große Macht

Dante und der Weg ins Licht

Zum Wesen nachhaltiger Inspiration gehört es, daß sie im Verborgenen wirkt und sich allen Festlegungen entzieht. Wer inspiriert werden will, sollte auf das grundsätzlich Mögliche warten, denn der Quell der Inspiration kann sich überall auftun. Er läßt sich nicht orten, ist mal hörbar, mal unhörbar, man kann ihn auf irdischem oder unirdischem Terrain vermuten, ja er darf auch wie einer von uns erscheinen. Dann wäre die Inspiration Mensch geworden, der mehr ist als das, was man für gewöhnlich mit ihm verbindet. Dante Alighieri, dessen *Göttliche Komödie* als eines der überragenden Werke der Weltliteratur gilt, wurde ein solcher Mensch in sein Leben geschickt, eine Fügung, die sich nicht mit einer einmaligen Erscheinung begnügte, sondern einen Lebensweg eröffnete, der, trotz diverser Irrungen und Wirrungen, auf die Erringung höchster Erkenntnisweihen ausgerichtet war. Die Begegnung, um die es geht, vollzieht sich früh, sogar sehr früh: Am 1. Mai 1274 – ganz genau wissen wir es nicht, denn die Datenlage ist auf Grund des zeitlichen Abstandes und poetisch bekränzter Legendenbildung alles andere als gesichert – sieht der gerade neunjährige Dante ein gleichaltriges Mädchen. Es heißt Beatrice und wurde ihm vom Himmel geschickt, das weiß er sofort. Mit Beatrice kommt die Macht der Liebe in sein Leben, das von nun an, so sagt es die Überlieferung, ein anderes, ein neues Leben ist. *Vita nuova*, das neue Leben, heißt denn auch ein Frühwerk Dantes, das vermutlich um 1292 entstand und von der schicksalsträchtigen Begegnung mit Beatrice erzählt. Schon der Beginn zeigt, daß es sich hier nicht um eine gewöhnliche Herzensangelegenheit handelt, sondern um die Liebe als Himmelsmacht: «Schon zum neunten Mal war seit meiner Geburt der Himmel des Lichtes beinahe zu demselben Punkte wiedergekehrt, und zwar in seinem eigenen Kreislauf, als mir zum ersten Mal die verklärte Herrin meines Geistes erschien, die von vielen, die nicht wußten, wie sie sie nennen sollten, Beatrice genannt wurde. Sie war damals schon so lange in diesem Leben gewesen, daß während ihrer Zeit der Sternenhimmel sich um den zwölften Teil eines Grades gen Osten bewegt hatte, so daß sie ungefähr im Beginn ihres neunten Lebensjahres erschien und ich sie ungefähr zu Ende meines neunten Jahres sah. Sie erschien mir, in ein Gewand von der edelsten Farbe gekleidet, blutrot, bescheiden und ehrbar, gegürtet und geschmückt nach der Weise, die ihrem allerjugendlichsten Alter geziemte. In diesem Augenblick, das kann ich wahrhaftig sagen, begann der Geist des Lebens, der in der geheimsten Kammer des Herzens wohnt, so heftig zu zittern, daß er mir in dem leisesten Pulsen furchtbar erschien; und zitternd sagte er die folgenden Worte: Siehe, ein Gott, der stärker ist als ich und der daherkommt und mich beherrschen wird.»

Beatrice heißt «die Segenspendende», und tatsächlich ist sie von Anfang an dazu da, dem jungen Dante den Segen höherer Erkenntnis vorzuführen. Daß sie dieses in aller Leibhaftigkeit tun muß, gehört zu unserem irdischen Geschick, das nun mal, dankenswerterweise, vor die vollkommene Abgehobenheit ein endliches Dasein der Sinnenfreude und Sinnenlast stellt. Ihm ist der junge Dante sehr heftig ausgesetzt gewesen; bevor er sich auf jenen Läuterungsweg begibt, der schließlich in die Ewigkeitsankunft der *Göttlichen Komödie* mündet, hat er gelebt, gekämpft, gestritten, und die Liebe war ihm nicht nur vornehmes, von Berührungsängsten getragenes Säuseln, das der Angebeteten, bis auf Widerruf, lyrischen Personenschutz gewährt. Bei ihrer ersten Begegnung läßt sich denn auch nicht nur Beatrices göttliche Abkunft erahnen, es machen sich auch die üblichen, keineswegs unangenehmen Verliebtheitssymptome bemerkbar. Dante erlebt den Widerstreit der Gefühle, den jeder erfährt, der der Liebe verfällt; Beatrice geht ihm nicht mehr aus dem Kopf, sein Herz schlägt heftiger, doch er weiß bereits, daß er prüfen muß, bevor er sich ewig bindet. Er durchmustert die Leidenschaften, die in ihm sind, und ordnet sie nach den Gesichtspunkten göttlicher Wahrheit, die nur am Wesen der Liebe, nicht aber am Tagesgeschäft und dem menschlichen Umgang interessiert sein kann: «In diesem Augenblick begann der animalische Geist, der in jener hohen Kammer wohnt, zu welche alle Geister der Empfindung ihre Wahrnehmungen hinauftragen, sich sehr zu wundern, und indem er insbesondere zu den Geistern des

Gesichtes sprach, sagte er diese Worte: Nun ist eure Seligkeit erschienen. In diesem Augenblick begann der natürliche Geist, der in jenem Teile wohnt, in welchem sich unsere Ernährung vollzieht, zu weinen, und weinend sprach er die Worte: Wehe mir Armen! denn nun werd ich häufig behindert sein. Von da an, sage ich, beherrschte die Liebe meine Seele, die ihr so rasch angetraut war, und sie begann eine solche Sicherheit und solche Herrschaft über mich zu gewinnen, durch die Kraft, welche meine Phantasie ihr gab, daß ich vollkommen nach ihrem Gefallen zu tun genötigt ward.»

Die Geister geben klein bei vor einer Liebe, die höher sein muß als alle Vernunft – was wiederum ein Richterspruch ist, den die Vernunft selbst, unter dem freien Diktat der Gnade, verkünden darf. Eine Gewißheit wird damit geschaffen, in der sich der Liebende einzurichten hat, und er tut es nach den Gewohnheiten der Zeit, die zwischen hoher und niederer Minne sehr wohl zu unterscheiden weiß. Die eine ist eine Art Gottesdienst innigen Begehrens, die andere dient dem Lustgewinn und findet den Beifall der Kumpane. Die vorhandenen Standesunterschiede bleiben davon unberührt, ja sie werden sogar ausdrücklich bestätigt. In Dantes Fall bedeutet dies, daß er seine Beatrice über Jahre hinweg anhimmelt; das genügt ihm und genügt ihr, die von seiner sublimen Leidenschaft zudem gar nicht so viel mitbekommt, denn im wirklichen Leben hat man anderes mit ihr vor. Die historische Beatrice, so sagen es übereinstimmende Vermutungen, stammte aus vermögendem Hause und wohnte in Florenz nicht weit von den Alighieri entfernt; es war also ein Nachbarskind, auf das Dantes begeisterungswilliger Blick fiel. Später heiratete dieses Kind einen Bankier, das war familienintern so abgemacht worden, während ihr Verehrer mit einer gewissen Gemma Donati erst verlobt und dann verehelicht wird; auch das entsprach elterlichem Kalkül und war in den Kreisen, die es für ihre Kinder immer noch etwas besser haben wollen, üblich. Dantes Liebe zu Beatrice mußte das keinen Abbruch tun, im Gegenteil: Von den Bewährungsproben und Beweislasten des Alltags freigestellt, konnte sie nahezu ungestört weiter glühen und schließlich zum Ewigen Licht werden. Um sich daran zu wärmen, braucht der Liebesvisionär keinen Anlaß, und auch die normale, jederzeit abrufbare Vergänglichkeit kann ihn nicht mehr erschrecken: «Als so viele Tage vorübergegangen waren, daß gerade neun Jahre seit ... der Erscheinung jener Lieblichsten verflossen waren, geschah es am letzten jener Tage, daß jenes wunderbare Mägdlein mir erschien, in das allerweißeste Kleid gehüllt und inmitten zweier edler Frauen von älteren Jahren. Und da sie durch eine Straße ging, wendete sie ihre Augen nach der Stelle, wo ich furchtsam und schüchtern stand, und in ihrer unaussprechlichen Holdseligkeit, die nun bereits in dem Reiche der Ewigkeit ihren Lohn gefunden hat, grüßte sie mich sehr tugendlich, daß ich das Endziel aller Seligkeit zu schauen meinte. Die Stunde, in welcher ihr süßer Gruß mich erreichte, war bestimmt die neunte jenes Tages, und da dieses das erste Mal war, daß ihre Worte sich bewegt hatten, um an mein Ohr zu dringen, fühlte ich solche Wonne, daß ich wie trunken aus der Menge eilte ...»

Vom heutigen, radikal ausgenüchterten Standpunkt muß es kurios anmuten, wie wenig ein Dichter braucht, um in den Stand vollkommener Seligkeit versetzt zu werden. Neun Jahre sind vergangen, seitdem die Liebe auf Dante fiel, neun Jahre, in dem seine Herzenssache ruhiggestellt blieb, um gerade deshalb unangefochten zu sein; nun, da Beatrice das Wort an ihn gerichtet hat, drängt es ihn zum Höchsten der Gefühle. Dabei ist er überzeugt davon, daß seine Liebe auch deswegen unter himmlischer Oberaufsicht steht, weil die Zahl Neun, die er so oft und so gerne erwähnt, als heilige Zahl gilt. Er selbst gibt eine Erläuterung dazu: «Drei ist die Wurzel der Neun, weil sie ohne Hilfe einer anderen Zahl mit sich selbst vervielfacht neun gibt, wie wir es ja ganz offenbar sehen, denn dreimal drei ist neun. Wenn daher die Drei für sich selbst der Schöpfer der Neun ist und so auch der Schöpfer der Wunder an sich die Drei ist, nämlich der Vater, der Sohn und der Heilige Geist, die da Drei und Eins sind, so ward dieses Weib von der Zahl Neun begleitet, auf daß verstanden werde, daß sie eine Neun, das heißt ein Wunder war, dessen Wurzel lediglich die wundertätige Dreieinigkeit sein kann. Vielleicht würde eine tiefsinnigere Person einen noch tieferen Grund in alledem finden, aber dieser ist der, den ich darin finde und der mir am besten gefällt.»

Dante Alighieri stammt aus einer Florentiner Adelsfamilie. Die Mutter stirbt früh, der Vater findet in den Schriften des Sohnes keine besondere Erwähnung. Dante wird eine standesgemäße Ausbildung zuteil; er studiert die Sieben Freien Künste: Dialektik, Grammatik, Rhetorik, Arithmetik, Geometrie, Astronomie und Musik; überdies spricht er Latein und Französisch. Auch für die schönen Künste interessiert er sich, er ist mit Dichtern und Malern befreundet. Sein Hauptaugenmerk legt er zunächst auf die Politik, die zur damaligen Zeit, anders als heute, nicht mehr nur die Kunst des gerade noch Machbaren meint, sondern Glaubens- und Machtkämpfe um jeden Preis. Dabei ist fast immer Gott mit im Spiel, das Seelenheil wird beschworen, obwohl es um irdische Besitzstände geht, die sich mit religiöser Etikettierung noch eindrucksvoller darstellen lassen. In den Florentiner Stadtkämpfen steht Dante zunächst auf seiten des Papstes gegen die Anhänger des Stauferkaisers Friedrich II.; später bekennt er sich zur Monarchie, von der er eine uneingeschränkte Vernunftherrschaft unter göttlichen Vorzeichen erhofft. Diese Hoffnung allerdings trügt, so wie auch Dantes Erfolge als Politiker, freundlich gesprochen, eher trügerisch sind und, auf Dauer gesehen, unter keinem guten Stern stehen. Nachdem er im Jahre 1300 einige Monate im Priorat, dem höchsten Gremium der Republik Florenz, mitwirkt, wird er bald darauf in die Verbannung geschickt und in Abwesenheit mehrfach zum Tode verurteilt. Dante zieht daraus seine Konsequenz: Er will nur noch «Partei für sich selbst» sein. In der *Göttlichen Komödie* läßt er den Dichter Vergil dazu sagen: «Nun nimm zum Führer deinen eignen Willen; / Hier ist der Aufstieg, hier die Kunst zu Ende. / Sieh, wie hier Gras und Blumen und die Bäume / Die Erde alle aus sich selbst erzeuget / ... Erwarte von mir nicht mehr Wort und Zeichen. / Frei, grade und gesund ist nun dein Wille, / Und Sünde wär' es, wenn du ihm nicht folgtest. / Drum krön ich dich zu deinem eignen Herren.»

Dantes großem Werk, der *Göttlichen Komödie*, liegt ein Plan zugrunde, der Jahre der Reifung braucht. Wann er mit der Niederschrift begonnen hat, weiß man nicht so genau; vermutlich wird die endgültige Fassung im Jahre 1313 geschrieben. Während all der Zeit ist Beatrice, die, 24jährig, im Sommer 1290 verstorben war, unvergessen geblieben. Sie, die zur reinen Erinnerung, zum Heiligenbild der Liebe wurde, erfährt in der *Göttlichen Komödie* ihre letztgültige Beglaubigung: Beatrice wird zum engelsgleichen Wesen; sie geleitet Dante, der Abbuße tun muß, bevor er den Königsweg der Erkenntnis antreten darf, durch die Himmelssphären bis hin zu Gott. Schon ihr erster Auftritt im Paradies, der ihm vorgeführt wird, spricht davon: «So kam in einer dichten Blumenwolke, / Die aus der Engel Händen dort entströmte / Und niederregnete nach allen Seiten, / Im weißen Schleier mit Olivenzweigen / Dort eine Frau in einem grünen Mantel / Und einem Kleide von der Flammen Farbe. / Da hat mein Geist, der schon seit langen Zeiten / Von ihrer Gegenwart mit jenem Staunen / Und tiefem Beben nicht erschüttert worden. / Auch ohne daß die Augen sie erkannten, / Nur durch geheime Kraft, die von ihr ausging, / Der alten Liebe große Macht erfahren ...»

Die himmlische Beatrice, die sich seiner annimmt, kann Dante einige Vorwürfe nicht ersparen: Zu wenig hat er auf Erden aus seinen Talenten gemacht, zu unstet war er in seinen Entscheidungen, auch zu selbstbezogen, und zu spät ist er darauf verfallen, daß es auch auf Erden schon eine höhere Einsicht gibt. Im Himmel läßt man es jedoch nicht beim Aufrechnen eines gelebten Lebens bewenden; die Uhren in Gottes Reich gehen anders. Auf ihrem Weg durch das Paradies, der sie bis ins Empyreum, den Feuerhimmel, führt, verlieren sich denn auch alle Nebensächlichkeiten; alles Nichtige und Entbehrliche bleibt zurück. Dante sieht, für einen ergreifenden Moment, Beatrice in ihrer ganzen, unwirklichen Schönheit: «Wenn alles, was bisher von ihr gesprochen, / In einem einzigen Lob zusammenkäme, / So würd' es diesmal doch noch nicht genügen. / Die Schönheit, die ich sah, ist so erhaben, / Nicht über uns nur, nein, ich möchte glauben, / Daß nur ihr Schöpfer selbst sie ganz genieße. / An dieser Stelle geb ich mich geschlagen, / Mehr als von einer Stelle seines Werkes / Jemals ein Dichter überwältigt wurde. / Vom ersten Tag, da ich ihr Bild gesehen / Im Erdenleben, bis zu diesem Schauen / Ist meinem Sang zu folgen nicht verboten, / Doch jetzt muß meine Dichtung drauf verzichten, / Noch weiter ihre Schönheit zu verfolgen, / Wie jeder Künstler vor dem letzten Ziele.»

Letztes Ziel, nicht nur für Künstler, ist die ergebene Hinwendung zu Gott, an der der Dichter, wohl weil sein Ich etwas eigenwilliger ist und er der Worte bedarf, die sich nicht immer fügen wollen, länger zu arbeiten hat als andere. Dafür bringt er einen Besinnungsprozeß hinter sich, der alle Durststrecken der Welterfahrung durchläuft, bevor er im Himmel, befreit und geläutert und vielleicht noch ein wenig nachbebend ob der Schrecken, denen er entkommen ist, in absolute Sicherheitsverwahrung genommen wird. Als Dante seinem Ziel näherkommt, verschwindet Beatrice; sie hat getan, was sie tun sollte, ihm bleibt nur der Nachruf: «O

Herrin, die du meine Hoffnung nährest / Und die du gütig bis zur Hölle nieder / Zu meinem Heile deine Spuren führtest; / Von allen Dingen, die ich hier gesehen, / Verdank ich deiner Macht und deiner Güte / Die Kraft und Gnade, die sie mir gewähren. / Du hast mich aus der Knechtschaft hin zur Freiheit / Geführt auf allen Wegen, jede Weise, / Die dir dazu in deine Macht gegeben. / Du wollst in mir dein hohes Werk behüten, / Daß meine Seele, die durch dich gesundet, / Dir wohlgefällig sich vom Leibe löse.› / So flehte ich, und jene aus der Ferne / Hat, wie ich glaube, lächelnd mich betrachtet, / Dann hat sie sich zum ewigen Quell gewendet.»

Dante stirbt am 14. September 1321 in Ravenna. Der Weg zu Gott, den er anzutreten hat, ist ein Wiederholungspfad; an seinem Ende wartet ein Lichterrund, in dem auch der Geläuterte, obwohl er alles zu wissen glaubt, noch immer als Fragender steht. Das Unbegreifliche läßt sich nicht begreifen, der Dichter wird stumm. Dennoch weiß er, daß keines seiner Worte vergebens war; er ist am Ziel seiner Wünsche, mehr Aufklärung kann nicht sein: «Nunmehr wird meine Sprache noch viel ärmer / Für das auch, was ich weiß, als die des Kindes, / Das noch am Mutterbusen letzt die Zunge; / Nicht weil noch mehr als nur ein einfach Leuchten / Im hellen Licht war, auf das ich schaute, / Das immer so ist, wie es je gewesen; / Nein, durch die Sehkraft, die in mir gewachsen / Beim Schauen, ward die einzige Erscheinung / Verändert, während ich mich selbst gewandelt. / In jenem klaren, tiefen Wesensgrunde / Des hohen Lichts erschienen mir drei Kreise / Mit einem Umfang, drei verschiednen Farben. / Und zweie sah ich wie zwei Regenbogen / Einander spiegeln, Feuer schien der dritte, / Von beiden Seiten gleichermaßen lebend. / O ewiges Licht, das sich nur selbst bewohnet, / Nur selbst begreift und von sich selbst begriffen / Und sich begreifend sich auch liebt und lächelt!»

Im klaren Herzen einer Kristallkugel

Joseph Conrad und der Abgesandte der Zukunft

Wer an die Macht des Schicksals glaubt, muß kein Irrationalist sein und auch kein Verächter der menschlichen Freiheit, auf die wir Wert legen. Das Schicksal nämlich, in seinem feineren Deutungsmuster, ist kein grobes Geschehen, das über des Menschen Kopf hinwegrollt und beträchtlichen Schaden anrichtet, sondern eine sinnvoll geknüpfte Handlungsabfolge, die, wenn man so will, bestimmte, an der jeweiligen Person orientierte Interessen zu erkennen gibt. In ihrem Licht erweist sich als sinnvoll, was für sinnvoll gelten kann; es mußte so kommen, sagt man dann und glaubt, eine Weisheit zu erkennen, die höher ist als Vernunft. Der Schriftsteller Joseph Conrad, der britischer Staatsbürger war, aber aus Polen stammte und Józef Teodor Konrad Korzeniowski hieß, verordnete sich eine solche Schicksalsgläubigkeit, und er verstand sich darauf, ihr gerade jene Ordnungsprinzipien zuzusprechen, die wie für ihn gemacht erschienen. Conrads eigentliche Liebe galt dem Meer und wurde bereits früh geweckt. Eigentlich hatte sie aber kein reales Gegenüber, diese Liebe; im Binnenland Polen, das in der zweiten Hälfte des 19. Jahrhunderts zwischen den imperialistischen Großmächten Deutschland und Rußland zerrieben zu werden drohte, galt sie jenen fabelhaften Weltmeeren, die der junge Conrad aus Büchern und von Bildern kannte. Ihr tragendes Motiv war eine Sehnsucht, die sich nicht am Wirklichen messen ließ, sondern nur hellwach und bereit sein mußte für die Stunde der Wahrheit. In Joseph Conrads Lebensrückblick *Bericht über mich selbst*, der 1912 erschien, heißt es:

«In einer Welt ..., in der keine Erklärung unwandelbar gültig ist, sollte man, ehe das Urteil über Handlungen eines Menschen gefällt wird, das Unerklärliche einbeziehen ... Unser Leben ist vergänglich, und allzuoft täuscht der Schein und täuschen all die Dinge, die unter das Urteil unserer unvollkommenen Sinne fallen. Unser Innerstes kann in seinen verborgenen Ratschlüssen treu und wahr bleiben. Selbst in einem losgelösten Dasein vermag die Treue zu einer bestimmten Tradition zu dauern und unanfechtbar den Weg zu verfolgen, den eine innewohnende Macht vorgegeben hat.»

Joseph Conrad wird am 3. Dezember 1857 in Terechowaja in der heutigen Ukraine geboren. Der Vater Apollo Korzeniowski ist ein polnischer Patriot und betätigt sich als Schriftsteller; er übersetzt Shakespeare, Dickens und Victor Hugo ins Polnische, wobei ihm sein Sohn, der früh lesen lernt, assistiert, indem er ganze Textpassagen so vorliest, wie er sie versteht, was den Vater, der mit geschlossenen Augen auf Klang und Nachklang achtet, zu einer Korrektur des Hörens bringt, an der sich gelegentlich auch Józefs Mutter Ewa Korzeniowska beteiligt, die ihm als schöne junge Frau mit leisem Lachen in Erinnerung bleibt. Das Familienleben, das liebevoll gewesen ist, verlangte Solidarität: Apollo Korzeniowski nämlich, dessen wirtschaftliche Unternehmungen Verluste einbringen, wird 1861 wegen konspirativer Aktivitäten verhaftet und ins weißrussische Wologda verbannt, das in einem gefürchteten Sumpfgebiet liegt. Dort erkrankt seine Frau schwer. Obwohl man sie zur Genesung in die Ukraine zurückschickt, erholt sie sich nicht mehr und stirbt, gerade 32 Jahre alt, im April 1865. Vier Jahre später folgt ihr Apollo nach; seine Beerdigung in Krakau ist ein nationales Ereignis: «Was ich gesehen habe, war das öffentliche Leichenbegängnis, waren die geräumigen Straßen, war die zum Verstummen gebrachte Menge; ich verstand sehr wohl, daß es sich um eine Kundgebung des Geistes der Nation handelte, der diese würdige Gelegenheit ergriffen hatte. Die Masse barhäuptiger Arbeiter, die jungen Leute von der Universität, die Frauen an den Fenstern, die Schulknaben auf der Straße, sie alle können nichts Näheres über» meinen Vater «gewußt haben; sie kannten nur den Ruhm seiner Treue zu dem Gefühl, das in ihrer aller Herzen herrschte.»

Nach dem Tod seines Vaters kommt Joseph Conrad zu seinem Onkel Tadeusz, den er liebt und bewundert. Tadeusz Bobrowski ist Patriot wie sein Bruder, allerdings gemäßigter in seinen politischen Ansichten; er hält wenig von revolutionären Umtrieben und glaubt eher an ethische Prinzipien und an die Selbstreinigungskräfte der Gesellschaft, die aus ihren wohlverstandenen Traditionen erwachsen. Joseph ist wie ein eigener Sohn für ihn, für den man, versteht sich, nur das Beste will. Das Beste aber, das die Erwachsenen für ihre Kinder wollen, sieht oft anders aus als deren eigene Wunschträume; daraus entstehen Konflikte, die entweder in angestrengtem Einvernehmen gelöst werden können, was nicht einfach ist, oder aber weiter schwelen. Als Joseph Conrad mit 15 Jahren zum ersten Mal den Wunsch äußert, zur See zu fahren, ist Onkel Tadeusz entsetzt; er versucht es mit Gegenargumenten, verweist auf die Gefahren, das Unstete und Unsolide der christlichen Seefahrt und erinnert daran, daß es allenfalls Piraten, aber keinem ehrbaren Menschen je gelungen sei, durch das Befahren der Weltmeere zu Ansehen und Wohlstand zu gelangen. Ein Seemann, meint er, ist keine gute Partie; weder für sich selbst noch für eine liebende Frau, die an Land zurückbleiben muß und dort, notwendigerweise, auf dumme Gedanken kommt. Joseph Conrad zeigt sich von diesen Überlegungen nur wenig beeindruckt; an seiner Liebe zum Meer, das ihm zuletzt noch durch Victor Hugos Roman *Les travailleurs de la mer*, den sein Vater ins Polnische übertragen hatte, nahegebracht worden war, läßt er nicht rütteln. Da greift Onkel Tadeusz, in bester Absicht noch immer, zu einer List; er schickt Joseph mit seinem Hauslehrer Adam Pulman auf eine ausgedehnte Europareise, die über Wien, München, den Bodensee und die Schweiz bis nach Venedig und Triest führen soll. Der Lehrer hat den Auftrag, auf seinen Schüler einzuwirken und ihn von den «romantischen Hirngespinsten», wie der Onkel den Seefahrertraum seines Neffen nennt, abzubringen. Tatsächlich wird durch die Reise eine Entscheidung bewirkt, die jedoch anders und vor allem verzwickter ausfällt, als es die Beteiligten vermuten. «Man schrieb das wundervolle Jahr 1873, wundervoll, weil es das letzte Jahr war, in welchem ich wundervolle Ferien erlebte ... In diesen Ferien hatten wir ... den Vierwaldstätter-See-Dampfer in Flüelen verlassen und befanden uns am Abend des zweiten Tages, als die Dämmerung unsere verhaltenen Schritte einzuholen begann ... In der Schattigkeit des tiefen Tals und weit von den menschlichen Wohnungen entfernt, beschäftigten sich unsere Gedanken nicht mit der Ethik der Lebensführung, sondern dem weitaus simpleren menschlichen Problem eines Nachtlagers und eines Abendessens. Wir überlegten schon, ob wir, da sich nichts zu finden schien, umkehren sollten, als wir hinter einer Wegbiegung ein Gebäude erblickten, das im Zwielicht einen recht gespenstischen Eindruck machte.»

Das zwielichtige Gebäude ist, wie sich herausstellt, ein ehemaliges Hotel, in dem vorwiegend Ingenieure verkehren, die am Bau des Gotthardtunnels mitwirken, der damals gerade als ehrgeiziges Großprojekt begonnen worden war. Sie führen, ihrem unterirdischen Gewerbe gemäß, eine schattenhafte Existenz; man sieht sie nicht, hört jedoch ihre konspirativen Stimmen. Erst am nächsten Morgen lassen sie sich blicken; Joseph Conrad ist fasziniert: «An einem der Fenster, die sämtlich ohne Gardinen waren, stand ein langer, hagerer Mann mit langem schwarzem Bart und einer Glatze, die von einem Büschel grauer Haare über jedem Ohr flankiert wurde. Er unterbrach seine Zeitungslektüre, und sein Blick verriet, wie sehr ihn unsere Erscheinung verblüffte ... In diesem Moment betraten mehrere Männer den Raum, keiner sah aus wie ein Tourist, ich sah keine Frau. Die Männer erweckten den Anschein, als seien sie gut bekannt miteinander, doch kann ich nicht behaupten, daß sie sehr gesprächig waren ... Der Herr mit Glatze ließ sich gewichtig am oberen Ende des Tisches nieder. Alle benahmen sich wie im Familienkreis ... So kam ich in den Genuß, einer in englischer Sprache geführten Unterhaltung zu lauschen, wenn man es bei Menschen, die nicht viele Worte für die Belange des Lebens erübrigen, überhaupt Unterhaltung nennen konnte. Es war meine erste Berührung mit der britischen Welt ...»

Als Hauslehrer Pulman mit seinem Schüler weiterwandert, redet er wieder auf ihn ein und versucht ihn davon zu überzeugen, daß es keinen Sinn hat, Seemann zu werden. Conrad hört zu, aber mit seinen Gedanken ist er woanders. Auf dem Furkapaß, am Rande der Straße, machen sie Rast; Pulman legt nach, er kreist sein Thema in immer neuen Variationen ein, redet sich in Begeisterung, so als wäre er selbst schon zur See gefahren und hätte dort das große Scheitern erfahren. Dann muß er jedoch seine Ausführungen unterbrechen; eine Wandergruppe nähert sich, und vorneweg marschiert, in bemerkenswerter Aufmachung, wiederum ein Engländer, nicht der schwarzbärtige Mann aus dem Hotel, aber er könnte dessen Anverwandter, besser noch: dessen legitimer Nachfolger sein, dem es obliegt, ein besonderes Bild abzugeben, das Eindruck macht und wohl bedacht sein will: «Mit langen Schritten bewegte er sich in östliche Richtung (neben ihm ging mürrisch ein Schweizer Führer) und hatte die Miene eines begeisterten und unerschrockenen Wanderers. Er trug Kniehosen und in den Schnürstiefeln nicht die üblichen langen, sondern nur kurze Socken – die

Gründe dafür werden hygienischer oder sittlicher, auf jeden Fall aber nur eingeredeter Natur gewesen sein –, so daß sich die Waden allen Blicken und auch der rauhen Luft dieser Höhen darboten und dem Betrachter durch ihre marmorne Glätte und den milchigen Farbton weichen Elfenbeins blendeten. Er führte eine kleine Karawane an. Aus seinem strahlenden glattrasierten und glühenden Gesicht mit dem kurzen weißen Backenbart und seinen kindlich begierigen und triumphierenden Augen sprach eine leidenschaftliche Begeisterung für die Menschheit und die Bergwelt. Dem Mann und dem Knaben, die, den ärmlichen Rucksack zu ihren Füßen, wie staubige Landstreicher am Wegrand saßen, warf er im Vorübergehen einen wohlwollenden, beinah mitleidigen Blick zu und entblößte einen freundschaftlichen Spaltbreit seine großen gesunden, schimmernden Zähne. Seine weißen Waden glänzten unbekümmert ...»

Der Engländer stapft vorüber, aber sein Bild bleibt in Erinnerung und nimmt dort bestimmende Konturen an. Ein fünfzehnjähriger Junge sieht sich, auf Umwegen allerdings, die er erst später durchschaut, zu einer Entscheidung fürs Leben veranlaßt. Sie fällt, als er jenem Mann nachschaut, der ihn so seltsam berührt hat und der nun, bergwütig und sonnenfroh, hinter der Paßhöhe verschwindet, während Pulman, pflichtbewußt bis zuletzt, seine pädagogischen Ausführungen wieder aufnimmt und davon spricht, daß eine Berufswahl gerade deswegen kein Kinderspiel sei, weil sie nur ein begrenztes Fehler- und Irrtumsrecht kenne. In seinem Lebensrückblick schreibt Conrad: «Einem Engländer wie diesem begegnet man nicht zweimal im Leben. Konnte es sein, daß er in der mystischen Ordnung irdischer Dinge wie ein Abgesandter meiner Zukunft ausgeschickt war, um vor den Gipfeln des Berner Oberlands, die stumme und feierliche Zeugen abgaben, in einem kritischen Augenblick hoch oben auf dem Alpenpaß auf eine Entscheidung Einfluß zu nehmen? Sein Blick und sein Lächeln, der unverdrossene und komische Eifer in seiner vorwärtsstrebenden Erscheinung ermöglichten es mir, mich zusammenzuraffen ...»

Eine geheime Magie scheint von diesem Augenblick ausgegangen zu sein, der sich auch der Hauslehrer nicht verschließen kann. Ihm wird klar, daß er getan hat, was er tun konnte; an guten Argumenten fehlte es nicht, aber der Weg, den sein Schüler gehen muß, ist nicht mit guten Argumenten gepflastert; er führt in unwegsames Gelände, in dem man sich jeden Tag neu entdecken und beweisen muß. Die eigentliche Entscheidung ist eine Wiederholungstat; aus den Wechselfällen des Lebens gebiert sie sich, ein ums andere Mal, neu, geht in wechselnde Ansprüche und Antworten ein und erweist sich, da es keine endgültigen Beglaubigungen gibt, als unverzichtbar für jede Welt- und Selbsterfahrung: «Der enthusiastische betagte Engländer war vorübergezogen... Wäre von einem solchen Dasein am Ende meines Lebens Befriedigung für mein Streben, meine Ehre und mein Gewissen zu erwarten? Die Frage mußte ohne Antwort bleiben. Aber ich hatte nicht mehr das Gefühl, erdrückt zu werden. Wir sahen einander in die Augen, und seine wie auch meine verrieten aufrichtige Bewegung. Damit hatten unsere Diskussionen ein Ende... Unbeschwert plaudernd begannen wir den Abstieg vom Furkapaß. Auf den Tag genau elf Jahre später schritt ich die Stufen von St.Katherine-Dockhaus in Tower Hill hinab, das Kapitänspatent der Britischen Handelsmarine in der Tasche.»

Als alles entschieden ist, geht es seinen Gang. Der siebzehnjährige Joseph Conrad wird Seemann. Er beginnt als Schiffsjunge, wird dann Steward, arbeitet sich zum Steuermann und Offizier empor; eine Karriere, die keineswegs reibungslos verläuft und herbe Rückschläge bringt. Reichtümer sind an Bord nicht zu verdienen, und der Umgang mit Geld ist ohnehin nicht seine Stärke. Onkel Tadeusz hilft mit finanziellen Zuwendungen; er drängt darauf, daß sein Neffe das Kapitänspatent anstrebt und sich um die britische Staatsbürgerschaft bemühen soll. England ist ein solides Land, meint Tadeusz Bobrowski; es hat Tradition, bietet Rechtssicherheit, und seine Sprache ist die Sprache der Welt. Dazu paßt ein weiterer unspektakulärer Wink des Schicksals; im Mittelmeer wird Joseph Conrad eines Schiffes ansichtig, das ihm, vor weit gespanntem Himmel, ein Zeichen setzt: «Ich sah sie plötzlich hoch am Mast im Fahrtwind wehen. Die Red Ensign, die englische Flagge! Der breite rote Streifen leuchtete in der durchsichtigen fahlen Luft, die die braune und graue Masse dieses südlichen Landes, die schimmernden Inseln, das mattblaue, gläserne Wasser unter dem matten gläsernen Himmel überzog, wurde kleiner und war bald so winzig wie der rote Funke, den die Widerspiegelung eines mächtigen Feuers im klaren Herzen einer Kristallkugel entzündet. Die englische rote Flagge – ein Stück Kattun, symbolisch, schützend und warm, das über allen Meeren weht und so viele Jahre lang das einzige Dach über meinem Kopf sein sollte.»

Am 19. August wird Józef Teodor Konrad Korzeniowski britischer Staatsbürger; drei Monate ist er britischer Kapitän. Insgesamt fährt er zwanzig Jahre zur See, die sich, im Blick zurück, als Lehr- und Herrenjahre einer Schriftstellerexistenz lesen lassen, für die schließlich der Name Joseph Conrad steht. Auch die Berufung zum Schriftsteller vollzieht sich auf untergründigem Gelände; lange ist der angehende Autor, der seine Ideen schon im Kopf hat, literarisch untätig, was auch an der beruflichen Belastung liegen mag, die ihm an Bord zugemutet wird. An seinem ersten Roman *Almayers Wahn*, der 1894 erscheint, schreibt er fünf Jahre; das Manuskript, in dem jede Zeile hart erkämpft werden will, begleitet ihn auf seinen Reisen. Eines Tages jedoch, der wiederum ein magischer Tag ist und in London spielt, gewinnt das Schreiben des Joseph Conrad Kraft und Gehalt; es macht sich frei, wird selbständig, sein Weg ist das Ziel: «Es war ein Herbsttag und die Luft wie ein Opal, ein verschleierter, leicht dunstiger Tag und doch leuchtend mit feurigen Flecken, die das Sonnenlicht auf Dächer und Fenster jenseits des Platzes legte, dessen Bäume, der Blätter schon beraubt, aussahen, als seien sie mit einer Feder auf Seidenpapier gemalt. Es war einer jener Tage in London, die einen geheimnisvollen Charme und eine betörende Weichheit ausstrahlen. In Bessborough Gardens, so nah der Themse, war diese opalartige Atmosphäre durchaus keine Seltenheit. Es gibt eigentlich keinen Grund, warum sie mir ausgerechnet von diesem Tag besonders deutlich in Erinnerung geblieben ist...»

Der Grund wird indes einsehbar, wenn die Zeit der Einsicht kommt; dann meint man das übergeordnete Ganze zu erkennen, das planvolle Spiel, das keiner Regeln bedarf, wohl aber der nachweislichen Resultate: «Nachträglich ... scheint es mir einleuchtend wie das Mittagslicht, daß die Würfel in dem Augenblick gefallen waren, als ich in der Unschuld meines Herzens und in unglaublicher Naivität die erste Manuskriptseite von Almayers Wahn beschrieben hatte. Es waren so etwa zweihundert Worte, und zweihundert Worte auf jeder Seite ist während der fünfzehn Jahre meines Schriftstellerlebens immer mein Maß geblieben.»

In diesem seinem zweiten, dem Schriftstellerleben, hat der ehemalige Seefahrer Joseph Conrad noch viel zustande gebracht;

seine englische Werkausgabe beläuft sich auf 22 Bände. Übermütig oder gar großspurig ist er deswegen nicht geworden, im Gegenteil; das Meer, auf dem er lange genug unterwegs war, lehrte ihn, die Schönheit zu sehen, die Angst und die Verlorenheit, und es brachte ihm eine Bescheidenheit bei, aus der sich manches Gute ableiten ließ, ein solides Selbstbewußtsein beispielsweise, Werktreue, Redlichkeit und die Anerkenntnis einer einzigartigen, alles übersteigenden Schöpfung: «Mir will es scheinen, als habe sie» (die Schöpfung) «einfach den Sinn, ein Schauspiel zu bieten, ein Schauspiel, dem man mit Ehrfurcht, Liebe, Anbetung oder Haß beiwohnen, das man aber ohne Verzweiflung über sich ergehen lassen sollte. Das Geschaute mag köstlich oder schmerzlich sein, den sittlichen Wert trägt es in sich selbst. Alles weitere ist unsere Sache – das Lachen, die Tränen, das Mitleid, die Entrüstung, die Gelassenheit eines gefestigten Herzens, die hemmungslose Wißbegierde eines scharfen Verstandes … Auf jede Regung des mit Leben erfüllten Weltalls, das sich in unserem Bewußtsein widerspiegelt, zu achten mag unsere Bestimmung auf Erden sein. Eine Bestimmung, bei der das Schicksal einzig unser Gewissen auf den Plan ruft, dieses Gewissen, dem eine Stimme gegeben ist, damit es wahres Zeugnis ablege von dem sichtbaren Wunder, den quälenden Ängsten, der grenzenlosen Leidenschaft, der unendlichen Klarheit, dem erhabenen Gesetz und dem ewigen Geheimnis des großen Schauspiels.»

Eine höchstrichterliche Entscheidung

Jean Paul und die Entdeckung des fügsamen Ich

Eine der spannendsten Fragen für den Menschen ist die Frage nach sich selbst; damit hat er ein Leben lang zu tun, und oftmals sind die Antworten, die ihm gegeben werden, nicht haltbar genug, um vor der Prüfinstanz, die er, selbstlauernd, in sich aufgebaut hat, Bestand zu haben. Das Selbst, das er ist oder sein will oder auch nur zu sein vorgibt, hüllt ihn ein wie ein bergender Mantel; ab und zu lugt dann sein sogenanntes Ich hervor, die innere Persönlichkeit im umgebenden Selbst, welche, wie man leider feststellen muß, mehr auf Gewöhnung und vertrauensbildenden Maßnahmen als auf grandioser Individualität beruht. Dennoch oder gerade deswegen ist das Ich dem Menschen lieb und teuer; er will es haben, durchschauen, er will es, vom ersten Tag an, nicht mehr loslassen. Manchmal allerdings, und das ist selten und kommt fast nur bei Dichtern, Künstlern und Meditationsexperten vor, genügt schon die einmalige Bekanntschaft mit dem eigenen Ich, um gleich wieder genug von ihm zu haben und auf wohlbedachte Distanz zu gehen. So geschah es mit Johann Paul Friedrich Richter, der sich als Dichter Jean Paul nannte und – nach Lessing – einer der ersten Berufsschriftsteller in deutschen Landen war. Der kleine Richter, Sohn eines armen Dorfschulmeisters im Fichtelgebirge, sah eines Tages sein eigenes Ich; es kam über ihn wie eine Erleuchtung, setzte sich jedoch nicht in ihm fest, sondern bot sich als Bild an, das zur vorübergehenden Betrachtung freigegeben wurde. In einem autobiographischen Fragment Jean Pauls, das er, mit der für ihn typischen, überlistenden Wortwahl, *Selberlebensbeschreibung* nennt, heißt es: «Nie vergeß ich die noch keinem Menschen erzählte Erscheinung in mir, wo ich bei der Geburt meines Selbstbewußtseins stand, von der ich Ort und Zeit anzugeben weiß. An einem Vormittag stand ich als ein sehr junges Kind unter der Haustüre und sah links nach der Holzlege, als auf einmal das innere Gesicht: ich bin ein Ich, wie ein Blitzstrahl vom Himmel vor mich fuhr und seitdem stehenblieb; da hatte mein Ich zum ersten Male sich selber gesehen und auf ewig. Täuschungen des Erinnerns sind hier schwerlich gedenkbar, da kein fremdes Erzählen sich in eine bloß im verhangnen Allerheiligsten des Menschen vorgefallne Begebenheit, deren Neuheit allein so alltäglichen Nebenumständen das Bleiben gegeben, mit Zusätzen mengen konnte.»

Das verhangne Allerheiligste des Menschen, von dem Jean Paul spricht, ist die Seele, jener geheimnisvolle Wesensgrund, der tiefer reicht, als das Bewußtsein des Menschen je ausloten kann. Für einen Moment reißt dieses Allerheiligste auf und bringt die Selbstgewißheit, das Ich, hervor. Es ist da, es bleibt, aber seinen inneren Bezirk vermag es nur nach Art eines kleinen Lichts, das in großen Räumen glimmt, zu erhellen; seine Präsenz bleibt in mildes Halbdunkel getaucht. Der Mensch indes, und das ist wohl ein Geschenk, das er keineswegs geringschätzen darf, hat nicht nur mit sich selbst zu tun, sondern, mehr noch, mit der Welt, in der er lebt. In der wird er gefordert; aus Selbsterkenntnis und Weltwissen muß er das Beste machen. Das ist eine sowohl praktische als auch geistesfördernde Aufgabe, die ihm genug zu tun gibt; staunen über das Wunder, das er für sich selber darstellt, kann er dennoch. Aus seiner leiblichen Begrenztheit, aus der Enge seines gewöhnlichen Denkverschlags darf er immer wieder ausbrechen und auffliegen zum Unerhörten und Niegesehenen: «Ist denn nicht selber der Menschengeist (mit allen seinen unendlichen Himmelsräumen) eingepfählt in einen fünf Fuß hohen Körper mit Häuten und ... Schleim und Haarröhren und hat nur fünf enge Weltfenster von fünf Sinnentreffern aufzumachen für das ungeheure rundaugige und rundsonnige All? – und doch sieht er und wiedergebärt er ein All.»

Johann Paul Friedrich Richter wird am 21. März 1763 im bayerischen Wunsiedel geboren. Er ist ein eher schwächliches Kind, an dem auch in der Folgezeit die Armut des Elternhauses abzulesen bleibt. Was dem Knaben Johann Paul zur Wohlgenährtheit fehlt, und das ist viel, ersetzt er durch ungestümen Wissensdurst; er erfährt die Welt über Lesen, Nachdenken und Träumen. Sein früh entdecktes Ich leitet ihn dabei; es ist hilfreich und keineswegs störend. Schon bald meldet es den Wunsch nach einer eigenen Schriftstellerexistenz an, der sich schließlich zum Lebensplan ausweitet. Ihn setzt er mit einer Hartnäckigkeit um, die ihm kaum einer zutraut. Seine anfängliche Erfolglosigkeit nimmt er wie ein notwendiges Übel, dem er mit verschärftem Fleiß begegnet. Mit 18 hat er bereits einen ersten Roman und jede Menge Satiren geschrieben; der Tonfall des jungen Johann Paul Friedrich Richter, der sich dann, der Eingängigkeit halber, den Künstlernamen Jean Paul zulegt, ist von Anfang an unverkennbar und unverwechselbar. Erste Rezensionen erscheinen und empfehlen ihm, mit seinem Talent hauszuhalten; er handhabe seinen Witz, heißt es, im Stile eines verschwendungssüchtigen Maulhelden. Jean Pauls Durchbruch erfolgt 1793, als sein Roman *Die unsichtbare Loge* erscheint, den er zunächst anonym an den einflußreichen Literaten Karl Philipp Moritz geschickt hat, der darüber anhaltend in Begeisterung gerät. Er schreibt sogleich an die Deckadresse, die ihm der unbekannte Autor genannt hat: «Und wenn Sie am Ende der Welt wären, und müßt ich hundert Stürme aushalten, um zu Ihnen zu kommen, so flieg' ich in Ihre Arme. Wo wohnen Sie? Wie heißen Sie? Wer sind Sie? – Ihr Werk ist ein Juwel ...»

Da *Die unsichtbare Loge* zu einem überraschenden Erfolg wird, gilt der Verfasser sogleich als Erfolgsschriftsteller. Sogar Goethe, der mit seinem *Werther* den bis dahin fulminantesten Einstieg in den Literaturbetrieb geschafft hatte, nimmt von ihm Kenntnis: Als Jean Paul nach Weimar kommt, findet er ihn amüsant, nennt ihn «ein komisches Wesen» und reicht ihn an Schiller weiter, dem der Kollege aus dem Fichtelgebirge «wie vom Monde gefallen» vorkommt. Dennoch ist an seinem frisch erworbenem Ruhm nicht zu rütteln; die meisten finden Jean Paul interessanter, vor allem: witziger als die Statthalter der Klassik, die in Weimar eine Internatsschule strenger, selbstausgedachter Ästhetik betreiben, die zwar zwei berühmte Direktoren hat, der es jedoch an Schülern mangelt. Dabei hätte gerade Goethe, der, auf Grund zahlreicher Pflichten und eigener Bedeutungslastigkeit, nur noch zum Lesen der ihm genehmen Schriften kommt, in Jean Pauls Roman etwas von der herzzerreißenden Sehnsucht wiederfinden können, die auch den jungen Werther umgetrieben hatte. Sie zeigt sich als Glück, Liebe und Leid und wird getragen vom großen Wunder des Lebens. Jean Paul schreibt: «(...) Mit stockendem Atem, mit erdrücktem Auge, mit überschütteter Seele steht er vor dem unübersehlichen Angesicht der Natur... Als er aber nach dem ersten Erstarren seinen Geist aufgeschlossen, aufgerissen hatte für diese Ströme – als er die tausend Arme fühlte, womit ihn die hohe Seele des Weltalls an sich drückte – als er zu sehen vermochte das grüne taumelnde Blumenleben um sich und die nickenden Lilien …, und als er sich scheute vor dem Herunterbrechen der herumziehenden schwarzroten Wolkengebirge …, als er die Berge wie neue Erden auf unserer liegen sah – und als ihn umrang das unendliche Leben, das gefiederte neben der Wolke fliegende Leben, das summende Leben zu seinen Füßen, das goldene kriechende Leben auf allen Blättern, die lebendigen auf ihn winkenden Arme und Häupter der Riesenbäume …: so fing der Himmel an zu brennen, der entflohenen Nacht loderte der nachschleifende Saum ihres Mantels weg, und auf dem Rand der Erde lag, wie eine vom göttlichen Throne niedergesunkene Krone Gottes, die Sonne.»

Auf Gott war Jean Paul, der allerdings im Grunde schon immer eine eigene, ihm wesensgemäße Frömmigkeit geübt hatte, drei Jahre zuvor gekommen. Nach der Entdeckung des eigenen Ich in frühen Jahren wird ihm am 15. November 1790 eine zweite Erleuchtung zuteil, die ihn entscheidend beeinflußt. Es ist eine Heimsuchung in Schwarz, die ihm widerfährt: Jean Paul, der sich zu jener Zeit noch als Dorfschullehrer in Schwarzenbach an der Saale abmüht, hat seinen eigenen Tod vor Augen, und er kann ihn nicht abschütteln. Es ist ein Alptraum, den er mit offenen Augen über sich ergehen lassen muß. Erst als seine Wirtin ins Zimmer kommt und ihren verstörten Untermieter wiederholt anspricht, wird er, so scheint es ihm, für das gewöhnliche Leben noch einmal gerettet. Das gewöhnliche Leben aber ist von Stund an nicht mehr gewöhnlich; es wird erhoben und neu beglaubigt. In seinem Tagebuch vermerkt er: «Wichtigster Abend meines Lebens: denn ich empfand den Gedanken des Todes; daß es schlechterdings kein Unterschied ist, ob ich morgen oder in 30 Jahren sterbe, daß alle Pläne und alles mir davonschwindet und daß ich die armen Menschen lieben soll, die so bald mit ihrem bißchen Leben niedersinken … Ich vergesse den 15. November nie. Ich wünsche jedem Menschen einen 15. November. Ich empfand, daß es einen Tod gebe … An jenem Abend drängte ich vor mein künftiges Sterbebette …, sah mich mit der hängenden Totenhand, mit dem eingestürzten Krankengesicht, mit dem Marmorauge – ich höre meine kämpfenden Phantasien in der letzten Nacht …»

Diese Phantasien müssen blutrünstig gewesen sein. Der Tod

nimmt sich die Freiheit, die er schon immer hat; er läßt das im Alptraum geschaute Leben nicht zur bloßen Schreckensmaske gerinnen, vielmehr sorgt er dafür, daß es, sichtbar für alle, verreckt und verblutet. In Jean Pauls 1795 erschienenem Roman *Hesperus* wird die Todesvision noch einmal bis ins Unerträgliche hinein verdichtet; es heißt dort: «Dieses Blut spritzte ... an alle Phantasien meiner Fiebernächte; das eingetauchte All stieg blutrot daraus herauf, und alle Menschen schienen mir an einem langen Ufer einen Strom zusammenzubluten, der über die Erde hinaus in eine saufende Tiefe hinabsprang – Gedanken, häßliche Gedanken rückten vor mir grinsend vorüber, die kein Gesunder kennt, keiner nachschafft, keiner erträgt ... Ich schien mir unten im chaotischen Abgrund zu stehen, und oben weit über mir zog die Erde mit ihren Lebendigen. Mich ekelte Leben und Tod. Auf das, was neben mir lag, sogar auf meine Mutter sah ich starr und kalt wie das Auge des Todes, wenn er ein Leben zerblickt ... Ich redete das Ich an, das ich noch war: ‹Was bist du? Was sitzt hier und erinnert sich und hat Qual? – Du, ich, etwas, wo ist denn das hin, das gefärbte Gewölk, das seit dreißig Jahren an diesem Ich vorüberzog und das ich Kindheit, Jugend, Leben hieß?›»

Der Tod, der damals ohnehin häufiger zu Besuch war bei den Menschen, hatte sich zuvor in Jean Pauls Bekanntenkreis umgesehen; er nahm ihm die Freunde Oerthel und Hermann, sein Bruder Heinrich beging Selbstmord. Das mußte zu denken geben; allerdings ging man mit der Sterblichkeit unaufgeregt um, denn die durchschnittliche Lebenserwartung lag bei 36 Jahren. Der Tod war kein wirklicher Überraschungsgast; wer leben wollte, hatte mit ihm zu rechnen. Jean Pauls Sterbevision dient denn auch, trotz oder gerade wegen ihrer Ausschmückung, eher metaphysischer Besinnung als der Vermehrung bereits vorhandener Ängste; ihre Botschaft holt er ein in sein Schreiben, das von nun an zwar nicht wortärmer wird – zeitlebens bleibt er ein Autor, dem Witz und Sprachgewalt im Übermaß zusetzen –, dafür jedoch erwärmender, tröstlicher erscheint, wobei sein Wohlwollen tatsächlich den «armen Menschen» gilt, die auch dann noch Würde bewahren, wenn die diversen Machthaber, die «gekrönten Wappentiere», wie Jean Paul sie nennt, sich auf ihre Kosten mästen. Im Rückblick schreibt er: «Ein ganzes horazisches Jahrneun hindurch wurde des Jünglings Herz von der Satire zugesperrt und mußte alles verschlossen sehen, was in ihm selig war und schlug, was wogte und liebte und weinte. Als es sich nun endlich im achtundzwanzigsten Jahre öffnen und lüften durfte: da ergoß es sich leicht und mild wie eine warme überschwellende Wolke unter der Sonne – ich brauchte nur zuzulassen und dem Fließen zuzusehen – und kein Gedanke kam nackt, sondern jeder brachte sein Wort mit und stand in seinem richtigen Wuchse da ohne die Schere der Kunst.»

Die Schere der Kunst ist für das wahre Leben entbehrlich; für die Wahl der Worte jedoch, die für den Dichter auch die Wahl der Waffen meint, erweist sie sich als unverzichtbar: Wer sich einmal zum Künstler erklärt hat, wird die Schere der Kunst nicht mehr aus der Hand legen wollen. Jean Paul ist nach seiner Todesvision behutsamer mit ihr umgegangen; er beschneidet allenfalls noch gewisse Auswüchse seiner literarischen Überschußproduktion und gelangt dadurch in ruhigere Bahnen. Den Tod selbst hat er noch einmal in einem seiner großartigsten Prosastücke, der 1789 konzipierten, aber erst 1796 mit dem Roman *Siebenkäs* veröffentlichten *Rede des toten Christus vom Weltgebäude herab, daß kein Gott sei* beim Wort genommen und zu einer Himmel- und Fahndungsfahrt verzweifelter Gottessuche ausgeweitet. Wo ist Gott, ist Gottvater? fragt Christus, sein Mensch gewordener Sohn, der es doch eigentlich wissen müßte: «Wer schauet nach einem göttlichen Auge der Natur empor? Mit einer leeren schwarzen unermeßlichen Augenhöhle starrt sie euch an. Ach! alle, alle Wesen stehen in diesem ewigen Sturm, den nichts regiert als gekrümmte Waisen da, und so weit, als das Sein seinen Schatten wirft, gibt's keinen Vater... Wo ziehst du hin, Sonne mit deinen Erden? Auf deinem langen Wege findest du keinen Gott und nur vielleicht auf Einer Erde einen eingebildeten ... Wir unglücklichen Toten! wenn wir den wunden Rücken, vom schweren Leben entladen, in die Särge niederlegen und am Lebensabend in unsre Erde schläfrig und gebückt mit der Hoffnung kriechen, am Morgen sehen wir Gott und seinen Himmel – so reißet und prasselt uns um Mitternacht aus dem Todesschlaf und aus der Totenasche das Stürmen und Kämpfen und Lodern ..., und es kommt kein Morgen ... Ungestorbener dort! drücke keinem Toten mehr die Augen zu, denn die Augenlider fallen ab, und dann sieht er; und sieht keinen Gott mehr ...»

Zuletzt allerdings ist die Gottesschau, nachdem sie zuvor Ödnis und Leere des auseinandertreibenden Weltalls und den Zerfall jeglicher Ordnung gesehen hat, doch noch erfolgreich: Gott lebt, aber er lebt nur, wenn man ihn leben lassen will. Jean Paul entscheidet sich für seinen Gott, er mag sich das Leben ohne ihn nicht vorstellen; ein gottloses Dasein hat keinen Sinn. Freudigen Herzens glaubt er, was von der kalten Vernunft als unglaubwürdig bestimmt wurde: Gott existiert, und die Seele vermag ihn zu schauen. Es gibt ein gutes Leben vor dem Tode und ein noch besseres danach; was es zu bieten hat, bleibt ein Mysterium, dem der gläubige Mensch näherkommt als der ungläubige. Der Todesvision ist damit der Schrecken genommen, sie hat sich befrieden lassen, und es wird hell, weil wir, wie auch Goethe wußte, am göttlichen Licht, «am farbigen Abglanz haben wir das Leben». «Was hält den Zufall ab – als wieder der Zufall –, und daß er nicht den Sonnenfunken austritt und durch das Sternen-Schneegestöber schreitet und Sonne um Sonne auswehet, wie vor dem eilenden Wanderer Tautropfen um Tautropfen ausblinken? Und du, armer gaukelnder Mensch, dessen Leben der Seufzer der Natur oder das Echo dieses Seufzers ist – dessen Totenasche die sichtbare abgekratzte Spiegelfolie ist, die einen Lebendigen vorlog und schuf – dessen Sein ein Hohlspiegel ist, der ein wackelndes eingewölktes Ding in die Luft hinstellte: schaue hinunter in den Abgrund, über welchem die Todesaschewolken des Untergegangnen ziehen und denke noch in deinem Zerstieben: ich bin! Und träume noch von deinem entzweifallenden Herzen: es liebte! ... Mit einem schrecklichen Schlage schien der Glockenhammer, der sich unendlich über uns ausbreitete, die zwölfte Stunde zu schlagen, und er zerquetschte die Kirche und die Toten; und ich erwachte und war froh, daß ich Gott anbeten konnte.»

Das Ich lebte, der Tod war überwunden, und sein Gott hatte ein Auge auf ihm: Jean Paul konnte nun Ruhe in sein Leben bringen. Er schrieb und war fleißig, der Erfolg, den er als Autor hatte, ließ ein wenig nach, was ihn aber nicht groß bekümmern mußte. Aus dem armen, dünnen Poeten war ein beleibter Dichter geworden, den die Sorge um gutes Bier mindestens ebensosehr umtrieb wie die Frage nach dem tieferen Sinn von Politik und Geschichte. Mit zunehmendem Alter, und er befindet sich da in bester Gesellschaft, nahmen bei ihm die resignierenden Töne zu; es ist, wie es ist, und noch vor jeglichem Königreich verfallen Körper und Geist. Gelegentlich hat er sich vor diesen trüben Aussichten in eine fingierte Behaglichkeit geflüchtet, die heute noch, ebenso wie seine Wortfindekraft und Ironiemächtigkeit, seinem literarischen Ruf angehören. Der Empfehlung, die Jean Paul im Vorwort eines seiner Werke ausspricht, darf man dennoch getrost Folge leisten: «Ich für meine Person bekenne gern, daß ein solches Werkchen, wie ich eben hier der Welt darreiche, mir, wenn ich's von einem dritten bekäme, ein gefundenes Essen wäre und Leben in mich brächte; denn ich würd' es auf die rechte Weise lesen, nämlich Ende Novembers ... oder auch sonst bei starkem Schneegestöber und Windspfeifen – ich würde an einem solchen Abend mehr Holz nachlegen lassen und die Stiefel ausziehen, ferner die politischen Zeitungen einen Tag zu lange liegen oder sie ungelesen fortlaufen lassen – ich ... würde mir ein vernünftiges Abendbrot aus der Kindheit bestellen und für den Morgen ein halbes Lot Kaffee Überschuß, weil ich schon im voraus wüßte, wie sehr ich durch ein so treffliches, ruhiges Buch (wofür dem Verfasser ewiger Dank sei!) zur Anspannung für ein eigenes glänzendes ausgeholt hätte ... So würd' ich das Werkchen lesen; aber leider hab' ich es selber vorher gemacht.»

Sprich, Erinnerung, sprich

Vladimir Nabokov und die durchsichtigen Dinge

Der allererste Zuspruch kommt von weither. Noch bevor sich ein Ich findet, hat es seine Bilder; sie steigen aus der Erinnerung auf, sie nennen die Anfänge einer empfindenden Bewußtheit. Erinnerungen reichen tief zurück, manchmal wagen sie sich sogar an vorgeburtliche Kanäle, aber das ist dann wie die Ahnung von einer Zukunft, die nicht kommen kann. In der Regel ragen die ersten Erinnerungen in das unmittelbare Kindsein hinab; dort nehmen sie das auf, was der Erinnerung zur Weitergabe und Bewahrung im späteren Ich geschenkt werden soll. Mit diesem Geschenk hat man pfleglich umzugehen, sie eröffnen das lebenslange Bewußtseinsgespräch, als das sich der Mensch begreifen lernt. Vor und nach dem Gespräch herrscht Schweigen, was, abgewandelt, auch für das Leben selbst gilt: Nur wenn es lebt, ist es zu vernehmen, steht es im Licht; danach verfällt es dem Dunkel, aus dem es kam. Gerade das aber macht eine wesentliche Herausforderung des Bewußtseins aus: Es will das beiderseitige Dunkel ergründen und hofft, damit noch mehr über sich selbst, über Gott und die Welt herauszufinden. Der Schriftsteller Vladimir Nabokov ließ es bei einer solchen Aufgabenstellung nicht bewenden; er mutete seinem Bewußtsein Steigerungen zu, die hinaufführten in das Geisterreich des Zeitlosen und Wahren. Phantasie und Erinnerung gingen dabei ineinander über; sie spielten ihm alle Wirklichkeitsmomente ein, die sich in das ausmalende Bewußtsein übersetzen lassen – aus ihm nimmt der Dichter seinen Anfang. In Nabokovs Autobiographie *Sprich, Erinnerung, sprich* lesen wir: «Die Natur erwartet vom erwachsenen Menschen, daß er die schwarze Leere vor sich und hinter sich genauso ungerührt hinnimmt wie die außerordentlichen Visionen dazwischen. Die Vorstellungskraft, die höchste Wonne des Unsterblichen und des Unreifen, soll ihre Grenzen haben. Um das Leben zu genießen, dürfen wir es nicht zu sehr genießen. Ich lehne mich auf gegen diesen Zustand. Ich verspüre den Wunsch, meine Auflehnung nach außen zu tragen und die Natur zu bestreiken. Ein ums andere Mal habe ich in Gedanken enorme Anstrengungen unternommen, um auch nur den allerschwächsten persönlichen Lichtschimmer in der unpersönlichen Dunkelheit auf beiden Seiten meines Lebens wahrzunehmen. Daß an dieser Dunkelheit nur die Mauern der Zeit schuld sind, die mich und meine zerschundenen Fäuste von der freien Welt der Zeitlosigkeit trennen, das ist eine Überzeugung, die ich freudig mit dem buntestbemalten Wilden teile. Im Geist bin ich in entlegene Gegenden zurückgereist – und der Geist ermattete dabei hoffnungslos, auf der Suche nach irgendeinem geheimen Ausweg, nur um zu entdecken, daß das Gefängnis der Zeit eine Kugel und ohne Ausweg ist.»

Man kann die Zeit annehmen, entkommen kann man ihr nicht. Das Gefängnis bedarf einer besonderen Betrachtungsweise, um nicht mehr als Gefängnis, sondern als komfortable Wohnstatt zu erscheinen. Der menschliche Geist, und nur er, hat den Schlüssel zu einer solchen Betrachtungsweise; er muß ihn nur finden. Hat er ihn gefunden und weiß er ihn anzuwenden, läßt sich die erste, deutlich gemachte Erinnerung ausmachen, die einen Zeitspalt öffnet, in dem eine andere, weniger schwerfällige und gesetzmäßige Welt zu erkennen ist. Wer frei sein will, frei sein im Geiste, denn eine andere Freiheit gibt es nicht, sollte seinen Erinnerungen eine Vertrauensstellung einräumen; dann wird der Zeitspalt immer heller und breiter und öffnet sich schließlich auf die Totale. Für Nabokov, so die Deutung der Anfänge seines Wissens-von-sich, ist dieser Vorgang mit einem bestimmten Alter verbunden gewesen: «Als die mir ... enthüllte, noch frische und adrette Formel meines eigenen Alters, vier, den elterlichen Formeln, dreiunddreißig und siebenundzwanzig, entgegengehalten wurde, geschah etwas mit mir. Ich erhielt einen ungeheuer belebenden Schock. Als hätte ich eine zweite Taufe hinter mir, ... fühlte ich mich mit einem Male in ein strahlendes und bewegliches Medium gestürzt, das nichts anderes war als das reine Element Zeit. Man teilte es – genau wie erregte Schwimmer das flimmernde Meer – mit Wesen, die anders waren als man selber und einem doch verbunden durch den allen gemeinsamen Strom der Zeit, eine Umgebung, die grundverschieden war von der des Raumes, welchen nicht nur der Mensch, sondern auch Affen und Schmetterlinge wahrnehmen können. In diesem Augenblick wurde mir deutlich bewußt, daß das siebenundzwanzigjährige Wesen in weichem Weiß und Rosa, das meine linke Hand hielt, meine Mutter war, und das dreiunddreißigjährige in hartem Weiß und Gold, das meine Rechte hielt, mein Vater. Zwischen ihnen, die gleichmäßig ausschritten, stolzierte ich, trippelte und stolperte von Sonnenfleck zu Sonnenfleck... Ja, von meinem jetzigen Höhenzug entlegener, isolierter, fast unbewohnter Zeit aus sehe ich mein diminutives Selbst an jenem Augusttag im Jahre 1903 die Geburt meines fühlenden Lebens feiern.»

Aus dem fühlenden wird das bewußte Leben, und es ist das eigentliche Wunder, welches dem Menschen widerfährt. Sein Bewußtsein, die Heimstatt seines Ichs, kann er gar nicht hoch genug schätzen; Nabokov wird nicht müde, das zu betonen. Er ist weit davon entfernt, sich mit evolutionistischen Gedankengängen anzufreunden, die im Bewußtsein eine Art Zufallsbekanntschaft sehen, der man im nachhinein eine gewisse Zweckmäßigkeit zugesteht. Was soll zweckmäßig am Geist sein, fragt er, wenn es doch andere, widerstandsfähigere und weniger rätselhafte Mechanismen gibt, einer Lebensform ihren Erhalt zu sichern? Nein, im Bewußtsein liegt das Wunder, es trägt einen göttlichen Keim in sich, und man muß kein frommer Mensch sein, um das zu glauben. Allenfalls ein wenig Demut sollte man haben, um sich dem Bewußtseinswunder ergeben und hingeben zu können; Demut, die Nabokov für die existentielle, die Ichseite seines Daseins aufzubringen vermag, der er ansonsten aber, im schriftstellerischen Tagesgeschäft etwa, nicht allzusehr anhängt; da weiß er nämlich, was er an sich hat. Er preist das Bewußtsein und meint damit sich selbst; das ist erlaubt, denn im Ich werden die Register der Welterfahrung gezogen: «Wie klein der Kosmos ist (ein Känguruhbeutel nähme ihn auf), wie dürftig und belanglos, verglichen mit menschlichem Bewußtsein, mit einer einzigen individuellen Erinnerung und ihrem sprachlichen Ausdruck!»

So wie das Kind noch in Einklang mit sich und seiner Umwelt lebt, sind auch seine Erinnerungen ein geordnetes Ganzes. Es ist, wie es ist; erst später, wenn das Erwachsenwerden droht, gerät die Ordnung aus den Fugen, und es kommt ein eher ungutes Nachfragen und Kritisieren hinzu. Das Ich, das sich eigentlich an sich selbst erfreuen sollte, legt sich eine selbstquälerische Nebentätigkeit zu; geradezu zwanghaft scheint es alles in Frage stellen zu wollen. Davon sind auch die Erinnerungen betroffen, die nun gewählter wirken; sie haben ihre Unschuld verloren, gewinnen dafür aber an Kunstfertigkeit und lassen das Ich, das seine Selbstbeschau immer versierter betreibt, schließlich als etwas Ausgezeichnetes erscheinen: «Nichts ist angenehmer und seltsamer, als über diese ersten Entzückungen nachzudenken. Sie gehören der harmonischen Welt einer vollkommenen Kindheit an und leben darum mit einer natürlichen Anschaulichkeit im Gedächtnis, die sich fast mühelos wiedergeben läßt; erst mit den Erinnerungen an die Jahre des Heranwachsens wird Mnemosyne» (die Göttin des Gedächtnisses) «wählerisch und verdrossen ... Aber wie dem auch sei, das individuelle Geheimnis bleibt und irritiert den Memoirenschreiber. Weder in meiner Umwelt noch in meinem Erbe vermag ich mit Sicherheit das Werkzeug zu sehen, das mich formte, jene anonyme Walze, die meinem Leben ein bestimmtes kunstvolles Wasserzeichen aufdrückte, dessen einzigartiges Muster zum Vorschein kommt, wenn man das Schreibpapier des Lebens mit der Lampe der Kunst durchleuchtet.»

Vladimir Nabokov wird am 22. April 1899 als ältestes von fünf Kindern einer alteingesessenen Aristokratenfamilie in St. Petersburg geboren. Der Vater ist von Haus aus Jurist und ein angesehener Reformpolitiker; die Mutter liebt die Natur, die Kunst und die Stille. Die Familie besitzt ein Landgut in der Nähe der Hauptstadt; man beschäftigt Bedienstete, Gouvernanten und Hauslehrer. Nabokov hat diese alte, bald mitleidlos zu Grabe getragene Welt geliebt; er empfindet sie nicht als überflüssigen Luxus, sondern als besondere Entfaltungsmöglichkeit für das Individuum, das bei ihm zu Hause noch beste Wertschätzung genießt. Mit der Oktoberrevolution, die der Dichter ein Leben lang nachhaltig verachtet, dankt der Mensch ab, es herrscht die gestaltlose Masse; man einigt sich, sagt Nabokov, «auf den kleinstmöglichen Nenner», der zum Maß für allgemeine Kümmerlichkeit wird. In seiner Erinnerung steht die Mutter für Großherzigkeit und Widerstandskraft; sie bietet ein Beispiel für das Beharrungsvermögen des Alten und Schönen, das, begünstigt auch durch die Macht seligen Andenkens, alle Dekrete überdauert: «Mit ganzer Kraft zu lieben und den Rest dem Schicksal zu überlassen war die einfache Regel, der sie gehorchte. ‹Wot sapomni [Vergiß mir das nicht]›, pflegte sie mit verschwörerischer Stimme zu sagen, wenn sie meine Aufmerksamkeit auf irgend etwas ... lenkte, das sie liebte – auf eine Lerche, die an einem trüben Frühlingstag in einen Himmel aus Dickmilch stieg, auf das Wetterleuchten, das des Nachts Aufnahmen von entfernten Baumreihen machte, auf die Palette der Ahornblätter auf braunem Sand, auf die keilschriftförmigen Spuren eines kleinen Vogels im Neuschnee. Als fühle sie, daß in wenigen Jahren der greifbare Teil ihrer Welt untergehen würde, kultivierte sie einen außergewöhnlichen Sinn für die Spuren der Zeit, die überall auf unserem Landsitz zu finden waren. An ihrer eigenen Vergangenheit hing sie mit der gleichen rückgewandten Inständigkeit, mit der ich heute an ihrem Bild und an meiner Vergangenheit hänge. In gewisser Weise bekam ich so ein einzigartiges Scheinbild mit auf den Weg – die Schönheit ungreifbaren Besitzes, unirdischer Immobilien –, und das erwies sich als vorzügliche Übung, spätere Verluste zu ertragen.»

Mit dem Untergang der alten Zeit mehren sich in der Tat die Verluste: 1919 flieht die Familie Nabokov auf einem Frachter von der Krim über Griechenland und Südfrankreich nach England; zurück bleiben das Landgut, die Petersburger Stadtwohnung, Bibliothek und Besitz. Die Ideale von Menschenwert und Menschenrecht, die angesichts einer Diktatur des Proletariats noch unverzichtbarer erscheinen, werden in die Fremde mitgenommen und dort vor aller Ideologie bewahrt. Vladimir Nabokov studiert in Cambridge russische und französische Literatur; 1921 legt er ein Prädikatsexamen ab. Ein Jahr später wird sein Vater in Berlin ermordet; er ist das Opfer eines Attentats, das eigentlich einem anderen Exilpolitiker gegolten hat. Bis 1937 lebt Nabokov in Berlin; er schlägt sich als Privatlehrer durch, veröffentlicht Romane und Erzählungen in russischer Sprache. Die Mutter zieht 1923 mit seinen Schwestern nach Prag; dort haust sie sich noch mehr in der Vergangenheit ein, die ihr, in äußerlich dürftiger Umgebung, wie ein kleines Privatmuseum verfügbar gehalten wird. Die Gegenwart kann ihr nichts mehr anhaben; gerade wenn die Hoffnungen nicht mehr tragen, lohnt noch der liebevolle Blick zurück: «Auf einer mit grünem Tuch bezogenen Seifenkiste standen in zerfallenden Rahmen die verblichenen kleinen Photographien, die sie neben ihrer Couch haben wollte. Eigentlich brauchte sie sie nicht, denn nichts war verloren. Wie eine Gesellschaft fahrender Komödianten eine windige Heide, ein nebliges Schloß und eine verzauberte Insel mit sich herumführen, solange sie nur ihre Zeilen im

Kopf haben, so hatte sie alles bei sich, was in ihrer Seele verwahrt war.»

Als Erinnerungsbilder sind die Toten nie ganz tot; sie sind eine Art Präsenzpflicht bei den noch Lebenden eingegangen, die aber keinen so richtig zufriedenstellt. Die Verstorbenen bleiben im Halbschatten, dort spiegeln sie den Ernst wider, den man mit ihrem Schicksal für gewöhnlich verbindet. Ihre Wahrheit findet sich indes nie im verblichenen Abbild; für sie ist das Überpersönliche zuständig, der Geist eben, die Helle des Bewußtseins: «Immer wenn ich in meinen Träumen die Toten sehe, erscheinen sie schweigsam, besorgt und seltsam bedrückt, ganz anders als ihr eigentliches, geliebtes, strahlendes Selbst. Ohne das mindeste Erstaunen gewahre ich sie in einer Umgebung, die sie in ihrem irdischen Leben niemals aufgesucht, im Hause irgendeines meiner Freunde, den sie nie gekannt hatten. Sie sitzen jeder für sich und starren finster auf den Fußboden, als wäre der Tod ein dunkler Makel, ein beschämendes Familiengeheimnis. Gewiß nicht in solchen Augenblicken – nicht in Träumen –, sondern im Zustand heller Wachheit, in Momenten der Erfüllung und in denen starker Freude, auf der höchsten Terrasse des Bewußtseins hat Sterbliches eine Chance, über seine Grenzen hinwegzuspähen: vom Mastkorb aus, von der Vergangenheit und ihrem Bergfried. Und wenn auch durch den Nebel hindurch nicht viel zu erkennen ist, hat man doch irgendwie das selige Gefühl, in die richtige Richtung zu blicken.»

1937 setzt sich Nabokov mit seiner Frau Vera und dem dreijährigen Sohn Dimitri nach Paris ab. Dort schreibt er seinen ersten Roman in englischer Sprache: *The Real Life of Sebastian Knight (Das wahre Leben des Sebastian Knight)*. 1940 fliehen die Nabokovs in die USA, die eine zweite Heimat werden, ohne die erste ersetzen zu können. Nabokov wird Dozent für Russisch an einem College in Massachusetts; danach, von 1948 bis 1959, amtiert er als Professor für europäische und russische Literatur an der Cornell University in New York. 1957 erscheint der Roman *Pnin*, vielleicht sein schönstes, weil versponnenstes Erzählwerk; ein Jahr später kommt *Lolita* heraus, das Buch, das seinen Weltruhm begründet. Die Leser, mehr noch die schon von Berufs wegen Angesäuerten unter den Kritikern, begreifen Lolita als Skandal; die handfeste, keineswegs platonische Liebe eines älteren Herrn zu einem zwölfjährigen Mädchen, einer Kindfrau, taugt zum Ärgernis und erweckt unterdrückte Begierden. Der Roman wird verfilmt; Nabokov, dem die Irritationen, die er auslöst, diebisches Vergnügen bereiten, schreibt selber das Drehbuch. Er ist auf den Geschmack gekommen, auch auf den des Geldes, denn *Lolita* spielt ihm, mit allen Neben- und Sonderrechten, so viele Dollar ein, daß er ausgesorgt hat. Im Winter 1960 kehrt er nach Europa zurück. Bis zu seinem Tod am 2. Juli 1977 wohnt er mit seiner Frau in einer Dachsuite im Palace Hotel Montreux. Nabokovs literarisch-philosophisches Interesse ist zuletzt fast nur noch auf *Durchsichtige Dinge* gerichtet (so auch der Titel seines 1972 erschienenen letzten Romans); das Bewußtsein ist ein solches durchsichtiges Ding und doch unendlich verwoben und verrätselt. Der Geist, Erscheinungsgrund alles Seienden, schafft sein eigenes Mysterium, das es auszuhalten und, mehr noch, auszukosten gilt: «Der Versuch, die eigene Position in dem vom Bewußtsein umfaßten Universum auszudrücken, ist ein unvordenkliches Bedürfnis. Die Arme des Bewußtseins greifen aus und tasten umher, und je länger sie sind, desto besser... Vivian Bloodmark, ein philosophisch veranlagter Freund, pflegte in späteren Jahren zu sagen, daß der Wissenschaftler alles, was geschieht, in einem Punkt des Raumes sieht, der Dichter aber alles in einem Punkt der Zeit fühlt. Gedankenverloren klopft er mit dem zauberstabartigen Bleistift auf sein Knie, und im gleichen Augenblick fährt ein Wagen (New Yorker Nummernschild) auf der Straße vorbei, ein Kind schlägt die Drahtgazetür eines Hauses in der Nachbarschaft zu, ein Greis gähnt in einem dunstigen Obstgarten in Turkestan, auf der Venus bewegt der Wind ein Körnchen aschgrauen Sandes, ein Doktor Jacques Hirsch in Grenoble setzt sich die Lesebrille auf, und Trillionen anderer Bagatellen dieser Art ereignen sich – und sie alle bilden einen gleichzeitigen und durchsichtigen Organismus aus Ereignissen, dessen Kern der Dichter... ist.»

«Der Dichter ist das Herz der Welt», notierte Nabokovs Kollege Eichendorff einmal frohgemut, und mag das auch übertrieben sein: Unterschätzen sollte man den Dichter nicht, lieber etwas zu hoch schätzen, denn er ist näher an den durchsichtigen Dingen als andere. Möglicherweise zahlt sich diese Nähe sogar aus, wenn die irdischen Geschäfte abgetan sind und etwas Neues beginnt: Nabokovs Professor Pnin jedenfalls glaubt, daß es nach dem hiesigen Leben geisterhaft zugeht; eine Sache also wiederum für Dichter und Denker: «Pnin schlenderte langsam unter den feierlich-stillen Kiefern hin. Der Himmel lag im Sterben. Er glaubte nicht an einen autokratischen Gott. Er hatte eine unbestimmte Vorstellung von einer Demokratie der Geister. Vielleicht bildeten die Seelen der Toten Komitees, und diese widmeten sich in fortlaufenden Sitzungen dem Geschick der Lebenden.»

Ein kleines Quantum reiner Zeit

Marcel Proust und die Zeichen des Glücks

Von einem Schriftsteller, einem begabten zumal, erwartet man viel: Er soll genau beobachten, beschreiben, zuhören können, er soll mit der Sprache mindestens so behutsam umgehen wie mit einer Geliebten, und an den üblichen Vordergründigkeiten, der Fassadenwelt von Menschen, Dingen und Geschehnissen, soll er sich besser nicht verhaken, denn man traut ihm mehr zu. Gerade der Ton nämlich, den er seiner Realität gegenüber anschlägt, kann verräterisch wirken, da aus ihm herauszulesen ist, ob er sich lieber an der Oberfläche bewegt oder die tieferen Gewässer ansteuert. Während die Erwartungshaltung im Hinblick auf Sprachbegabung und hohe Sensibilität eines Schriftstellers sich am Gewohnten bemißt und somit, womöglich, nah am bewährten Klischee steht, läßt sich aus seinem Vermögen, hinter die Erscheinungen zu schauen, eine Art Gütesiegel für sein ganzes Werk erkennen. So sind aus den Schriftstellern, die sich den zweiten, den durchdringenden Blick zu eigen machten und die Welt, sei sie nun inwendig oder von fern her gespiegelt, in ergreifenden Sprachbildern festgehalten haben, veritable Dichter geworden; an sie erinnert man sich, weil sie der gewöhnlichen Vergänglichkeit das Ungewöhnliche eines zeitenthobenen Kunstwerks entgegenstellten. Ein Dichter, der diesen hohen Anspruch geradezu mustergültig und fast schon legendenhaft in große Literatur umsetzte, war Marcel Proust. Sein mehrbändiges Hauptwerk *Auf der Suche nach der verlorenen Zeit* ist zur Programmschrift geworden, zum geflügelten Wort, das literarische Erträge im Gefolge hat, die noch immer einzusehen sind und vom Leser am eigenen Erleben überdacht und ergänzt werden können. Ein größerer Erfolg läßt sich für ein literarisches Werk nicht denken; die Nachwelt urteilt zudem oft einsichtiger als die Umwelt. Das mußte auch Marcel Proust erfahren: Er wußte schon als Junge, daß er Schriftsteller werden wollte; schon die einfache Wahrnehmung, die für andere ein bloßes Wirklichkeitssignal blieb, bedeutete ihm, daß das Gesehene nicht nur gesehen, sondern auch bedacht und beschrieben werden wollte: «So nun, völlig außerhalb von jeder literarischen Absicht und ohne einen Gedanken daran, fühlte ich meine Aufmerksamkeit gefangen von einem Dach, einem Sonnenreflex auf einem Stein, dem Geruch eines Weges, und zwar gewährten sie mir dabei ein spezielles Vergnügen, das wohl daher kam, daß sie aussahen, als hielten sie hinter dem, was ich sah, noch etwas verborgen, das sie mich zu suchen aufforderten und das ich trotz aller Bemühungen nicht zu entdecken vermochte. Da ich genau fühlte, daß es in ihnen war, blieb ich unbeweglich stehen, um sie anzuschauen, um den Versuch zu machen, mit meinem Denken über das Bild oder über den Duft noch hinauszugelangen. Wenn ich dann meinen Großvater einholen und meinen Weg fortsetzen mußte, suchte ich, sie wiederzufinden, indem ich meine Augen schloß; ich konzentrierte mich völlig darauf, genau die Linie des Daches, den exakten Farbton des Steines wiederzufinden, die, ohne daß ich begreifen konnte, warum, mir mit etwas angefüllt schienen und bereit, sich zu öffnen, um mir auszuliefern, wovon sie selbst nur die Hülle waren.»

Mit geschlossenen Augen sehen, um besser zu sehen, um zum Kern der Dinge vorzustoßen, die allesamt eine Ansichtsseite haben, welche ihr Wesen verbirgt: dieser Erkenntnisschulung unterzieht sich der junge Proust mit einer Leidenschaft, die seine Altersgenossen eher an die üblichen Zerstreuungen wenden. Trotzdem oder gerade deswegen hat er daran seinen Spaß; seine Erkundung der Welt, das ahnt er früh, ist eine Wahrheitssuche, die keinen Anfang und kein Ende kennt.

Marcel Proust wird am 10. Juli 1871 in Paris geboren. Der Vater ist Professor für Hygiene und als Generalinspekteur der Sanitätsdienste ein anerkannter und wohl auch gefürchteter Fachmann; die literarischen Ambitionen seines Sohnes, der seiner Meinung nach lieber Jurist oder Bankier werden soll, verfolgt er, seiner Profession gemäß, mit eingefleischtem Mißtrauen. Den vollkommenen Gegenpart zum strengen und nüchternen Vater verkörpert die Mutter: Jeanne Proust wird als zartes, hochempfindsames Geschöpf geschildert, in deren Liebe sich der kleine Marcel so dauerhaft einhaust, daß er davon auch als Erwachsener nicht lassen mag. Er ist ein kränkelndes Kind; mit acht Jahren erleidet er erste heftige Asthmaanfälle, die ihn ein Leben lang begleiten: Seine Krankheit macht er gern zum Thema, was allerdings mehr Nachteile als Vorteile hat. In einem Brief schreibt er: «Die Worte ‹Ich war so krank›, ‹Ich bin immer noch leidend› sind von mir so oft ausgesprochen worden und drücken nur noch einen beinahe gewohnten Zustand aus, der zwar quälend ist, ohne jedoch eine gelegentliche briefliche Beziehung zu anderen auszuschließen; ich hege daher starke Befürchtungen, daß sie farblos und ohne jede Kraft der Entschuldigung und Absolution an Ihre allzusehr daran gewöhnten (ich will nicht sagen: ungläubigen) Ohren dringen. Und dennoch ist es so; ich war furchtbar krank, fast ständig ans Bett gefesselt...»

Tatsächlich gewöhnt sich Proust an die Krankheit, so wie sich auch die anderen daran gewöhnen, die seine Klagen nicht recht ernst nehmen. Der zarte Junge aus wohlhabendem Elternhaus wird geschont und erlebt eine behütete Kindheit, deren Hüterin vor allem die Mutter ist; der Vater geht mit freudloser Miene seinen Amtsgeschäften nach. In Paris besucht Proust das renommierte Lycée Condorcet; er interessiert sich für Literatur und, mehr noch, für Philosophie. Auch die Sprache der Naturwissenschaften, die damals beginnen, ihren bis heute immer höher aufgetürmten Erkenntnisanspruch zu errichten, färbt auf ihn ab, was allerdings ein eher unmerklicher Prozeß ist, der sich erst später, in den Beschreibungskünsten seines Hauptwerks, zu erkennen gibt. Die Ferien verbringen die Prousts meist in Illiers in der Nähe von Chartres, wo die Familie seines Vaters ihre Wurzeln hat. Beauce und Perche heißen die historischen Landschaften, die hier ineinander übergehen und, auf anmutige Hügel verteilt, mit Wäldern und Wiesen, Städtchen und beschaulichen Herrensitzen ein Ensemble bilden, das Proust später mit seiner literarischen Landschaft von Combray zur Legende macht, einer künstlichen, nicht erkünstelten Region, die sich dem Blick anschmiegt und tiefere Spuren hinterläßt als das Original, dem sie nachempfunden wurde. Hier findet sich auch die Zeichengebung, die Herausforderung, die den jungen Proust zum Schreiben bringt. Eines ihrer stärksten, vor allem aber besonders standfesten Motive sind die Kirchtürme von Martinville; sie stehen am Horizont seiner Wahrheits- und Wesenssuche, an ihnen erprobt der angehende Dichter, in behutsamen Annäherungen, die Möglichkeiten seiner Sprache: «An einer Wegbiegung hatte ich auf einmal jenes besondere Lustgefühl, das keinem anderen glich, beim Anblick der beiden Kirchtürme von Martinville, auf denen der Widerschein der sinkenden Sonne lag und die infolge der Wagenbewegung und der Windung der Straße den Platz zu wechseln schienen; es kam dann noch der von Vieuxvicq hinzu, der von den beiden anderen durch einen Hügel und ein Tal getrennt, etwas höher in der Ferne liegt und ihnen dennoch ganz nah benachbart schien. Beim Feststellen und Einprägen der Form ihrer Spitze, der Verschiebung ihrer Linien, der Oberflächen, auf denen die Sonne lag, fühlte ich, daß ich noch nicht am Ende meiner Eindrücke war, daß etwas sich noch hinter dieser Bewegung, dieser Helligkeit befand, etwas, das sie zu enthalten und zugleich zu verbergen schienen.»

Marcel Proust gehört dem begüterten Bildungsbürgertum an, er hat eine Vorliebe für die Welt der Salons und des dekadenten, vornehmen Adels, der sich mehr mit der Vergangenheit als mit der Zukunft beschäftigt, von der ohnehin zu befürchten steht, daß sie kälter, härter, gedankenloser wird, als es eine erwartungsfroh gestimmte Gegenwart vermuten läßt. Seine Herkunft hat indes den Vorteil, daß er sich kaum je Geldsorgen machen muß und auch bei der Berufswahl Gelassenheit an den Tag legen kann. Er studiert an der Sorbonne, dient ein Jahr als Freiwilliger in der Infanterie, wird Assistent an der Mazarin-Bibliothek in Paris; er veröffentlicht Aufsätze und kleinere Prosastücke, all das ohne Leistungsdruck und begleitet von seiner Krankheit, die er, auch weil sie ihm viel Zeit zum Nachdenken läßt, zu seiner eigentlichen Lebensgefährtin erklärt. Mit 25 veröffentlicht er sein erstes Buch *Tage der Freuden*, das, beschwert durch eine opulente Ausstattung, zu einem beachtlichen Mißerfolg wird. Proust läßt sich jedoch nicht beirren, seine Kunst steht in ihrer wesentlichen Wachstums- und Reifephase. Wie man sich das Porträt des Dichters als junger Mann vorzustellen hat, zeigt die Beschreibung eines Freundes: «Er hatte große schwarze Augen, die voller Glanz waren, einen Blick von ungewöhnlicher Sanftmut, eine noch sanftere, etwas atemlose Stimme. Er kleidete sich sehr wählerisch, trug breite Aufschläge aus Seide, eine Rose oder Orchidee im Knopfloch seines Gehrocks, einen Zylinder mit flachem Rand, den man bei Besuchen neben dem Fauteil ablegte. Mit zunehmender Krankheit und ermutigt durch das Gefühl hinreichender Vertrautheit, das ihm erlaubte, sich nach Belieben anzuziehen, erschien er in den Salons und sogar des Abends nur noch in seinem Pelzmantel, den er im Sommer wie im Winter anbehielt, weil ihn beständig fror.»

1903 stirbt Prousts Vater, zwei Jahre später die Mutter. Sie, die immer an ihren Sohn geglaubt hat, kann nicht mehr miterleben, was sich nun doch noch abzuzeichnen beginnt: der literarische Erfolg ihres Sohnes, der so ungewöhnlich ist wie sein gesamtes, auf Nachtrag und Anverwandlung beruhendes Werk. Von 1909 an schreibt er an seinem Opus magnum, und er entwickelt dafür, notgedrungen, eine Existenzform, die seinem nicht gerade volkstümlichen Erkenntnisinteresse entspricht: Abgeschirmt von der Außenwelt haust er in einem mit Kork tapezierten Zimmer, in das keine Geräusche und keine profanen Neuigkeiten dringen sollen; die Fenster bleiben geschlossen, aber über «die Arbeit des Bewußtseins», so nennt er sein Bilder und Eindrücke beschwörendes Schreiben, gewinnen sie Durchlässigkeit zu einer Zeit hin, die nicht mehr ihren gewöhnlichen Ablauf zu erkennen gibt, sondern das Beharrende in Formgebung und Bedeutungsgehalt. Noch immer stehen die Kirchtürme von Martinville als Zeichen am Horizont, und je mehr die Ansichten, die sie bieten, nachgezeichnet werden können, scheint eine andere Wirklichkeit in ihnen auf: «Die Kirchtürme wirkten so fern, und es sah aus, als ob wir uns ihnen nur wenig näherten, so daß ich ganz erstaunt war, als wir gleich darauf vor der Kirche von Martinville hielten. Ich wußte nicht, weshalb es mich glücklich gemacht hatte, sie am Horizont zu erblicken, und der Zwang nach dem Grunde zu forschen, lastete quälend auf mir; ich hatte Lust, die Erinnerung an die sich verschiebenden Linien in meinem Kopf aufzubewahren … Bald darauf war es, als ob die Umrißlinien und besonnten Flächen wie eine Schale sich öffneten und etwas, was mir in ihnen verborgen geblieben war, nunmehr erkennen ließen; es kam mir ein Gedanke, der einen Augenblick zuvor noch nicht in meinem Bewußtsein war und der sich in meinem Hirn zu Worten gestaltete …»

Die Erkenntnis, die Proust im Gang seiner nahezu unermüdlichen Bewußtseinsarbeit zuwächst, ist, daß die Dinge anders sind als sie scheinen. Setzt man sie in Wissen um, so unterliegen sie der gewöhnlichen Schnellebigkeit, dem Zugriff der Zeit und den jäh wechselnden Aufmerksamkeitskonzentraten. Das Bewußtsein wird zum Strom, das keinen wesentlichen Halt gewährt. Bei genauerem Hinsehen indes sind Inseln im Strom auszumachen, Orte der Wahrheit und Gewißheit, die scheinbar unberührt bleiben von Verwitterung, Verfall und Vergänglichkeit. Es sind Orte einer Erinnerung, die sich selbst einsichtig wird. Prousts eigentliche Entdeckung ist eine besondere Form der Erinnerung, die sich dort auftut, wo das willkürliche, das intellektuelle Gedächtnis nichts mehr aus sich zu gewinnen vermag. Das andere, das unwillkürliche, das poetische Gedächtnis entfaltet sich, wenn ein gegenwärtiger Sinneseindruck mit einer Erinnerung verschmilzt, die anscheinend nur darauf wartet, aufgerufen zu werden und sich in ganzer Fülle zu zeigen. Dieser Vorgang kommt einer Zeugung gleich: Ein neues Wesen im Wissen entsteht, das der Zeit enthoben wird und glückhafte Hellsichtigkeit gewährt. Das berühmteste Beispiel, das Proust für sein kunstvolles Erinnern angibt, benennt einen profanen Vorgang: Der Erzähler kostet ein Stück Madeleine, einen kleinen Kuchen, den er zuvor in Tee aufgeweicht hat: «In der Sekunde nun, als dieser mit dem Kuchengeschmack gemischte Schluck Tee meinen Gaumen berührte, zuckte ich zusammen und war wie gebannt durch etwas Ungewöhnliches, das sich in mir vollzog. Ein unerhörtes Glücksgefühl, das ganz für sich allein bestand und dessen Grund mir unbekannt blieb, hatte mich durchströmt. Mit einem Schlage waren mir die Wechselfälle des Lebens gleichgültig, seine Katastrophen zu harmlosen Mißgeschicken, seine Kürze zu einem bloßen Trug unserer Sinne geworden, es vollzog sich damit in mir, was sonst die Liebe vermag, gleichzeitig aber fühlte ich mich von einer köstlichen Substanz erfüllt: Oder diese Substanz war vielmehr nicht in mir, sondern ich war sie selbst. Ich hatte aufgehört, mich mittelmäßig, zufallsbedingt, sterblich zu fühlen. Woher strömte diese mächtige Freude mir zu? Ich fühlte, daß sie mit dem Geschmack des Tees und des Kuchens in Verbindung stand, aber darüber hinausging und von ganz anderer Wesensart war. Woher kam sie mir? Was bedeutete sie? Wo konnte ich sie fassen?»

Die Beantwortung dieser Fragen bedeutet, auch die Zeit wiedergefunden zu haben, nach der Proust zuvor so lange schon und so sorgfältig gesucht hat. Es zeigt sich nämlich, daß die Zeit angehalten werden kann, wenn sie sich der unwillkürlichen Erinnerung ergibt; dann leuchtet das Vergangene wieder auf, klarer als je zuvor, und das Gegenwärtige spricht ihm Gewißheit zu. Es sind die illuminierten Ideen des Geschehenen, die das Bewußtsein in unwiderruflichen Momenten herrisch besetzt halten; in ihrer Schönheit dulden sie keinen Widerspruch, sondern sind ein reines Geschenk. Proust setzt, wenn man so will, eine Grundüberzeugung der platonischen Philosophie in Poesie um; sie besagt, daß es bleibende Urbilder gibt, auf die sich unsere Erkenntnisse in wehmütiger Wiedererinnerung richten. Aus ihr, aus der Wiedererinnerung, fällt für uns «ein kleines Quantum reiner Zeit» ab, das sich, einmal beim Wort genommen, auch als Anweisung zum Glück lesen läßt, als Versprechen, als Heimkehr in ein beträchtlich geläutertes Ich: «Dieses Wesen nährt sich einzig von der Essenz der Dinge und findet in ihr allein seinen Bestand und seine Beseligung... Sobald... ein bereits gehörtes Geräusch, ein schon vormals eingeatmeter Duft von neuem wahrgenommen wird, und zwar als ein gleichzeitig Gegenwärtiges und Vergangenes, ein Wirkliches, das gleichwohl nicht dem Augenblick angehört, ein Ideelles, das deswegen dennoch nichts Abstraktes bleibt, wird auf der Stelle die ständig vorhandene, aber gewöhnlich verborgene Wesenssubstanz aller Dinge frei, und unser wahres Ich, das manchmal seit langem tot schien, aber es noch nicht völlig war, erwacht und gewinnt neues Leben... Eine aus der Ordnung der Zeit herausgehobene Minute hat in uns, damit er sie erlebe, den von der Ordnung der Zeit freigewordenen Menschen wieder neu erschaffen. Man kann aber wohl verstehen, daß dieser nun Vertrauen zu seiner Freude faßt, selbst wenn der einfache Geschmack einer Madeleine nicht logischerweise die Gründe für diese Freude zu enthalten scheint, verstehen auch, daß das Wort Tod keinen Sinn für ihn hat; was könnte er, der Zeit enthoben, für die Zukunft fürchten?»

Mit seiner Krankheit verbarrikadiert sich Marcel Proust vor der Welt, der er keineswegs unversöhnlich gegenübersteht, warum auch; er hat ja ihre wahre Schönheit gesehen. Proust stirbt am 18. November 1922. Für die Zukunft muß er tatsächlich nichts fürchten, der Tod ist ein Wort ohne Sinn: «Man kann nur sagen, daß alles in unserem Leben sich so vollzieht, als träten wir bereits mit der Last in einem früheren Dasein übernommener Verpflichtungen in das derzeitige ein... Alle diese Verpflichtungen, die im gegenwärtigen Dasein nicht hinlänglich begründet sind, scheinen einer anderen, auf Güte, auf Gewissenhaftigkeit, auf Opferbereitschaft basierenden Welt anzugehören, einer Welt, die vollkommen anders als unsere hiesige ist, aus der wir aber gekommen sind, um auf dieser Erde geboren zu werden, bevor wir vielleicht in jene zurückkehren, um wieder unter der Herrschaft jener unbekannten Gesetze weiterzuleben, denen wir gehorchen, weil wir ihr Gebot in uns trugen, ohne zu wissen, wer es dort eingeschrieben hat – Gesetze, denen alle vertiefte Arbeit des Geistes uns näherbringt und die unsichtbar – vielleicht nicht einmal das! – einzig den Narren bleiben.»

Zündend fürs ganze Leben

Joseph von Eichendorff und das Herz der Welt

Am 5. Mai 1807 verließ der Student der Rechte Joseph von Eichendorff zusammen mit seinem knapp zwei Jahre älteren Bruder Wilhelm das heimische, auf den Höhen über der Oder gelegene Schloß Lubowitz, um zu einer beschwerlichen Reise aufzubrechen, an deren Ende ein leuchtendes Ziel wartete: Heidelberg, die heimliche Hauptstadt der deutschen Spätromantik. Dafür nahm man gern Strapazen in Kauf, denn das Reisen war seinerzeit mehr Tortur als reine Freude. Die Postkutschen rumpelten dahin, nutzten die Ungunst der Wege in voller Breite und ließen die Sehnsüchte der Fahrgäste zu einem einzigen Wunsch zusammenschnurren, der da lautete: mit heiler Haut ankommen.

Am 9. Mai erreichen die Brüder Eichendorff Budweis und fahren tags darauf in Österreich ein. In Linz an der Donau muß ihre Kutsche repariert werden. Weitere sieben Tage mühsamer Fahrt liegen noch vor ihnen. Endlich ist es soweit, Heidelberg rückt näher, die Spannung wächst – was auch aus Joseph von Eichendorffs Tagebuch-Aufzeichnungen jener Zeit herauszuhören ist: «Gleich hinter Neckarelz, wo wir etwas abendaßen, erblickten wir zum ersten Male den Neckar, über den wir übergeschifft wurden. In Wimersbach wurde zum letzten Male umgespannt, und nun ging's immer fort in blühenden Tälern an schönen Bergen, aus denen die Nachtigallen schlugen ... Endlich um 4 Uhr morgens fuhren wir mit Herzklopfen durch das schöne Triumphtor in Heidelberg ein, das eine über alle unsere Erwartung unbeschreiblich wunderschöne Lage hat. Enges blühendes Tal, in der Mitte der Neckar, rechts und links felsige, laubige Berge. Am linken Ufer Heidelberg, groß und schön, fast wie Karlsbad. Nur eine Hauptstraße mit mehreren Toren und Märkten. Links überschaut von dem Abhange eines Berges die alte Pfalzburg, gewiß die größte und schönste Ruine Deutschlands, majestätisch die ganze Stadt. Alles schlief noch. Nur Studenten, wie überall gleich zu erkennen, durchzogen mit ihren Tabakspfeifen schon die Straßen ...»

Überwältigt von ihren Eindrücken, beziehen die Eichendorffs das vorbestellte Quartier auf dem Paradeplatz und versuchen zu schlafen, was nicht recht gelingen will. Zu aufgewühlt sind sie noch von der langen Reise, die nun ihr Ende gefunden hat. Gegen Mittag erkunden sie zum ersten Mal ihre Umgebung: Wilhelm schaut sich die Stadt an, Joseph besteigt den Heidelberger Hausberg. Die Aussicht, die er dort oben bereits auf halber Höhe hat, kommt ihm großartig vor; er gerät ins Schwärmen, und der schöne Schein, der über den Dingen liegt, leuchtet ihm direkt in sein Leben: «Ich bestieg ... zum ersten Male den heiligen Berg ..., und obschon ich mich so verirrte, daß ich durchaus den Gipfel nicht erreichen konnte, so genoß ich doch die himmlischste Aussicht ... auf die ganze Stadt, vor mir auf eine unendliche Ebene, die sich bis Frankreich hin erstreckt, in der sich die Türme von Mannheim erheben, – und die vom Rhein, wie von einem Silberfaden durchschnitten, und rechts von den blauen Rheingebirgen begrenzt wird.»

Was Joseph von Eichendorff in Heidelberg widerfuhr, war das Aufdämmern einer Ahnung, die zur Gewißheit wurde. Inspiriert von einem Ort und einer Umgebung, die sich als so romantisch zeigten, wie Eichendorff es vermutet hatte, keimte in ihm die Einsicht, daß sich das Geheimnis der Welt erschließen ließ – es lag jenseits der bekannten Vordergründigkeiten und verlangte eine behutsame Annäherung, ein Hinhören auf den Wesensgrund der Dinge, der seine eigene Sprache spricht. Der Glanz des Daseins, das Begreifliche im Unbegreiflichen, gab sich für den zu erkennen, der in der Lage war, das «Zauberwort» zu treffen, von dem Eichendorffs berühmtester Vierzeiler spricht: «Schläft ein Lied in allen Dingen, / Die da träumen fort und fort, / Und die Welt hebt an zu singen, / Triffst du nur das Zauberwort.»

Dieses Zauberwort ist der Schlüssel zur natürlichen Existenz; es läßt die Zeit stillstehen und verleiht dem Dasein einen anrührenden Schimmer, von dem man annehmen muß, daß er göttlichen Ursprungs ist. Eichendorff lernte in Heidelberg begreifen, daß sehr wohl zusammenging, was im Zuge einer neuen Schärfe und Überschwenglichkeit des Denkens auseinandergerissen worden war: der Glaube an Gott, mit dem der Dichter Eichendorff fröhliche Lebensinnigkeit verband, und jene Demut des Wissens, die der Ursprünglichkeit der Natur mehr abzugewinnen vermag als den Lehrmeinungen einer hochfahrenden Vernunft. Der Mann, der Eichendorff zu dieser Einsicht brachte, war ein umstrittener Hochschullehrer: Joseph von Görres, ehemaliger Journalist, gelehrter Autodidakt und Naturphilosoph, der im Herbst 1806 an die Universität Heidelberg berufen worden war. Görres' Vorlesungen, von seinen Gegnern als «Laffen-Gewäsch» verhöhnt, waren für Eichendorff eine kleine Offenbarung: Mit einemmal fühlte er sich auf die tatsächliche Bedeutung einer poetischen Existenz vorbereitet, und er glaubte zu verstehen, worin die ihm zugemutete Wahrheit bestand. Von Görres schien er lernen zu können, was Gläubigkeit meinte, nämlich Gottvertrauen, Bescheidenheit vor der Schöpfung und eine vorbehaltlose Annahme des Lebens als Geschenk.

Eichendorff, der die emotionsgeladene Umtriebigkeit vor allem der frühen Romantik im Alter durchaus despektierlich zu kommentieren pflegte, hat Görres, unbeirrt von allen Schmähungen, die über seinen Heidelberger Lehrer im Umlauf waren, ein dankbares Andenken bewahrt: Seine «geheimnisvolle Gewalt lag... in der Großartigkeit seines Charakters, in der... brennenden Liebe zur Wahrheit und einem unverwüstlichen Freiheitsgefühl, womit er die einmal erkannte Wahrheit gegen offene und verkappte Feinde und falsche Freunde rücksichtslos auf Leben und Tod verteidigte; denn alles Halbe war ihm tödlich verhaßt, ja unmöglich... Görres, ohne es zu wollen oder auch nur zu wissen, schlicht... bis zum Extrem,... verschmähte selbst die unschuldigsten Mittel des Effekts. Sein durchaus freier Vortrag war monoton, fast wie fernes Meeresrauschen schwellend und sinkend, aber durch dieses einförmige Gemurmel leuchteten zwei wunderbare Augen und zuckten Gedankenblitze beständig hin und wider; es war wie ein prächtiges nächtliches Gewitter, hier verhüllte Abgründe, dort neue ungeahnte Landschaften plötzlich aufdeckend, und überall gewaltig, weckend und zündend fürs ganze Leben.»

Die Görressche Botschaft, die Eichendorff vernahm, bestimmt fortan sein Denken. Im Treiben der Heidelberger Studenten mischt er mit, legt dabei jedoch Wert auf einen gewissen Sicherheitsabstand. Er sucht die Einsamkeit, unternimmt lange Wanderungen, die ihn mit Ausblicken und manch wundersamer Tagträumerei belohnen. Er lauscht den Stimmen und Stimmungen, die in ihm sind, nimmt sie beim Wort und versucht zu ergründen, was sie, über das Mitteilbare hinaus, anklingen lassen. Eichendorff, von Kindheit an tief gläubig, lebt mit einer hartnäckigen Sehnsucht, die ihm vertraut geworden war: Sie kreist um die Vergänglichkeit – eine Vergänglichkeit, in der auch frühe Geborgenheit, das allererste, ständig erinnerte Kinderglück, zur unheimlichen, dem Tod anempfundenen Ruhe kommt. Eine solche Sehnsucht, in Ortsabhängigkeit gesetzt, ist Heimweh: Eichendorff sieht Lubowitz, das elterliche Schloß, vor sich, das sich mit wehmütigen Bildern in ihm eingenistet hatte. Lubowitz kam ihm wie ein gefährdetes Refugium vor, das nur zu schützen war, wenn man es in seiner Versunkenheit bewahrte und zu einer poetisch verklärten Geschichte machte, die, mit liebevollen Variationen versehen, jederzeit und an jedem Ort aufgerufen und neu erzählt werden konnte: «Kindisch lag ich im Lubowitzer Garten am Lusthause in der Mittagsschwüle und sehe die Wolken über mir und denke mir dort Gebirge und Inseln mit Schluchten ... Oder ein Frühling im Garten ..., und ich sehe ins Tal hinab, es ist ein so wunderlicher Abend, die Sonne ist schon untergegangen, aber der Strom leuchtet noch – da geht unsichtbar ein leises Rauschen durch den Garten. Die Blumen neigen sich leise, mich schauert – es war die Muse, die lächelnd vorüberging, Gärten und Täler beleuchtend, ich war ihr noch zu kindisch ..., und ich schlummerte ein, träumend von künftigen Liedern ...»

Eichendorffs Heidelberger Existenz glich zunächst einer heiteren Unternehmung, die nichts anderes im Sinn hatte, als der Poesie des Lebens nachzuhorchen und sie zu fassen. Die Romantik allerdings war nicht mehr ganz neu, und sie pflegte ihre eigenen Manierismen und Selbstbespiegelungen. Eichendorff hat, mit einiger Verzögerung, die Fallstricke gesehen, die auf dem Weg zu einer umfassenden Romantisierung des Daseins ausgelegt waren; er begriff, daß echte Romantik nicht darin bestehen konnte, sich schnell wechselnden Gefühlsströmungen anzuverwandeln, sondern eines einzigen, unteilbaren Glaubens an Gott und das Leben bedurfte. Eichendorff ließ sich davon in einer Weise inspirieren, die den Gegebenheiten und dem Stand seiner Jahre entsprach. Er ist jung, und die Romantik, der er sich zugehörig fühlt, hat strenge Jugendbewegtheit auf ihre Fahnen geschrieben. Die Jugend, der man nachläuft, droht allerdings, genauer besehen, zur puren Kraftmeierei, zur Umtriebigkeit zu verkommen, der man sich ergibt wie einem Gewohnheitsrecht einfordernden Rausch.

Im Rückblick hat Eichendorff auch für das Leitmotiv superber Jugendlichkeit kritische Worte gefunden; ihm stellte er das Bild einer Jugend entgegen, das sich am Wesentlichen begnügt und erfreut: «Was ist denn eigentlich die Jugend? Doch im Grunde nichts anderes als das noch gesunde und unzerknitterte, vom kleinlichen Treiben der Welt noch unberührte Gefühl der ursprünglichen Freiheit und der Unendlichkeit der Lebensaufgabe. Daher ist die Jugend jederzeit fähiger zu entscheidenden Entschlüssen und Aufopferungen und steht in der Tat dem Himmel näher als das müde und abgenutzte Alter; daher legt sie so gern den ungeheuersten Maßstab großer Gedanken und Taten an ihre Zukunft. Ganz recht! denn die geschäftige Welt wird schon dafür sorgen, daß die Bäume nicht in den Himmel wachsen, und ihnen die kleine Krämerelle aufdrängen. Die Jugend ist die Poesie des Lebens (...), sie ahnt hinter dem Morgenduft die wunderbare Schönheit der Welt; sie sich selbsttätig zu erobern ist ihre Freude ...»

Der Gefühlsüberschwang, den die Romantik auf die Wertmaßstäbe des gewöhnlichen Lebens ablud, barg Gefahren in sich, die gerade Eichendorff, als unmittelbar Beteiligter, wie kein zweiter gesehen hat. Emotionale Hochspannung, bedingungslos inszeniert, wurde zur Überspanntheit; schiere Daseinsfreude schlug, ohne Vorwarnung, in ihr Gegenteil um, und die Schönheitsillusionen kollabierten vor dem Hintergrund andrängender Todesahnungen. So war denn auch die Melancholie die ständige Begleiterin des romantisierenden Helden; man gab sich aufgeklärt-exaltiert und konnte doch nicht begreifen, so heftig in dieses eine Leben eingegeben zu sein, dem dunkle Schatten nicht von der Seite wichen. Was die Melancholie zudem aufscheinen ließ, waren die feinen Konturen eines Verfalls, der alle Formen des Lebens umfaßte und sich, auf seiten des empfindsamen Individuums, zu einem schmerzlich-glücklichen Gefühl der Traurigkeit bündelte. Eichendorff hat solche Gefühlsinnenräume oft und gern ausgeleuchtet; in seinem Prosatext *Viel Lärmen um nichts*, zu dem sich ein anderer Schwermutskünstler, der dänische Philosoph Sören Kierkegaard, besonders hingezogen fühlte, nahm er ein Traumbild von Heidelberg zum Anlaß, um eine Vergänglichkeit aufschimmern zu lassen, die nicht jenseitig ist, sondern mitwebt am hiesigen Diesseitsgeschehen: «Ihm träumte, er stünde auf den schönen Neckargebirgen von Heidelberg. Aber der Sommer war vorbei, die Sonne war lange untergegangen, ihn schauerte in der herbstlichen Kühle. Nur das Jauchzen verspäteter Winzer verhallte noch, fast wehmütig, in den Tälern unten; von Zeit zu Zeit flogen einzelne Leuchtkugeln in die stille Luft. Manche zerplatzte plötzlich in tausend Funken und beleuchtete im Niederfallen langvergessene, wunderschöne Gegenden. Auch seine ferne Heimat erkannte er darunter, es schien alles zu schlafen dort, nur die weißen Statuen im Garten schimmerten seltsam in dem scharfen Licht. Dann verschlang die Nacht auf einmal alles wieder. Über die Berge aber ging ein herrlicher Gesang... Das ist ja das alte, schöne Lied!, dachte er und folgte nun bergauf, bergab den Klängen, die immerfort vor ihm herflohen. Da sah er Dörfer, Seen und Städte seitwärts in den Tälern liegen, aber alles so still und bleich im Mondschein, als wäre die Welt gestorben.»

Eichendorff begnügt sich in Heidelberg damit, die Gunst einer reinen Episode wahrzunehmen, und er ist klug genug, sich vom romantischen Troß rechtzeitig wieder abzusetzen. Einer Dichtkunst, die nur noch mit den abgenutzten Versatzstücken der eigenen Ästhetik arbeitet, setzt er, auf seine Weise bereits geheimnisvoll inspiriert, «die Poesie selber» entgegen, aus der, wie er schreibt, eine bis ins Erhabene hinaufreichende Begeisterungsfähigkeit erwächst, der nichts Geringeres als «das ursprüngliche, freie, tüchtige Leben» zugrunde liegt, «das uns ergreift, ehe wir darüber sprechen». Das Erinnern an diese Poesie ist gleichsam magisch; es währt einen ewigen Frühling lang und erzählt davon, wie Sehnsucht, auch wenn sie erfüllt scheint, niemals an ihr Ende gelangt. In Eichendorffs Gedicht *Frische Fahrt* klingt das so: «Laue Luft kommt blau geflossen, / Frühling, Frühling soll es sein! / Waldwärts Hörnerklang geschossen, / Mut'ger Augen lichter Schein; / Und das Wirren bunt und bunter / Wird ein magisch wilder Fluß, / In die schöne Welt hinunter / Lockt dich dieses Stromes Gruß. // – Und ich mag mich nicht bewahren! / Weit von euch treibt mich der Wind, / Auf dem Strome will ich fahren, / Von dem Glanze selig blind! / Tausend Stimmen lockend schlagen, / Hoch Aurora flammend weht, / Fahre zu! ich mag nicht fragen, / Wo die Fahrt zu Ende geht.»

Eichendorff blieb nur ein Jahr in Heidelberg; der schöne Schein aber, der von dieser Zeit ausging, machte ihn zum Dichter, der sein Lied von Gott und der Welt mit den wiederkehrenden Klangfolgen des menschlichen Erlebens versah: Sehnsucht und Glück, Liebe und Leid, Fernweh und Heimkehr, Vergänglichkeit und Freude, Naturschönheit und Künstlertraum, die ihren inneren Halt allesamt aus der Zuversicht des Glaubens beziehen. Eichendorffs äußeres Leben indes bleibt von Erfolgsbotschaften weitgehend ausgespart: Die Eltern sind hoffnungslos verschuldet; 1819 wird Schloß Lubowitz zur Versteigerung freigegeben, und Eichendorff entscheidet sich, der Not gehorchend, für die, wie er sie nennt, «gewöhnliche juristische Laufbahn». Trotz guter Examina findet er erst mit 34 Jahren, damals schon Vater von vier Kindern, eine halbwegs auskömmliche Stellung im Staatsdienst. Nahezu drei Jahrzehnte müht er sich als Beamter ab – nicht ohne Ehrgeiz, aber zunehmend resigniert. Er wird zwischen verschiedenen Ministerialbehörden hin- und hergeschoben und quittiert schließlich am 1. Juli 1844 den Dienst. Dreizehn Jahre sind ihm noch vergönnt, für die es kein Nachlassen und keine Altersbeschränkung gibt: «Das Herz weit und hoffnungsreich, das Auge frei und fröhlich, ernste Treue erfrischend über mein ganzes Wesen, so ist mein Sein, ich möchte fast sagen, mein Verliebtsein in die unvergänglich jungfräuliche Schöne des reichen Lebens. Meine einzige Bitte zu Gott ist: Laß mich das ganz sein, was ich sein kann!»

Über seine Heidelberger Inspirationen ist Joseph von Eichendorff an eine Weltanschauung gelangt, die ein altmodisches Gottvertrauen auf einmal wieder so neu, so heiter und frei erscheinen ließ, daß sogar die Träume der Jugend noch reifen durften und am Ende nahezu unversehrt waren. «Der Dichter ist das Herz der Welt!» notiert Eichendorff als eine der kühnen Einsichten, die ihm in Heidelberg nahegelegt werden, und er leitet daraus seine ganz persönliche, «höhere Pflicht» ab, die er als wahres Wort nimmt, das niemals altern kann. In Eichendorffs 1834 erschienenem Roman *Dichter und ihre Gesellen* findet sich das dazugehörige Bekenntnis; es ist so wundersam wie die Poesie selbst und macht auch denen Mut, die sich, wie wir, schon seit längerem in einer ganz anderen Zeit aufzuhalten haben: «Er sann lange nach ..., sang immerfort ein längst verklungenes Lied leise in sich hinein, ohne zu wissen, woher der Nachhall kam. Da fiel es ihm plötzlich aufs Herz: wie in Heidelberg lagen die Häuser da unten zwischen den

Gärten und Felsen und Abendlichtern, wie in Heidelberg rauschte der Strom aus dem Grunde, und der Wald von allen Höhen! So war er als Student manchen lauen Abend sommermüde von den Bergen heimgekehrt und hatte über die Feuersäule, die das Abendrot über den Neckar warf, in die duftige Talferne gleichwie in sein künftiges, noch ungewisses Leben hinausgeschaut ... Die Ahnung war es, der erste Schauer des schönen, überreichen Lebens, das gewißlich mit all seiner geahnten und ungeahnten Gewalt über uns kommen wird, wenn wir nur fröhlich standhalten. Wo wären wir denn aufgewacht von den sogenannten Träumen? Was hätte sich denn seitdem verändert? Aurora scheint noch so jung über die Berge, wie damals, die Erde blüht alljährlich wieder bis ins fernste, tiefste Tal – warum sollte denn unsere unsterbliche Seele, die all den Plunder überdauert, allein alt werden? ... Als hätte der Mensch nicht auch die höhere Pflicht, sich auf Erden auszumausern und die schäbigen Flügel zu putzen zum letzten, großen Fluge nach dem Himmelreich, das ... nicht wie ein Wirtshaus an der breiten Landstraße liegt, sondern treu und ernstlich und mit ganzer, ungeteilter Seele erstürmt sein will ...»

Die Stimmen, die da kommen sollen

Rainer Maria Rilke und die Arbeit eines Sommers

Manchmal, wir wissen es längst, muß man zu seinem Glück gezwungen werden. Auch zum Glück der Erkenntnis, auch zum Glück der Literatur, die ihre Zumutungen hat. Im Sommer 1906 wurde dem Dichter Rainer Maria Rilke eine solche Zumutung zuteil, die ihn um so passender traf, als er damals, eigentlich, noch kein Dichter war, der seine wahren Möglichkeiten bereits ausgeschöpft hätte. Die Zumutung, die ihm widerfährt, ist ein profaner Rausschmiß: Er, der sich zuvor erstmals in einer halbwegs geregelten Arbeit versucht hat und als Privatsekretär des Bildhauers Auguste Rodin arbeitete, den er bewundert, wird von seinem Chef, der in jenen Tagen unter anhaltend schlechter Laune leidet, vor die Tür gesetzt; Rilke soll eigenmächtig und anmaßend gehandelt haben. Er ist sich keiner Schuld bewußt, wagt Widerworte, versucht sich zu erklären, was Rodin nur noch ungnädiger werden läßt; schließlich sieht sich der Dichter «fortgejagt wie ein diebischer Diener». Er ist zornig und erleichtert zugleich; am Abend nach seiner Entlassung schreibt er an seine Frau Clara Westhoff: «Wie das kam, darüber ist nicht viel zu sagen, und was zu sagen ist, mag ich nicht schreiben. Es mußte wohl kommen, und es kam so von selbst. Ich trug ja alles, auch diese letzte Zeit, in stiller, in mich gekehrter Geduld, und ich hätt's wohl noch einen Monat oder zwei so getragen ... Und nun kommt das Ende so rasch ... Ich will nun sein ... und mich über mich selbst besinnen und ein wenig mit dem, was in mir ist, allein bleiben ... Sei nicht bange um das Kommende, Wege sind da, und wir werden sie sicher finden ...»

Rilke, damals 31 Jahre alt, ist als Schriftsteller kein Unbekannter mehr; er hat Gedichtbände veröffentlicht, darunter *Das Buch der Bilder* und *Das Stunden-Buch*. Ein schmales, expressionistisch angehauchtes Prosabändchen mit dem Titel *Die Weise von Liebe und Tod des Cornets Christoph Rilke*, das erstmals 1904 erscheint und mehrere revidierte Fassungen erfährt, wird schließlich, zu seinen

Lebzeiten noch und somit erfreulicherweise, ein überraschender Verkaufserfolg. Das, was er indes sein will, ein Dichter, der vom eigenen, an sich ja sehr wertvollen Ich absieht, um nur noch Resonanzboden zu sein für die Stimmen der Welt, kann Rilke noch immer nicht ganz sein; allenfalls erahnt er seine wahren Möglichkeiten – erarbeitet, erfühlt, erlitten sind sie noch nicht. Er mietet sich in einem kleinen Hotel in der Rue Cassette ein; dort lebt er zurückgezogen, der Lärm der Metropole brandet an ihm vorbei. Er sieht sich auf sich selbst zurückgeworfen, was er als Chance für einen Neuanfang begreift. Dabei dient ihm Paris als beständige Herausforderung: Die Stadt, ein Ensemble tosender Vielfalt und gewagter Anonymitäten, will nicht nur erlebt, sondern auch beschrieben sein. Rilke, der damals schon ein großartiger und fleißiger Briefschreiber war, hat dafür Vorarbeiten geleistet; in seinem ersten Pariser Sommer 1903 hatte er seiner Freundin Lou Andreas-Salomé diese Impressionen übermittelt: «Es war die Zeit, da die Bäume in der Stadt welk sind ohne Herbst, da die glühenden Gassen, ausgedehnt von der Wärme, nicht enden wollen und man durch Gerüche geht wie durch viele traurige Zimmer. Da ging ich an den langen Hospitälern hin, deren Tore weit offenstanden mit einer Gebärde ungeduldiger und gieriger Barmherzigkeit. Als ich zum ersten Mal am Hotel Dieu vorüberkam, fuhr gerade eine offene Droschke ein, in der ein Mensch lag, schwankend bei jeder Bewegung, wie eine zerbrochene Marionette, schief und mit einem schweren Geschwür auf dem langen, grauen, hängenden Halse. Und was für Menschen bin ich seither begegnet, fast an jedem Tage ... Sie waren Vorübergehende unter Vorübergehenden, alleingelassen und ungestört in ihrem Schicksal.»

Alleingelassen in seinem Schicksal darf sich auch Rilke vorkommen, als er von altbekannten finanziellen Sorgen aufgestört wird. Bislang hat man sein Künstlertum immer wieder mit dezenten Zuwendungen bedacht; allerlei Gönner und Förderer waren auf den Plan getreten, die es sich angelegen sein ließen, dem Dichter, der von profanen Unterhaltssorgen weitgehend freigehalten werden sollte, das Lebensnotwendige, ja mehr als das zukommen zu lassen. Wenn man, in Maßen, boshaft sein wollte, konnte man sagen, daß Rilke nicht nur frei-, sondern auch ausgehalten wurde. Ihn selbst störte das nicht: Die reine, die ungeschmälerte Dichterexistenz, von der ja durchaus etwas abfällt für die gewöhnliche Gesellschaft, bedarf einer tragfähigen Grundlage und der Absicherung; daß der Dichter dafür nicht selber sorgen konnte, verstand sich, wie er meinte, von selbst.

Als er gerade damit beginnen will, seine Sorgen auch danach zu befragen, wo und wie er den Winter zubringen wird, erreicht ihn die gewünschte Einladung: Alice Faehndrich, eine Schwester der Gräfin Schwerin, bittet ihn auf die Insel Capri; dort könne er, unter einem noch immer wolkenlosen Himmel und in angenehmer, weil herabgestimmter Wärme, den ganzen Winter über ungestört arbeiten. Rilke läßt sich das nicht zweimal sagen; am 4. Dezember trifft er auf Capri ein. Er soll im sogenannten Rosenhäusl wohnen, einem separaten Studio im weitläufigen Garten der Faehndrichschen Villa Discopoli. Nun kann er die in Paris begonnenen literarischen Erkundungsgänge fortsetzen; er verschwendet, vorerst, keinen Gedanken mehr an seine Finanzlage und richtet sich lieber in seinen Zukunftserwartungen ein, die ihm wie eine Art Offenbarung erscheinen, deren Nutzanwendung sich an seinen, an des Dichters besten Absichten bemißt. An seine Frau schreibt er: «Mir geht es so: Ich bin geradezu leidenschaftlich, keine von diesen Stimmen zu versäumen, die da kommen sollen. Ich will sie jede hören, ich will mein Herz herausnehmen und es mitten in die absprechenden und tadelnden Worte hineinhalten, so daß es nicht nur auf einer Seite und von fern von ihnen berührt werde. Aber ich will zugleich meinen gewagten, so oft unverantwortlichen Posten nicht eher aufgeben und mit einem erklärbareren, resignierenden Platz vertauschen, bevor nicht die letzte, die äußerste, endgültige Stimme zu mir gesprochen hat; denn nur an dieser Stelle bin ich ihnen allen zugänglich und offen, nur an dieser Stelle findet mich alles, was mir an Schicksal, Zuruf oder Macht begegnen will; nur von hier aus kann ich eines Tages gehorchen, so unbedingt gehorchen, wie ich jetzt unbedingt widerstrebe ...»

Auf Capri läuft Rilke zu großer Form auf. Den Stimmen, die da kommen sollen, lauscht er, wobei er, Privileg des Dichters, auch dann etwas hört, wenn an sich gar nichts zu hören ist. Er unternimmt lange Spaziergänge; ein kleiner, unscheinbarer, auf den ersten Blick fast ein wenig häßlicher Mann, der allerdings aus so ungewöhnlich großen, leuchtenden Augen schaut, daß man an Häßlichkeit nicht zu denken wagt. Von seinem Lauschangriff auf die verborgenen Schönheiten der Welt fertigt er lange und ausschweifende Gedächtnisprotokolle an. Sie sind als bescheidene Kunstwerke gedacht, als unverzichtbare Einübung, aus der Beschreibung des einen erfüllten Augenblicks Ansichten für die dem Menschen mögliche Ewigkeit zu gewinnen: «Die Nacht war eine helle, ferne, die über viel mehr als nur über der Erde zu ruhen schien; man fühlte, daß sie über Meeren lag und weit drüber hinaus über dem Raum, über sich selbst, über Sternen, die ihren Sternen entgegensahen aus unendlicher Tiefe. Das alles war in ihr gespiegelt und von ihr über die Erde gehalten ...; wie ein beständiges Überfließen von Himmeln ... Die erste Nacht nach dem vollen Monde, und er stand ganz hoch im Himmel ... Wie blendeten die beschienenen Mauerränder, wie war das Laub der Oliven ganz aus Nacht gemacht, wie ausgeschnitten aus Himmeln, älteren, nicht mehr benutzten Nachthimmeln. Und die Berghänge sahen so mondhaft verfallen aus und ragten aus den Häusern empor wie Unbewältigtes ...»

Am 31. Mai 1907 kehrt Rilke, auf Umwegen über Neapel und Rom, nach Paris zurück. Er fühlt sich wie ein Spätheimkehrer, der, obwohl noch jung an Jahren, im Grunde keine Zeit mehr zu verlieren hat. Einen Arbeitsplan hat er für sich entworfen, und dieser Arbeitsplan ist, läßt man einmal die Zukunft außer acht, die es nicht gestattet, allzugenau ausgemalt zu werden, auch eine Art Lebensplan. Er sieht einen Erfahrungsgewinn vor, der sich in poetische Erkenntnis- und Detailtreue umsetzen läßt: Der Dichter soll nehmen, was kommt, wobei er nicht müde, nicht schläfrig, schon gar nicht versessen auf sein nichthintergehbares Ich sein darf, sondern sich so intensiv in die Möglichkeiten der Sprache einzuhausen hat, als gälte es dort, geschützt und gefährdet durch Worte der besseren Art, dauerhaft Wohnrecht zu finden. Rilke, man kann es auch nüchterner sagen, trainiert in der Sprache, die er dazu bringt, auf Expansionskurs zu gehen; er wird zu seinem eigenen Übungsleiter. Zusätzlich zum Schriftverkehr, den er um sich herum entfaltet, verordnet er Lesen um jeden Preis; er wird zum Dauergast in der Bibliothèque Nationale, studiert dort Lexika, Wörterbücher, Reisebeschreibungen, historische Miszellen, Entlegenes und Vergessenes aus versunkenen Tagen. Manchmal brummt ihm der Kopf, wenn er aus dem Bücherdämmer wieder auftaucht in den Dunst der Stadt; aus den gewichtigen Stimmen, die er erwartet hat, sind bereits Einflüsterungen geworden, die alle im Dienste der Sache, seiner Sache stehen. Diese nicht unangestrengte, nervöse, wenngleich sehr genügsame Zeit des Lesens und Arbeitens hat Rilke, auch wohl weil er wußte, was er ihr schulden mochte, später freigiebig verklärt; in seinem 1910 erschienenen Roman *Die Aufzeichnungen des Malte Laurids Brigge* klingt sie an als Desiderat einer kundig gemachten Behaglichkeit: «O was für ein glückliches Schicksal, in der stillen Stube eines ererbten Hauses zu sitzen unter lauter ruhigen, seßhaften Dingen und draußen im leichten, lichtgrünen Garten die ersten Meisen zu hören, die sich versuchen, und in der Ferne die Dorfuhr. Zu sitzen und auf einen warmen Streifen Mittagssonne zu sehen und ... ein Dichter zu sein. Und zu denken, daß ich auch so ein Dichter geworden wäre, wenn ich irgendwo hätte wohnen dürfen, irgendwo auf der Welt, in einem von den vielen verschlossenen Landhäusern, um die sich niemand bekümmert. Ich hätte ein einziges Zimmer gebraucht (das lichte Zimmer im Giebel). Da hätte ich drinnen gelebt mit meinen alten Dingen, den Familienbildern, den Büchern. Und einen Lehnstuhl hätte ich gehabt und Blumen und Hunde und einen starken Stock für die steinigen Wege. Und nichts sonst. Nur ein Buch in gelbliches, elfenbeinfarbiges Leder gebunden mit einem alten blumigen Muster als Vorsatz: dahinein hätte ich geschrieben. Ich hätte viel geschrieben, denn ich hätte viele Gedanken gehabt und Erinnerungen von vielen ...»

Das Trainingsprogramm, das sich der Dichter Rainer Maria Rilke verordnet, macht den Sommer 1907 zu einer Arbeitsveranstaltung, auf der ein denkwürdiger Glanz ruht. Eigentlich hat dieser Sommer ja schon immer begonnen; er ist, von weither kommend, im vorigen Jahr in Paris eingeläutet worden, als ein schlechtgelaunter Rodin seinen Sekretär vor die Tür setzte, und er hat sich auf Capri, alle Farben und Stimmungen wie neu ausmalend, sogar noch im dortigen Winter stark gemacht. Nun besteht er, der Sommer, noch immer und läßt es zu, daß, aus der Arbeit heraus, Zeugnis über ihn abgelegt wird. Rilke, ein wirklichkeitsfreundlicher Wanderer zwischen Wesens- und Wissenswelt, dem die Augen schmerzen, wenn er seinen in der Bibliothek abgerichteten Blick wieder der Tageshelle aussetzt, glaubt zu verstehen, was die Existenz des Menschen zusammenhält: ein unendliches Geflecht von Beziehungen und Möglichkeiten, in sich ruhend und zugleich in ständiger Erneuerung begriffen, die keinen wirklichen Anfang und kein Ende kennt. Eine höhere Ordnung glaubt er zu erkennen, einen ideellen

Bestand an Glaubwürdigem, der sich an den Losungen des Realen bemißt, ohne mit diesen je deckungsgleich zu werden. Das Leben, zur Sprache überredet, wird dem Dichter zum Wagnis, das, möglicherweise, immer gleich ist, aber herausfordernd die Masken des Neuen annimmt; gelingt dieses Wagnis, was indes nie ganz zweifelsfrei zu belegen ist, hat man keine Abbilder mehr vor Augen, sondern ein Werk der Kunst, das sich erst über seine Entsprechungen und die Gefährdung im Künstler zu dem macht, was es ist. Rilke schreibt: «Kunstdinge sind ja immer Ergebnisse des In-Gefahr-gewesen-Seins, des in einer Erfahrung Bis-ans-Ende-gegangen-Seins ... Je weiter man geht, desto eigener, desto persönlicher, desto einziger wird ein Erlebnis, und das Kunstding endlich ist die notwendige, ununterbrückbare, möglichst endgültige Aussprache dieser Einzigkeit ... Darin liegt die ungeheure Hilfe des Kunstdings für das Leben dessen, der es machen muß –: daß es eine Zusammenfassung ist: der Knoten im Rosenkranz, bei dem sein Leben ein Gebet spricht, der immer wiederkehrende, für ihn selbst gegebene Beweis seiner Einheit und Wahrhaftigkeit, der doch nur ihm selber sich zukehrt und nach außen anonym wirkt, namenlos, als Notwendigkeit nur, als Wirklichkeit, als Dasein ...»

Kunstdinge zu schaffen und ein Künstler zu sein: vom gewöhnlichen Leben ist das nicht so weit weg, wie manche gerne glauben möchten. Der Künstler, im besonderen der Dichter, schwebt nicht über der sogenannten Normalität, sondern er bleibt ihr, gerade um den Preis kurioser Verstrickungen und wiederkehrender Befreiungsversuche, untadelig verbunden. Im Grunde geht es – für jeden, für den Künstler wie für den Alltagsbürger – um Lebensbejahung; sie ist es, aus der die ästhetische, ja: aus der jegliche Produktivität zu schöpfen hat. Die lebensabgewandte, die dunkle Seite unserer Existenz steht dem entgegen; sie schweigt nicht, sie macht sich bemerkbar und will ausgehalten werden. All das hat seine Zeit und seine Ordnung, weiß Rilke nun, und er gibt sich als Einverständiger: «Ach, wir rechnen die Jahre und machen Abschnitte da und dort und hören auf und fangen an und zögern zwischen beidem. Aber wie sehr ist, was uns begegnet, aus einem Stück; in welcher Verwandtschaft steht eines zum anderen, hat sich geboren und wächst heran und wird erzogen zu sich selbst, und wir haben im Grunde nur dazusein, aber schlicht, aber inständig, wie die Erde da ist, den Jahreszeiten zustimmend, hell und dunkel und ganz im Raum, nicht verlangend in anderem auszuruhen als in dem Netz von Einflüssen und Kräften, in dem die Sterne sich sicher fühlen.»

Rilkes Arbeit dient nicht nur der Selbstbefeuerung; sie hat auch ein vorzeigbares Resultat anzubieten. Am 14. Juli 1907 schließt er das Manuskript seiner *Neuen Gedichte* ab; er ist erschöpft und erleichtert. Die Hochstimmung allerdings, die ihn begleitet hat, zerfällt; er fühlt sich wie einer, der einen Verlust erlitten hat, von dem keine Anzeige zu machen ist. Die gleiche Gegenstandswelt, der er eben noch die Fähnchen positiver Besitznahme aufgesteckt hat, kommt ihm nun hinfällig und alt werdend vor. An seine Frau schreibt er: «Man hat wohl nicht umsonst so einen Zimmersommer durchgemacht... Lieber Gott: Was hab ich voriges Jahr gewirtschaftet... Jetzt, da es hier schon mit dem Winter droht. Schon fangen die Dunstmorgen und Abende an, wo die Sonne nur noch wie die Stelle ist, wo früher die Sonne war... Mich macht das traurig. Es bringt trostlose Erinnerungen herauf, man weiß nicht, warum; als ginge des Stadtsommers Musik mit einer Dissonanz aus, mit einem Aufstand aller Noten; vielleicht nur, weil man das alles schon einmal so tief in sich hineingesehen und gedeutet und mit sich verbunden hat.»

Der Sommer ist zu Ende, die Sorgen sind wieder da, aber Rilke hat gelernt, was er, unter der Gunst der Umstände, zu leisten vermag. Er weiß, daß seine Möglichkeiten noch nicht ausgeschöpft sind, auch wenn im Moment die Erschöpfung überwiegt. An seinem Erwartungshorizont patroulliert ein Werkschutz, den der Dichter Rilke selbst angelernt hat; der Privatmann Rilke bleibt davon nahezu unberührt. Bürgerliches Glück, ein Familienbetrieb, der auf Nähe und Zusammengehörigkeit aus ist, kommen für ihn nicht in Frage. Mit Frau und Kind versteht er sich am besten aus der Ferne; da sind sie ihm wert und teuer und stören nicht mehr als unbedingt nötig. Rilkes Ideal ist eine Existenz, die Spuren hinterläßt und sich zugleich rigoros verflüchtigt; leben will er «so leicht wie ohne Namen». Daß dies leichter gesagt als getan ist, wird ihm, auch in der Folgezeit, ein ums andere Mal vorgeführt. Er hat daraus ein Wissen bezogen, das kein besseres Wissen war, weil es zwar das seiner selbst sichere Genügen kannte, sich aber, letztlich, doch lieber nur im großem und ganzen bescheiden mochte: «Manchmal gehe ich an kleinen Läden vorbei, in der Rue de Seine etwa; Händler mit Altsachen oder kleine Buchantiquare oder Kupferstichverkäufer mit ganz, ganz vollen Schaufenstern; nie tritt jemand bei ihnen ein, sie machen offenbar keine Geschäfte; aber man sieht hinein, und sie sitzen und lesen, sorgen sich nicht um morgen, ängstigen sich nicht um ein Gelingen, haben einen Hund, der vor ihnen sitzt, oder eine Katze, die die Stille um sie noch größer macht, indem sie die Bücherreihen entlang streicht, als wischte sie die Namen von den Rücken ... Ich wünschte mir manchmal, so ein volles Schaufenster zu kaufen und mich mit einem Hund dahinterzusetzen für zwanzig Jahre. Am Abend wäre Licht in der Hinterstube, vorn alles ganz dunkel ...; von der Straße aus gesehen, nimmt sich das wie ein Abendmahl aus ..., so groß und feierlich durch den dunklen Raum ... Wie ich das meine: ohne Beklagung. Es ist ja auch gut so und soll noch besser werden.»

Rainer Maria Rilke ist, wie kaum ein anderer, ganz Dichter gewesen. Seine Berufung, die er, zum Spott mancher Kollegen, mit mal seherischem, mal überverständigem Ausschließlichkeitsanspruch auszufüllen weiß, wird ihm zur sehr gehobenen Existenzform, in der er aufgeht und andere, wenn's denn sein muß, und es muß leider oft sein, für den Lebensunterhalt zuständig sind. Etwas anderes zu machen als zu dichten ist Rilke, auch in den Phasen der Not, nicht in den Sinn gekommen. Als Dichter gibt er sich ohne zeitliches und seelisches Limit, seine Freunde und Förderer belohnt er nicht nur mit Gelegenheits- und Widmungsversen, sondern, und das wird immer auffälliger, mit zunehmender Meisterschaft. Kein Dichter hat mit so bescheidenem lyrischen Budget begonnen und ist dann, durch eigenes Zutun, zu kaum glaublicher Fertigkeit aufgestiegen. Rilke war, auch das bleibt festzuhalten, ein unnachgiebiger Arbeiter des Worts; vom Handwerker wird er zum Kunsthandwerker, um schließlich nur noch Künstler zu sein. Diesem Ziel, das nicht immer ein ausgesprochenes Ziel ist, sondern sich ergibt wie das angemessene Wort, ordnet er alles unter. Umgekehrt dient ihm alles zur allmählichen Verfertigung der Kunstreife im Kopf und im Schreiben. Seine Reisen, die ihn durch halb Europa führen, liefern ihm ungeordnetes poetisches Anschauungsmaterial; er macht sich bereit, es nach höheren Gesichtspunkten zu ordnen. Seine endgültige Meisterschaft erreicht er mit den *Sonetten an Orpheus* und den *Duineser Elegien,* die 1922, vier Jahre vor seinem Tod, vollendet werden. Vollendet ist damit auch der

Dichter Rainer Maria Rilke, der zuletzt weniger er selbst, sondern die Stimme eines Anderen, einer höheren Allmacht und Anwesenheit, wird. Bereits der Anfang der Ersten Elegie läßt einen Tonfall anklingen, der zuvor unerhört war: «Wer, wenn ich schrie, hörte mich denn aus der Engel / Ordnungen? und gesetzt selbst, es nähme / einer mich plötzlich ans Herz: ich verginge von seinem / stärkeren Dasein. Denn das Schöne ist nichts / als des Schrecklichen Anfang, den wir noch gerade ertragen, / und wir bewundern es so, weil es gelassen verschmäht, / uns zu zerstören. Ein jeder Engel ist schrecklich. / Und so verhalt ich mich denn und verschlucke den Lockruf / dunkelen Schluchzens. / Ach, wen vermögen wir denn zu brauchen? Engel nicht, Menschen nicht, / und die findigen Tiere merken es schon, / daß wir nicht sehr verläßlich zu Hause sind in der gedeuteten Welt ...»

Nein, zu Hause sind wir nicht in der gedeuteten Welt, und von der noch ungedeuteten bleibt womöglich nicht viel übrig. Der Mensch hat dem Rechnung zu tragen; er ist ein Wanderer zwischen den Welten, seine unbehauste Heimat ist das Sichtbare und das Unsichtbare, das ein Jenseitiges im Diesseits ergibt, eine Ordnung außerhalb der Bannkreise zeitlicher Fügung: «Wir, diese Hiesigen und Heutigen, sind nicht einen Augenblick in der Zeitwelt befriedigt, noch in sie gebunden; wir gehen immerfort über und über zu den Früheren, zu unserer Herkunft und zu denen, die scheinbar nach uns kommen. In jener *größesten, ‹offenen› Welt sind* alle, man kann nicht sagen ‹gleichzeitig›, denn eben der Fortfall der Zeit bedingt, daß sie alle *sind.* Die Vergänglichkeit stürzt überall in ein tiefes Sein.» Daraus folgt, so Rilke, daß «unsere Aufgabe ist», «diese vorläufige, hinfällige Erde uns so tief, so leidend und leidenschaftlich einzuprägen, daß ihr Wesen in uns ‹unsichtbar› wieder aufersteht. *Wir sind die Bienen des Unsichtbaren ...*» Wenn der Mensch das verinnerlicht hat, wird er, noch zu Lebzeiten, nicht bienen- und *engel*gleich: Für ihn sind «alle vergangenen Türme und Paläste existent, *weil* längst unsichtbar, und die noch bestehenden Türme und Brücken unseres Daseins *schon* unsichtbar, obwohl noch (für uns) körperhaft dauernd ...»

Trotz dieser großen Perspektive war Rilkes eigenes Ende auf Erden nicht sehr feierlich; Krankheit und Tod lassen sich nicht auf eine ungenaue Bevorzugung ein. Sein Körper spielte nicht mehr mit, wollte nicht mehr «körperhaft dauern»; dabei war er doch immer ein vorzüglicher Freund gewesen. Mit ihm, schreibt Rilke am 17. Mai 1926, ein halbes Jahr vor seinem Tod, wehmütig, habe er «in einer so vollkommenen Übereinstimmung» gelebt, «daß ich ihn oft für ein Kind meiner Seele hätte halten können: leicht und unbrauchbar wie er war und mitnehmbar bis ins Geistigste hinein, wie oft aufgehoben, mit Gewicht begabt nur noch aus Courtoisie und sichtbar nur noch, um das Unsichtbare nicht zu erschrecken! So innig *mein;* Freund, wirklich mein Träger, der Hälter meines Herzens, fähig aller meiner Freuden, keine herabsetzend, jede mir eigenthümlicher aneignend; sie mir schenkend genau im Durchschnittspunkt meiner Sinne. Als *mein* Geschöpf mir bereit und aufgedient zu meinem Gebrauch; als Vor-geschöpf mich überwiegend mit aller Sicherheit und Herrlichkeit der Herkunft. Genial, von Jahrhunderten erzogen, großartig in der heiteren Unschuld seines Nicht-Ich's, rührend in seiner Lust, dem ‹Ich› in allen seinen Übergängen und Schwankungen treu zu sein. Einfältig und weise. *Was* verdank ich *ihm,* der mich, auf Grund meiner Wesenheit, bestärkt hat im Entzücken an einer Frucht, am Wind, am Hingehen übers Gras. Ihm, durch den ich verwandt bin mit dem Undurchdringlichen, in das ich nicht einbrechen kann, und mit dem Strömenden, das abfließt von mir. Und noch durch sein Schwersein, sternkundig. Also: ein Kummer, dieses Zerwürfnis mit ihm, und ein zu neuer Kummer, um darin schon versöhnlich zu sein. Und der Arzt *kann* nicht verstehen, was mich in diesen Hemmungen, die ja, ob sie gleich durch den ganzen Körper ihre Filialen haben, erträglich sind, so wesentlich, so central betrübt ...»

Alles scheint anders, als es ist

Anton Tschechow und die Ähnlichkeit mit Menschen

Es ist eine verbreitete Annahme, daß Dichter ihre Welt in sich selbst suchen müssen. Dort ist sie reichhaltig, persönlich, ereignisschwer, dort hat sie Glanz und Düsternis, und dort wird sie, nicht zuletzt, in Literatur umgesetzt, was indes einen Umsatz ergibt, der als Gewinn- und Verlustrechnung nicht immer aufgeht. Die Welt, im Weltinnenraum der Dichter gespiegelt, erhält ein anderes Gewicht; es im nachhinein, das heißt: lesend und verstehend, abzutragen kann zweifelhaften Genuß und Anstrengung bedeuten. Manchmal nämlich hat sich ein Autor zuviel vorgenommen, sein Leser überhebt sich bei der Lektüre, ihm brummt der Kopf, und er mag sogar Folgeschäden befürchten. Ein Dichter indes kann die Welt, die er beschreibt, auch unberührt lassen; statt als Literaturkoch, der aus wechselnden Zutaten bemerkenswerte Eigenkreationen zaubert, für die er sich am liebsten selber mit dem einen oder anderen Gourmetstern behängen möchte, betätigt er sich als Wiedergabekünstler, als Berichterstatter eines Geschehens, das ihm darstellenswert erscheint und für das er, vorübergehend, in Verantwortung tritt.

Der russische Schriftsteller Anton Tschechow bevorzugte diese zweite Variante des Schreibens, die dem Autor Zurückhaltung empfiehlt und statt dessen die Gegebenheiten für sich sprechen läßt. Um die eigene Person machte er gern einen Bogen; sie war für ihn nicht der Rede wert. Ein Lebenslauf, den der damals 32jährige Tschechow 1892 verfaßte, fällt bereits entsprechend wortkarg aus: «Geboren wurde ich 1860 in Taganrog. 1879 beendete ich das Gymnasium in Taganrog. 1884 beendete ich das Studium an der Medizinischen Fakultät der Universität Moskau. 1888 bekam ich den Puschkin-Preis. 1890 unternahm ich eine Reise nach Sachalin durch Sibirien und zurück übers Meer. 1891 unternahm ich eine Tournee durch Europa, wo ich sehr guten Wein getrunken und Austern gegessen habe ... Zu schreiben begann ich 1879 ... Ich habe auch im dramatischen Fach gesündigt, wenn auch mit Maßen... In die Mysterien der Liebe eingeweiht wurde ich, als ich 13 Jahre alt war. Mit meinen Kollegen, Medizinern wie Literaten, pflege ich ausgezeichnete Beziehungen. Junggeselle.»

Damit ist alles gesagt, was Tschechow, mit Blick auf die eigene Person, die ihm dennoch wertvoll war, für mitteilenswert hält. Sein Ich bleibt bedeckt, er nennt es sein «Departement», in dem er die dezente Selbstverwaltung probt. Für andere ist sein Departement uninteressant, glaubt er; das Ich, das sich auch bei intensivstem Grübeln nie ganz begreifen und durchschauen kann, hat genug mit sich selbst zu tun. Es ist vermintes Gelände; auf ihm muß man seine Schritte vorsichtig setzen und sich nicht unnötig in Gefahr begeben. Daß Tschechow lieber die Welt in den Blick nimmt als sich selbst, hat nicht nur mit persönlicher Disposition, sondern auch mit Herkunft und Erfahrung zu tun. Seine Kindheit findet praktisch nicht statt, seine Jugend ist hart, entbehrungsreich, freudlos; dennoch ist er witzig und geistreich, versteht sich darauf, auch der unwürdigsten Situation noch etwas Komisches abzugewinnen. Dabei hat er im Grunde nichts zu lachen: Zu Hause herrscht der Vater, ein unablässig frömmelnder, ehemaliger Leibeigener, der seine Frau und die sechs Kinder verprügelt, vor den Reichen und Mächtigen aber buckelt und kriecht. In Taganrog, dem Geburtsort Tschechows am Asowschen Meer, betreibt er einen Kramladen, der weniger als das Nötigste abwirft; die Familie lebt in bitterster Armut, was Tschechow nie vergessen hat. Einem Schriftsteller, der ihn um Rat fragt, empfiehlt er: «Schreiben Sie doch mal eine Erzählung darüber, wie ein junger Mensch, Sohn eines Leibeigenen, seinerzeit Ladenschwengel, Kirchensänger, Gymnasiast und Student, erzogen zur Ehrfurcht vor Ranghöheren, zum Küssen von Popenhänden, zur Verbeugung vor fremden Gedanken, zur Dankbarkeit für jedes Stückchen Brot, oft verprügelt, ohne Galoschen zum Unterricht gegangen..., der ohne Notwendigkeit geheuchelt hat vor Gott und den Menschen, nur aus dem Bewußtsein seiner Minderwertigkeit – schreiben Sie, wie dieser junge Mensch tropfenweise den Sklaven aus sich herauspreßt und wie er eines schönen Morgens aufwacht und spürt, in seinen Adern fließt kein Sklavenblut mehr, sondern echtes, menschliches...»

Tschechow hätte diese Erzählung selbst schreiben können, aber das wäre ihm zu nah am Departement seines Ich gewesen. Er wählt, mit zeitlichem Abstand und beträchtlichem Wiedererkennungswert, die literarische Verfremdung, um die Qualen der Kindheit in prägnante Bilder zu fassen, die mehr sind als Erinnerungsstückwerk. In seinem 1895 erschienenen Kurzroman *Drei Jahre* heißt es: «Ich entsinne mich: Mein Vater begann mich zu unterrichten oder, einfacher gesagt, zu prügeln, da war ich noch keine fünf Jahre. Er züchtigte mich mit Ruten, zog mich an den Ohren, schlug mich auf den Kopf, und jeden Morgen, wenn ich aufwachte, dachte ich zuallererst: Wird man mich heute prügeln? Zu spielen und ausgelassen zu sein war mir verboten; wir mußten zur Frühmesse und zum Mittagsgottesdienst gehen, den Popen und Mönchen die Hände küssen, zu Hause Lobgesänge lesen ... Wenn ich an einer Kirche vorbeigehe, fällt mir meine Kindheit ein, und mir wird unheimlich zumute.»

Es ist erstaunlich, wie Tschechow seine unheimliche Kindheit gemeistert hat. Er läßt sich kaum je unterkriegen, wappnet sich mit scharfsichtigem Frohsinn, aus dem heraus er die Leute ins Visier nimmt und gleichzeitig in Deckung bleibt. In der Familie ist er der ruhende Pol; sogar der jähzornige Vater kapituliert auf Dauer vor der als Gutmütigkeit getarnten Charakterstärke seines drittältesten Sohnes. Anton Tschechow schließt die Schule ab und beginnt ein Medizinstudium in Moskau. Da sein Witz und seine Wortfertigkeit inzwischen bekannt geworden sind, schreibt er, und zwar in schneller Folge, pointierte Kurzgeschichten und Humoresken. Die Honorare, die er dafür einstreicht, sind karg, aber die Menge macht's: Tschechow wird zum Ernährer der Familie, die schon vor ihm nach Moskau gezogen ist. Der Vater hat nämlich in Taganrog mit seinem Kramladen, trotz illegalen, gut gehenden Wodkaausschanks, Pleite gemacht und gibt sich nun zusehends kleinlauter; auch seine Wutanfälle lassen, krankheits- und altersbedingt, nach. Im Mai 1884 wird Tschechow zum Doktor der Medizin promoviert, und obwohl er dieses Ereignis allenfalls scherzhaft kommentieren möchte, ist er doch stolz darauf. Die Medizin bedeutet ihm viel; von ihr hat er gelernt und lernt er weiterhin, auch für die Literatur. So ist es für ihn selbstverständlich, daß er zwei Haupterwerbszweigen nachgeht, die sich, wie er glaubt, trefflich ergänzen: «Die Medizin ist meine gesetzliche Ehefrau, die Literatur meine Geliebte. Wenn mir die eine auf die Nerven fällt, nächtige ich bei der andern. Das ist meinetwegen unanständig, aber dafür nicht langweilig. Und darum verlieren auch beide nicht durch meinen Treuebruch. Hätte ich nicht meine Medizin, so würde ich in meinen Mußestunden meine überflüssigen Gedanken wohl kaum der Literatur widmen ...»

Die eigentliche Wende in Tschechows Leben tritt ein, als er im März 1886 einen Brief des damals berühmten Schriftstellers Dimitri Grigorowitsch erhält, der zur literarischen Hochkultur zählt, während Tschechow, mit Hang zum Understatement, sich bestenfalls für einen wendigen Witzblattautor hält. Grigorowitsch aber sieht das ganz anders; er glaubt an Tschechows Fähigkeiten und legt ihm nahe, endlich etwas Vernünftiges daraus zu machen: «Sie haben ein echtes Talent –, ein Talent, das Sie hoch über den Kreis von Schriftstellern der neuen Generation hinaushebt... Wenn ich von Ihrem Talent spreche, so aus persönlicher Überzeugung. Ich bin über fünfundsechzig Jahre alt, aber ich empfinde nach wie vor eine derartige Liebe zur Literatur und überwache ihre Fortschritte mit solchem Eifer, daß ich mich überaus freue, wenn ich etwas Neues und Begeisterndes entdecke. Ich kann, wie Sie sehen, nicht an mich halten und reiche Ihnen beide Hände ... Hören Sie ... auf mit dem Schnellschreiben. Ich kenne Ihre finanzielle Situation nicht. Wenn sie nicht rosig ist, so hungern Sie lieber, so wie wir seinerzeit gehungert haben, und heben Sie Ihre Eindrücke für eine gereifte, vollendete Arbeit auf, die nicht in einem Zug, sondern in den glückseligen Stunden der Inspiration geschrieben wurde. Ein solches Werk wird hundertmal höher eingeschätzt werden als hundert wunderschöne Erzählungen, die da und dort verstreut in Zeitungen erscheinen ...»

Tschechow ist begeistert von diesem Brief. Zum erstenmal fühlt er sich in einer Weise anerkannt, die ihm Mut macht, auch das an sich Undenkbare zu denken. Das Undenkbare – das ist der Wunsch, zu einem Schriftsteller zu werden, der über den Tag hinaus schreibt, der keine Gebrauchsware, kein billiges Belustigungsgut mehr verfertigt, sondern mit seinen Beschreibungskünsten an die Tiefen der menschlichen Existenz reicht, von der er, bislang, keine günstige Meinung hegt. So sehr hat es ihm die Ermutigung angetan, daß er seinen nüchternen Realitätssinn für einen Moment vergißt und sich zu einem überschwenglichen Antwortschreiben hinreißen läßt: «Ihr Brief, mein guter, heißgeliebter Freudenkünder, hat mich getroffen wie der Blitz. Ich hätte beinahe angefangen zu weinen, wurde ganz aufgeregt und spüre jetzt, daß er eine tiefe Spur in meiner Seele hinterlassen hat... Sie wissen, mit welchen Augen normale Menschen auf die Auserwählten sehen, wie Sie es sind; dann können Sie ermessen, was Ihr Brief für mein Selbstgefühl bedeutet. Er ist mehr als jedes Diplom, für einen angehenden Schriftsteller ist er ein Honorar auf die Gegenwart und Zukunft... Ich habe nicht die Kraft zu beurteilen, ob ich diese hohe Belohnung verdient habe oder nicht... Bisher habe ich mich gegenüber meiner literarischen Arbeit überaus leichtsinnig, sorglos, unbesonnen verhalten. Ich erinnere mich an keine einzige Erzählung, an der ich länger als vierundzwanzig Stunden gearbeitet hätte... Wie Reporter ihre Berichte über Feuersbrünste schreiben, schrieb ich meine Erzählungen: mechanisch, halb bewußt, ohne an den Leser zu denken oder an mich selbst.»

Damit soll nun Schluß sein. Tschechow, von einem verehrten Kollegen ermuntert, ist entschlossen, ein ernsthafter, mit Bedacht arbeitender Literat zu werden. Das aber ist leichter gesagt als getan. Seine bisherige Betätigung als Humorist und Künstler der kleinen, nach Effekt haschenden Form war er nicht freiwillig, sondern aus wirtschaftlichen Erwägungen eingegangen. Tschechow hat eine Familie zu unterhalten, die, auch wohl weil sie übermäßige Eigenanstrengungen scheut, seine Versorgungsleistungen nicht mehr missen möchte. Seiner Verantwortung kann und will er sich nicht entziehen; es muß einen Weg geben, seiner Literatur zu größerer Ernsthaftigkeit, zu gediegener Werkdauer zu verhelfen, ohne die aktuellen Zahlungsverpflichtungen zu vernachlässigen. Auch als Arzt verdient er nicht viel; da er am liebsten die Ärmsten der Armen behandelt, verbietet es ihm sein Anstand, Rechnungen auszustellen. Er selbst ist vor Krankheit nicht gefeit, im Gegenteil: Obwohl er die Diagnose verdrängt, ahnt er längst, daß er Schwindsucht hat, gegen sie gibt es nur tapfere Gegenwehr, aber noch kein Allheilmittel. Tschechow hat zeit seines Lebens mit der Tuberkulose zu kämpfen, und er weiß, daß er am Ende unterliegen wird. Wenn man sich nach seinem Befinden erkundigt, antwortet er betont munter; das Thema ist ihm, mit Blick auf sein abgeschottetes Ich, suspekt. Allmählich werfen seine literarischen Arbeiten jedoch einen Mehrwert ab; er kann darangehen, für sich und die Seinen eine günstigere Rechnung aufzumachen. Die äußere Anerkennung nimmt kontinuierlich zu; im Herbst 1888 erhält er den angesehenen Puschkin-Preis, was er gewohnt bescheiden kommentiert: «Der Preis ist für mich natürlich ein Glück, und wenn ich sagen würde, daß er mich nicht in Aufregung versetzte, so würde ich lügen. Ich fühle mich, als hätte ich ein Studium abgeschlossen ... Gestern und heute laufe ich von einer Ecke in die andre, wie ein Verliebter, arbeite nicht und denke nur nach. Natürlich, das steht außer jedem Zweifel, habe ich den Preis nicht mir zu verdanken. Es gibt junge Schriftsteller, die besser und nützlicher sind als ich ...»

Tschechow gehört nun zu den angesehensten Schriftstellern Rußlands. Man sieht in ihm nicht mehr den literarisch versierten Witzbold, der das Menschliche, Allzumenschliche zu ansehnlichen Miniaturen verwebt, man erkennt auch seine sonstigen Qualitäten. Dabei ist nicht zu verkennen, daß die Botschaft, die der Autor Tschechow vermittelt, eigentlich enttäuschend genannt werden muß; sie besagt nämlich, daß es keine Wahrheit gibt, die ganz zweifelsfrei wäre. Der Mensch ist für sich selbst verantwortlich, sein Wissen, auch wenn es von höherer Warte aus abgesegnet erscheint, verhilft ihm weder zu dauerhafter Würde noch zu einer respektablen Lebensstellung auf Erden. Gerade das aber, der Umgang mit einem forcierten und zugleich fragmentarischen Wissen, ist unter Umständen nur die russische Variante einer speziellen Intellektuellenkrankheit, die man als aufgeklärten Überdruß, als Langeweile um jeden Preis bezeichnen könnte. In einer Erläuterung zu seinem Theaterstück *Iwanow*, das im Januar 1889 uraufgeführt wird, hat Tschechow den russischen Empfindsamkeitskünstler so charakterisiert: «Seine Vergangenheit ist wunderschön, wie die der meisten russischen Intellektuellen ... Die Gegenwart ist immer schlechter als die Vergangenheit. Warum? Weil die russische Erregbarkeit eine spezifische Eigenschaft besitzt: Sie wird rasch abgelöst durch Ermüdbarkeit ... Er spürt die physische Ermüdung und Langeweile, versteht aber nicht, was mit ihm vorgeht ... Er sucht die Ursachen außerhalb und findet sie nicht; er beginnt, sie in seinem Innern zu suchen, und findet einzig und allein ein unbestimmtes Schuldgefühl ... Leute wie Iwanow lösen keine Fragen, sondern brechen unter ihrer Last zusammen. Sie sind verwirrt, breiten die Arme aus, werden nervös, beklagen sich, begehen Dummheiten und verlieren schließlich, indem sie ihren schwachen, schlaffen Nerven freien Lauf lassen, den Boden unter den

Füßen und treten ein in die Reihen der ‹Gebrochenen› und ‹Unverstandenen›.»

Den Gebrochenen und Unverstandenen, die sich, selbstgefällig geworden, schließlich zum beredten Schweigemarsch des europäischen Nihilismus formieren, hat sich Tschechow, auf Distanz, durchaus zugehörig gefühlt. Sein eigenes Arbeitsethos verbietet es ihm allerdings, sich mit einzureihen; er klagt nicht, er läßt lieber klagen; der Schriftsteller, wie er ihn sieht, sollte sich nicht als Diskussionsleiter, sondern als Schriftführer der gerade angesetzten Debatte begreifen. Allerdings hat die Krankheit, um die es geht, eine Ursache, die in der Seele des Menschen liegt, weniger in seinem Intellekt. Ihre zeitlose Zustandsbeschreibung liest sich so: «Wir haben weder Nah- noch Fernziele, unser Herz ist wie leergefegt. Wir haben keine Politik, an eine Revolution glauben wir nicht, wir haben keinen Gott, wir haben keine Angst vor Gespenstern …, nicht einmal Angst vor dem Tod oder dem Erblinden … Ob dies eine Krankheit ist oder nicht – es geht nicht um die Bezeichnung, sondern um das Eingeständnis unserer Lage … Für unsereinen ist diese Zeit brüchig, sauer, langweilig … Uns fehlt das ‹Etwas› …»

Anton Tschechow stirbt am 2. Juli 1904 im deutschen Kurort Badenweiler. Der Kampf gegen die Tuberkulose, der längst ein ungleicher Kampf geworden war, geht mit zwei Herzanfällen zu Ende; das Departement seines Ich wird endgültig geschlossen. «Ich bin nur der Verwalter, nicht der Herr meines Lebens gewesen», hat er zuvor noch gesagt, und das gilt für jeden für uns, auch wenn wir uns gern herrschaftliche Attitüden zulegen. Tschechow ist ein wunderbarer, sparsam wirtschaftender Sprachkomponist gewesen, der nicht nur das eine, oft variierte Lied von der Lethargie des denkenden Menschen schrieb, sondern auch die Wehmütigkeit nachzeichnete, wie sie über der Steppe, über russischem Land, ja: überm Seelenland liegt und sich noch immer verbreitet: «Kaum ist die Sonne untergegangen und die Erde in Finsternis gehüllt, da ist die Schwermut des Tages vergessen und verziehen, und die Steppe atmet leicht, aus voller Brust. Wohl weil das Gras im Dunkeln sein eigenes Alter nicht gewahrt, stimmt es ein heiteres und frisches Zirpen an, wie niemals am Tage … In der Dämmerung ist alles zu sehen, nur die Farben und Umrisse der Gegenstände sind schwer zu unterscheiden. Alles scheint anders, als es ist. Man fährt und sieht plötzlich vorn am Wege eine Silhouette stehen, die an einen Mönch erinnert, er bewegt sich nicht, hält etwas in der Hand und scheint zu warten … Die Gestalt nähert sich, wächst, schon hat sie die Kalesche erreicht, und man sieht, es ist kein Mensch, sondern ein einzelner Strauch oder ein großer Stein. Solche unbeweglich wartenden Gestalten stehen auf den Hügeln, verstecken sich hinter den Hünengräbern oder schauen aus dem Gestrüpp hervor, und alle haben sie Ähnlichkeit mit Menschen und erwecken Mißtrauen.»

Es ereignet sich aber das Wahre

Friedrich Hölderlin und das unschuldigste aller Geschäfte

Manchmal schauen wir ohne Absicht und erhalten doch schon das Ganze. Aus dem Bannkreis eines Anblicks, der nicht für uns erdacht wurde, ergibt sich das Innige und Wahre, und wir erfahren den Anspruch des Heiligen. Eine andere Welt als die offensichtliche tut sich auf; sie ist mehr zu erahnen, als daß sie nachzuzeichnen oder zu bewahren wäre. Denn auch das große, das erhabene Bild unterliegt der Zeit, die an jedem ihrer geglückten Momente zwar die Ewigkeit hat, in ihrem gewöhnlichen Verlauf jedoch das Wissen am Vergessen bemißt. So kann sich der ergreifende Anblick, der alles umfassen kann, was dem Menschen nahegeht, Gestalt, Landschaft, Natur, Kunstschönheit, Seelenanmut und Glücksgefühl, auch nicht selber erhalten; er wird der Erinnerung überstellt, die das grandiose Bild, sofern sie ein Aufhebens davon macht, bestenfalls zum gelungenen Abbild werden läßt. Friedrich Hölderlin, der ein Dichter war, wie ihn später vielleicht nur noch Rilke zu geben vermochte, sah sich in jungen Jahren einem solchen Bild ausgesetzt; es war unspektakulär und stimmig, und es rührte an eine Gewißheit, die sich noch zu erweisen hatte. Der sechzehnjährige Hölderlin versuchte sie im Gedicht für einen Freund mitzuteilen: «Guter Carl! – in jenen schönen Tagen/ Saß ich einst mit dir am Neckarstrand./ Fröhlich sahen wir die Welle an das Ufer schlagen,/ Leiteten uns Bächlein durch den Sand./ Endlich sah ich auf. Im Abendschimmer/ Stand der Strom. Ein heiliges Gefühl/ bebte mir durchs Herz; und plötzlich scherzt' ich nimmer,/ Plötzlich stand ich ernster auf vom Knabenspiel ...»

Der heimatliche Neckar, den Hölderlin sieht, ist nicht groß, aber im entbergenden Licht nimmt er Größe an und wird zum Bild, das bleiben soll. Zwei Jahre später steht Hölderlin an einem wirklichen Strom, am Rhein bei Speyer, und erneut hält er Andacht; sein Reisetagebuch vermerkt: «Ein Strom, der dreimal breiter ist als der Neckar, wo der am breitesten ist – dieser Strom von oben herab an beiden Ufern von Wäldern beschattet – und weiter hinab die Aussicht über ihn so lang, daß einem der Kopf schwindelte – das war der Anblick – ich werd' ihn nie vergessen, er rührte mich außerordentlich ...»

Was damit in Gang gesetzt wurde, war eine Selbstfindung, die nicht auf dem Selbst beruht, sondern auf einer Schenkung, deren Urheber unerkannt bleiben will. Gleichwohl ist sie drängend: «Von nun an konnt' ich nichts mehr denken, was ich zuvor dachte, die Welt war mir heiliger geworden, aber geheimnisvoller. Neue Gedanken, die mein Innerstes erschütterten, flammten mir durch die Seele. Es war mir unmöglich, sie festzuhalten, ruhig fortzusinnen ... Wir sind nichts; was wir suchen, ist alles.»

Hölderlin hat das Bild vom Strom, das, so sagt er später, dem einen «heiligen Bild gehört, das wir bilden», in ein wiederkehrendes Eingedenken gebracht. Der Strom, frei verharrend im Blick seines Betrachters, ist Teil einer anderen, dem Erhabenen zugewandten Ordnung, die in versunkenen schönen Tagen ruht, aber weiterlebt für den, der sich empfänglich zeigt für die Zeichen ihrer Anwesenheit. Sie stehen für Fraglosigkeit, nicht für fraglose Gewißheit, die dem Verfall anheimgegeben ist, der nur unter Menschen gilt: «Könnt ich sie zurückbringen, diese stille Feier, diese heilige Ruhe im Innern, wo auch der leiseste Laut vernehmbar ist, der aus der Tiefe des Geistes kommt und die leiseste Berührung von außen, vom Himmel her, und aus den Zweigen und Bäumen – ich kann es nicht aussprechen, wie mir oft ward, wenn ich so dastand vor der göttlichen Natur, und alles Irdische in mir verstummte – da ist er uns so nahe, der Unsichtbare!»

Für den großen Unsichtbaren und sein Wirken ist Hölderlin überaus empfänglich gewesen; der Spannung zwischen dem gewöhnlichen Vernünftigen und dem göttlichen Übermächtigen, den der Alltagsmensch, aus gutem Grund, nicht fassen kann, weil er dabei seine ganze notdürftige Identität zu verlieren droht, konnte er nur um den Preis eines gewaltsamen, den normalen Verstand beeinträchtigenden Friedens entkommen; danach hatte er seine Ruh', die den anderen als Wahnsinn erschien oder, in etwas vornehmerer Einschätzung, für geistige Umnachtung gehalten wurde. Das eine heilige Bild: Es ruft erst Ergebenheit und Demut, dann schiere Verzweiflung hervor; das Bild fügt sich zwar dem Geheimnis, das es auch in der Offenheit noch bleibt, nicht aber dem

Kopf, in dem es bewahrt werden soll. Im Sommer 1794 schreibt Hölderlin: «Es muß heraus, das große Geheimnis, das mir das Leben gibt oder den Tod ... Oft konnte ich insgeheim von einem kleinen erkauften Besitztum, von einer Kahnfahrt, von einem Tale, das mir ein Berg verbarg, erwarten, was ich suchte ... Meine ganze Seele sträubt sich gegen das Wesenlose. Was mir nicht Alles und ewig Alles ist, ist mir Nichts ... Wo finden wir das Eine, das uns Ruhe gibt, Ruhe? Wo tönt sie uns einmal wieder, die Melodie unseres Herzens, in den seligen Tagen der Kindheit?»

Wenn der Mensch überhaupt je bei sich selbst sein kann und dabei von seinem Gott nicht verlassen ist, dann gelingt ihm dies als Kind. Das Kind ist gutherzig, unschuldig, neugierig, es spielt mit der Welt, die ihm groß und staunenswert vorkommt, aber zugleich fügsam genug erscheint, um sich ihm, dem Kind, anverwandeln zu können. Die Zeit steht ihm unbegrenzt zur Verfügung: Indem es von Augenblick zu Augenblick lebt und, ganz ohne Arg, in sich selbst ruht, ist es an sich schon unsterblich. Alle nachfolgenden Ablösungsprozesse nämlich gelten nicht mehr dem Kind; es gehört einer Geistwelt an, zu der, wenig später, auch die alten Leute wieder Zugang haben, auf deren Gesichtern sich das gelebte Leben wie eine Rätselschrift ablesen läßt. Kindsein, erklärt Hölderlin, soll einfach und unvergänglich sein: «Es ist ganz, was es ist, und darum ist es so schön. / Der Zwang des Gesetzes und des Schicksals betastet es nicht; im / Kind ist Freiheit allein. / In ihm ist Frieden; es ist noch mit sich selber nicht zerfallen. Reichtum / ist in ihm; es kennt sein Herz, die Dürftigkeit des Lebens nicht. / Es ist unsterblich, denn es weiß vom Tode nichts.»

Der Tod aber, der zum Leben gehört, wird, wenn das Kind dem Kindsein entwächst, zu einer seltsamen Gewißheit, die zunächst nur den anderen droht; wer erlebt schon sein eigenes Sterben und könnte dann, so als wäre nichts gewesen, noch darüber berichten. Diese Eigenart des Todes, der, bei aller Präsenz, etwas Verhuschtes hat, weil er die persönliche Auseinandersetzung zu scheuen scheint, macht seine unwiderlegbare Tücke aus; man wird ihn nicht los, nicht mal in Gedanken. Für das Kind, das schließlich erwachsen geworden ist, bleibt nur der gefaßte Blick zurück: «Da ich ein Knabe war, / Rettet' ein Gott mich oft / Vom Geschrei und der Rute der Menschen, / Da spielt' ich sicher und gut / Mit den Blumen des Hains, / Und die Lüftchen des Himmels / Spielten mit mir / ... – O all ihr treuen / Freundlichen Götter! / Daß ihr wüßtet, / Wie euch meine Seele geliebt! – Zwar damals rief ich noch nicht / Euch mit Namen, auch ihr / Nanntet mich nie, wie die Menschen sich nennen / Als kennten sie sich. / – Doch kannt' ich euch besser, / Als ich je die Menschen gekannt, / Ich verstand die Stille des Äthers / Der Menschen Worte verstand ich nie. / – Mich erzog der Wohllaut / Des säuselnden Hains / Und lieben lernt' ich / Unter den Blumen. / – Im Arme der Götter wuchs ich groß.»

Das Kind Friedrich Hölderlin, das sich den Scharfsinn des Erwachsenwerdens nie ganz zu eigen macht, wird am 20. März 1770 in Lauffen am Neckar geboren. Der Vater stirbt früh an einem Schlaganfall. Zwei Jahre später heiratet die Mutter, eine gottesfürchtige Frau, den Nürtinger Weinhändler und Bürgermeister Johann Christoph Gok, der ihren Kindern ein liebevoller Stiefvater wird; auch dieser Ehe ist nur kurzes Glück beschieden. Das Kind Friedrich Hölderlin erlebt zwei Väter und ihren Tod; seine Mutter verfällt daraufhin nicht der Verzweiflung, sondern haust sich, mehr noch als vorher, in den Unterstand ihres versiegelten Gottesglaubens ein. Hölderlin ist ein begabter Schüler; er besucht die Klosterschulen in Denkendorf und Maulbronn. Er soll Geistlicher werden, aber das kann kein Beruf für ihn sein, wie sich bald herausstellen sollte. Von 1788 bis 1793, in heftig bewegter Zeit, die von Revolutionswirren und neuen Ideen geprägt ist, studiert er am renommierten Tübinger Stift und befreundet sich dort (u. a.) mit den späteren Philosophen Schelling und Hegel. Nach dem Studium, das er mit dem Magisterexamen abschließt, schlägt er sich als Hauslehrer durch und studiert an der Universität Jena. Seine dichterischen Versuche finden nicht die Würdigung, die sie verdienen; Goethe kann mit ihnen rein gar nichts anfangen, Schiller gibt sich wohlwollend und ratlos. 1796 tritt Hölderlin eine Stelle als Hauslehrer bei der Familie Gontard in Frankfurt am Main an. Susette Gontard, die Dame des Hauses, wird seine große, lebenssprengende Liebe, und diese Liebe wird erwidert, obwohl alle Umstände gegen sie sprechen. Es kommt, wie es kommen muß: Als das Verhältnis offenbar wird, setzt Gontard den Magister Hölderlin vor die Tür. 1797 erscheint der erste Band seines Romans *Hyperion*, 1799 der zweite; in dem Widmungsexemplar, das er Susette Gontard an geheimem Ort übergibt, steht zu lesen: «Wem sonst als Dir». Noch einmal versucht er sich, gesundheitlich bereits angeschlagen, als Hauslehrer; er geht in die Schweiz und nach Bordeaux. Als er im Sommer 1802 aus Frankreich zurückkehrt, erreicht ihn die Nachricht, daß Susette gestorben ist: Als Todesursache werden Röteln genannt, aber in Wahrheit starb sie an gebrochenem Herzen.

Der Rest von Hölderlins Leben ist schnell erzählt: 1806 wird er in die Autenriethsche Klinik in Tübingen eingeliefert, man erklärt ihn für unheilbar geisteskrank; seine Lebenserwartung, heißt es, betrage noch drei Jahre. Dann aber wird dem kranken Hölderlin doch noch ein Glücksfall zuteil: Der Schreinermeister Ernst Zimmer, ein grundsolider Mann und erklärter Freund der Dichter, nimmt sich seiner an; er holt den Pflegefall Hölderlin in sein Haus, wo er ein Turmzimmer mit Blick auf den Neckar bewohnen darf, das heute gern von Touristen bestaunt wird. Hier verbringt Hölderlin die andere Hälfte seines Lebens: 36 Jahre sind ihm noch vergönnt, in der er seine eigene Welt besetzt hält, äußerlich zur Ruhe gekommen und in mühsam ausbalanciertem Frieden mit den Mächten, die ihn so heftig bedrängten. Daß ein Dichter, der mehr sieht als andere, gefährdet ist, ahnte er früh; es blitzte ihm, kaum merklich, schon im friedfertigen Bild vom Strom mit auf und wurde zur Einsicht, als es keine Rückzugsmöglichkeiten mehr gab. Im Sommer 1800 hatte er geschrieben: «Aber in Hütten wohnet der Mensch, und hüllet sich ins verschämte Gewand, denn inniger ist/ achtsamer auch und daß er bewahre den Geist, wie die Priesterin die himmlische Flamme, dies ist sein Verstand. Und darum ist die Willkür ihm/ und höhere Macht zu befehlen und zu vollbringen dem Götterähnlichen, und darum ist der Güter Gefährlichstes, die Sprache dem Menschen gegeben, damit er schaffend, zerstörend, und untergehend, und wiederkehrend zur ewigliebenden, zur Meisterin und Mutter, damit er zeuge, was er sei/ geerbt zu haben, gelernt von ihr, ihr Göttlichstes, die allerhaltende Liebe.»

Hölderlin, von Mut und Verzweiflung geschwächt, hat sich als Dichter immer wieder Rechenschaft über sein Tun abgelegt. Er wägt Wissen und Poesie gegeneinander ab und befindet, daß jedes Wissen sich kleinmachen muß unter dem unendlichen Himmel; Poesie indes, Dichtkunst, «das unschuldigste aller Geschäfte», wie er sie nennt, weist über sich hinaus, sucht das Große im Ganzen, eint zerrissene Herzen. Der Dichter vermag ihn zu schauen, den imaginären Vereinigungspunkt, der die Natur Gottes noch mit dem Menschen zusammenhielt. In seiner Sehnsucht nach Wiedervereinigung, nach Versöhnung der Gegensätze, nach Ankunft und Heimkehr dämmert dem Dichter die Einsicht in ein Sein, das nicht grundlos sein kann, auch wenn es der Begründung entsagt: «Wir durchlaufen alle eine exzentrische Bahn, und es ist kein anderer Weg möglich von der Kindheit zur Vollendung. – Die selige Einheit, das Seyn, im einzigen Sinne des Worts, ist für uns verloren, und wir mußten es verlieren, wenn wir es erstreben, erringen sollten. Wir reißen uns los vom friedlichen Einen und Allen, der Welt, um es herzustellen, durch uns Selbst. Wir sind zerfallen mit der Natur, und was einst, wie man glauben kann, Eins war, widerstreitet sich jetzt, und Herrschaft und Knechtschaft wechselt auf beiden Seiten. Oft ist uns, als wäre die Welt Alles und wir Nichts, oft aber auch, als wären wir Alles und die Welt Nichts ... Jenen ewigen Widerstreit zwischen unserem Selbst und der Welt zu endigen, den Frieden alles Friedens, der höher ist denn alle Vernunft, wiederzubringen, uns mit der Natur zu vereinigen zu einem unendlichen Ganzen, das ist das Ziel all' unseres Strebens, wir mögen uns darüber verständigen oder nicht. – Aber weder unser Wissen noch unser Handeln gelangt in irgend einer Periode des Daseyns dahin, wo aller Widerstreit aufhört, wo alles Eins ist; die bestimmte Linie vereinigt sich mit der unbestimmten nur in unendlicher Annäherung.»

Wer sich um die Wiedereingliederung in einen unvordenklichen Seinsgrund bemüht, ist zu loben; man kann aber davon ausgehen, daß eine solche Unternehmung, der Würde und Kühnheit nicht abzusprechen sind, zum Scheitern verurteilt bleibt. Mit den Mitteln des Bewußtseins, unter dem Störfeuer des Selbstbewußtseins gar, läßt sich keine Versöhnung erzielen; es darf sich glücklich schätzen, wer beim Bedenken des Undenkbaren mit heilem Kopf davonkommt. Hölderlin war dies nicht beschieden: Als er im Winter 1802 aus Frankreich zurückkehrt, hat er Mühe, sich zurechtzufinden. Er ist verwildert; die Erfahrungswelt wird ihm zur Last. Unter seinem Dasein leidet er jetzt wie unter einer unheilbaren Krankheit, die ihm stille Schmerzen bereitet; schon das einfache Sprechen fällt ihm schwer. Auch die Poesie kann nicht mehr helfen, das Sagbare ist unsagbar geworden, das Heilige geht ein in die Grimassen des Gewöhnlichen. Noch einmal versucht Hölderlin, sich aufzuraffen, aber sein Leid, schwerfällig bedeckt gehalten, entzieht sich der Ordnung der Worte. An seinen Freund Böhlendorff schreibt er: «Mein Teurer! Ich ... bin in Frankreich gewesen und habe die traurige einsame Erde gesehn, die Hirten des südlichen Frankreichs und einzelne Schönheiten ... Das gewaltige Element, das Feuer des Himmels und die Stille der Menschen, ihr Leben in der Natur, und ihre Eingeschränktheit und Zufriedenheit, hat mich beständig ergriffen ... Es war mir nötig, nach manchen Erschütterungen und Rührungen der Seele mich festzusetzen, auf einige Zeit, und ich lebe indessen in meiner Vaterstadt. Die heimatliche Natur ergreift mich um so mächtiger, je mehr ich sie studiere. Das Gewitter, nicht bloß in seiner höchsten Erscheinung, sondern eben in dieser Ansicht, als Macht und als Gestalt ..., das Licht in seinem Wirken ..., daß uns etwas heilig ist ..., daß alle heiligen Orte der Erde zusammen sind um einen Ort und das philosophische Licht um mein Fenster, ist jetzt meine Freude ...; bis hierher.»

Hölderlin konnte nicht unbeschädigt bleiben an Leib und Seele. Als die Qualen seine ganze Natur ergriffen, versagte ihm auch der Geist; danach wurde er neu justiert und nahm Blickkontakt auf mit dem Harmlosen, das nie so harmlos ist, wie es den Anschein hat. Der späte, der zur Ruhe gekommene Hölderlin, der sich in der zweiten Hälfte seines Lebens mal verschlossen, mal einfältig-zutraulich gibt, lebt in seiner eigenen Welt, die er, wenn ihm danach ist, einen Spaltbreit öffnet. Dann darf man hineinschauen zu ihm, darf Ruhe und Rückzug bewerten, die von früher her kommen, vom Kindsein, vom Ufer des Stromes, und ein ferner, verloren geglaubter Klang wird eingespielt, dem nichts mehr hinzuzufügen ist; der Mensch steht für eine Möglichkeit ein, die seine Möglichkeiten übersteigt: «Ein Zeichen sind wir, deutungslos, / Schmerzlos sind wir und haben fast / Die Sprache in der Fremde verloren. / Wenn nämlich über Menschen / Ein Streit ist an dem Himmel und gewaltig / Die Monde gehn, so redet / Das Meer auch und Ströme müssen / Den Pfad sich suchen. Zweifellos / Ist aber Einer. Der / Kann täglich es ändern. Kaum bedarf er / Gesetz. Und es tönet das Blatt und Eichbäume wehn dann neben / Den Firnen. Denn nicht vermögen / Die Himmlischen alles. Nämlich es reichen / Die Sterblichen eh an den Abgrund. Also wendet es sich, das Echo, / Mit diesen. Lang ist / Die Zeit, es ereignet sich aber / Das Wahre.»

Ein Fall von Begünstigung

Hans Christian Andersen und das Märchen eines Lebens

Manchmal muß man abheben vom vertrauten Terrain, um sich neu zu entdecken und als der wiederzufinden, der man ist. In anderer Umgebung wird das Vertraute weniger vertraut, es mischt sich mit Neuem, das die Eindrücke besetzt, ohne das Althergebrachte vergessen machen zu können. Wir kennen dies auch im alltäglichen Sprachgebrauch: Wenn einer eine Reise tut, dann kann er was erzählen, heißt es, womit allerdings nicht gesagt ist, daß Reiseberichte interessanter sein müssen als Kolportagen aus der unmittelbaren Nachbarschaft. Der dänische Dichter Hans Christian Andersen, der vor allem als Märchenerzähler bekannt wurde, obwohl er weit mehr war als das, fand erst auf Reisen zurück in den Erwartungsstand seines Werkes, in das er zuvor bereits beträchtlichen Mitteilungsdrang investiert hatte. Andersen reist nicht freiwillig; er wird mit Bestimmtheit dazu angehalten. Am liebsten möchte er, der schon immer ein berühmter Dichter sein wollte, zu Hause im überschaubaren Dänemark bleiben und alles aufschreiben, was ihm so in den Sinn kommt. Da aber ist nicht mehr viel; Andersen, gerade mal 28 Jahre alt, hat sich verausgabt. Ein väterlicher Freund, der Literaturkritiker Ingemann, gibt es ihm sogar schriftlich; Andersen soll die Fehler bei sich selbst, nicht bei anderen suchen: «Sie peitschen die Phantasie auf und spannen das Gefühl auf die Folterbank, wenn Sie gleich einem Schlafwandler ständig auf Redaktionen und Gesellschaften und auf den Brettern des Theaters herumstreifen, wobei Sie täglich gleichsam Ihren Lebensbaum herausziehen, um nachzusehen, ob er Wurzeln geschlagen hat, anstatt ihm Ruhe zu gönnen, damit er Kraft erhält zum Blühen und zum Früchtetragen ... Geben Sie dem unaufhörlichen Anreiz zum Produzieren nicht nach, wodurch Sie geistig ausgemergelt werden. Pfeifen Sie auf das ganze leere gesellschaftliche Leben, und nehmen Sie kein Flugblatt in die Hand! Kümmern Sie sich weniger um den Poeten und den Kranz, aber dafür um so mehr um die Poesie! Aber schlitzen Sie nicht den Singvogel auf, um alle seine goldenen Eier auf einmal herauszunehmen!»

In der Tat war Andersen der Anerkennung zuvor förmlich hinterhergerannt. Das Kind armer Eltern, 1805 in Odense geboren, meistert seine Jugend, indem es sich überaus folgsam einem Lebensglück anvertraut, das erst noch herbeizitiert werden muß, wofür das Schreiben zuständig wird, dem Andersen zunächst keinerlei Ruhe- und Besinnungspause gönnen mag. Tatsächlich beugt sich das Glück widerstrebend zu ihm herab: Andersen findet Förderer. Er geht nach Kopenhagen und wird dort in eine wenig einfühlsame schulische Ausbildung gegeben, an der er fast zerbricht. Mit 23 macht er doch noch sein Abitur und entschließt sich, auch weil es ihm nicht ausgeredet wird, ganz Dichter und Künstler zu sein. Es beginnt eine Zeit geradezu unerhörten Produzierens und Anschmeichelns an öffentliche Meinungsträger, bei der Andersen weit mehr gibt, als er zurückbekommt. Schließlich weiß er nicht weiter, er hat sich, ohne es wahrhaben zu wollen, leergeschrieben. Seine wenigen guten Freunde raten ihm dringend zu einem Ortswechsel, er soll sich frischen Wind um die Nase wehen lassen. Man besorgt ihm ein Reisestipendium, das er nicht ausschlagen kann. Am 22. April 1833 bricht er auf, ein Reisender wider Willen. Gerade weil er keine besonderen Erwartungen hat, wird er nicht enttäuscht, im Gegenteil: Er stellt fest, daß er auf Reisen mehr über sich selbst in Erfahrung bringen kann als durch unergiebiges Grübeln im stillen Kämmerlein: «Reisen heißt leben! ... Das Reiseleben ist mir die beste Schule der Bildung geworden ... Gleich einem stärkenden Bad für den Geist, gleich dem Medea-Trunk, der immer wieder verjüngt, ist für mich das Reisen.»

Andersens Ziel ist Italien, das er, wie nicht wenige Künstler vor ihm, als «Land meiner Sehnsucht und meines Glücks» bezeichnet. Damit aber wird erst einmal nur sein Wunschbild von Italien genannt, das sich an bewährten literarischen Vorbildern orientiert; in Italien selbst ist er damit noch nicht angelangt. Zuvor nämlich macht er in Frankreich, genauer: in Paris Station, das ihm, der die wahre Verruchtheit allenfalls vom Hörensagen kennt, mächtig sündhaft vorkommt. Er gibt sich empört: «Paris ist die liederlichste Stadt unter der Sonne, ich glaube, daß es hier nicht auch nur ein unschuldiges Geschöpf gibt ... Öffentlich auf der Straße hat man mir am Tage in den anständigsten Straßen ‹ein hübsches Mädchen von sechzehn Jahren› angeboten ...»

Dem unsittlichen Angebot kommt Andersen nicht nach; er bleibt brav. Frivolität spielt er für sich nur in Gedanken durch; leibhaftig möchte er nicht zu ihr herabgezogen werden. Das fällt ihm um so leichter, als er feststellen darf, wie die zuletzt so spröde gewordene Literatur wieder zu ihm zurückkehrt und sich wesentlich anschmiegsamer zeigt. In seinen Briefen tritt er bereits als Reiseschriftsteller auf, dem die Themen nur so zufliegen. Er entdeckt neue Möglichkeiten in sich, seine Sprache paßt sich der Vielfalt wechselnder Eindrücke an und wird in einer Weise geschmeidig und ausdrucksstark, die er selbst kaum für möglich gehalten hat. Die Steigerungen, die ihm vergönnt sind, haben mit der literarischen Arbeit an sich zu tun: Sie unterliegt, unabhängig von der Gunst äußerer Umstände, die auch das Dichterdasein beeinflussen, einem eigenen Bestimmungsgang, der einer Probezeit gleicht, die so lange verlängert wird, bis es zur Festanstellung nicht mehr reicht. Am 18. Oktober 1834 kommt Andersen in Rom an – ein Datum, das er in Erinnerung behält und später als seinen sogenannten römischen Geburtstag zu begehen pflegt. Was er inzwischen als Autor zu leisten vermag, wird in einem Brief deutlich, der von einer Fahrt nach Neapel und der Besteigung des Vesuv berichtet: «Von der Eremitenhütte ging es zu Fuß durch tiefe Asche den Berg hinauf, ich war in einer glückseligen Stimmung, sang laut ... und war der erste, der ganz nach oben gelangte; der Mond stand plötzlich gerade über dem Krater, aus dem kohlschwarzer Rauch aufstieg, glühende Steine wurden in die Höhe geschleudert und fielen fast senkrecht wieder zurück; der Berg unter uns erbebte. Bei jedem Ausbruch ward der Mond von Rauch verhüllt, und dann wurde es dunkle Nacht, so daß wir stehenbleiben und uns an den großen Lavablöcken festhalten mußten; allmählich spürten wir die Hitze, die unter uns hochkam. Der neue Lavastrom quoll am Berg entlang dem Meere zu, dorthin wollten wir ... Der Schwefeldampf war sehr stark, die Hitze ... kaum auszuhalten ..., aber der Anblick ... war uns gleichsam für alle Zeiten ins Gedächtnis eingebrannt. Ringsum erblickten wir Feuerschlünde, es brauste vom Krater her, so wie wenn eine mächtige Schar von Vögeln aus einem Wald auffliegt. Den Kegel selbst konnten wir nicht besteigen, da ständig glühende Steine über uns hinwegprasselten ...»

Im Spätsommer 1834 kehrt Andersen nach Kopenhagen zurück. Er hat eine Fülle von Aufzeichnungen und Notizen mitgebracht, die er eigentlich in einem opulenten Reisebericht zusammenfassen will. Dann aber ändern sich seine Pläne: Unter der Hand entsteht ihm ein Roman, der die italienischen Erfahrungen in einer anmutigen Erzählung vom Reise- und Selbstfindungsweg eines jungen Dichters aufgehen und neu entstehen läßt. *Der Improvisator* heißt dieser Roman, der 1835 erscheint und zu einem bemerkenswerten Erfolg wird, was auch daran abzusehen ist, daß alsbald Übersetzungen des Buches in acht Sprachen erscheinen. Andersen, der ein Leben geradezu süchtig nach Lob war, ist glücklich, und er wird noch glücklicher, als sich ein weiterer Erfolg abzeichnet: Sein erstes kleines Märchenbuch erscheint, das u. a. «Die Prinzessin auf der Erbse» und «Das Feuerzeug» enthält. Es findet erstaunliche, vor allem langanhaltende Aufmerksamkeit, so daß Fortsetzungen ausdrücklich erwünscht sind, ja als zwingend erscheinen. Andersens Märchen, von ihm selbst zunächst nur zögerlich in Angriff genommen, dann jedoch mit bemerkenswertem Geschick und virtuoser Dreingabe unterschiedlichster Phantasie- und Ironiezutaten niedergeschrieben, werden schließlich zu seinem eigentlichen Markenzeichen, was ihm nicht immer geheuer ist. Dennoch zeigt er sich von nun an noch dankbarer seinem Schicksal gegenüber, an dem er zuvor schon nicht zweifeln mochte. Im Frühjahr 1837 gönnt er sich einen behaglichen Rückblick: «Kein Winter ist so ruhig und glücklich verlaufen wie dieser. Der Improvisator hat mir Achtung bei den Edelsten und Besten verschafft, sogar die Menge hat mehr Ehrerbietung an den Tag gelegt; von Nahrungssorgen weiß ich Gott sei dank nichts, und ich habe mir in letzter Zeit mein Leben ordentlich angenehm machen können ... So sitze ich in bunten Pantoffeln und Schlafrock mit den Beinen auf dem Sofa, der eiserne Ofen schnurrt, die Maschine singt auf dem Tisch, und das Rauchwerk tut gut. Ich denke dann an den armen Jungen in Odense, der in Holzpantinen lief, und dann wird mein Herz weich, und ich segne den gütigen Gott!»

Der arme Junge in Holzpantinen – das ist das Bild des Dichters als Kind. Es war ein Kind, das zunächst einmal nur Ärmlichkeit kennenlernte: Der Vater ist Schuhmacher mit einem Hang zur Schwermütigkeit und verworrenen religiösen Ideen, die Mutter bringt aus früheren Beziehungen zwei uneheliche Töchter mit in die Ehe und stirbt, ein Jahr bevor ihr Sohn in die literarische Erfolgsspur einbiegen kann, als Trinkerin im Armenhaus. Andersens Großvater, der als geisteskrank galt, scheint seine Anlage an den Sohn weitergegeben zu haben; so ist es nicht verwunderlich, daß auch der Enkel wiederkehrende Befürchtungen hegt, von einem unheilbaren Familienleiden infiziert zu sein. Diese Befürchtungen lassen sich nie ganz ruhigstellen und flackern immer wieder auf; als Andersen im Frühjahr 1840 seine Geburtsstadt Odense besucht, vermerkt er in seinem Tagebuch: «Ich sah einen armen, halbblöden Burschen vor meinen Fenstern; er hatte ein edel geformtes Gesicht, die Augen waren glanzvoll, aber über dem ganzen Menschen lag etwas Gestörtes, und die Jungen foppten und hetzten ihn. Ich dachte dabei an mich selber, an meine Kindheit, meinen geistesschwachen Großvater; wenn ich in Odense geblieben wäre, dort in die Lehre gekommen wäre, wenn die Kräfte der Phantasie, die mich damals erfüllten, nicht durch die Zeit und die Verhältnisse gezügelt worden wären oder wenn ich nicht gelernt hätte, mit meiner ganzen Umgebung zu verschmelzen, wie würde ich dann wohl angesehen worden sein? Ich weiß nicht, aber beim Anblick dieses unglücklichen, gehetzten Blödlings vor meinem Fenster klopfte mein Herz heftig ...»

War der absonderliche Großvater für die Gefährdung des Geistes zuständig, die dem Menschen ein Leben lang zugemutet wird, so kann Andersens Großmutter für die Kräfte der Phantasie stehen, die er immer wieder gerne erwähnt. Sie scheint eine phantasiebegabte, liebenswürdige Person gewesen zu sein; wer ihr weniger wohl wollte, konnte auch sagen, daß sie eine charmante, aber notorische Lügnerin war. Für den Hausgebrauch legte sie sich eine Ahnentafel zu, die nachweisen sollte, daß sie nordhessischem Adel entstammte, den außer ihr allerdings niemand kannte, und auch sonst schmückte sie sich ihr Leben gern so aus, wie sie es für richtig hielt; zu Schaden kam dadurch niemand. Ihr Enkelsohn blieb davon nicht unberührt; er lernte es schnell, der öden Wirklichkeit Schauer- und Glanzlichter aufzusetzen. Besonders hatten es ihm Zuchthaus und Irrenanstalt von Odense angetan, die nah beieinander lagen; in seiner gewollt gutgläubigen Autobiographie *Das Märchen meines Lebens*, die seine Dichterexistenz so mild und andächtig schildert, daß Vorsicht angebracht ist, heißt es: «Eine meiner ersten Erinnerungen, an sich so geringfügig, aber für mich von

Bedeutung durch die Stärke, mit der die kindliche Phantasie sie gewissermaßen in die Seele eingebrannt hat, war ein Familienfest, und wo? – An einem Ort in Odense, in dem Gebäude, zu dem ich von außen mit Schrecken und Angst geblickt habe, wie der Pariser Junge, denke ich, zur Bastille hinaufgeschaut hat – das war das Zuchthaus von Odense. Meine Eltern kannten den Pförtner dort; sie wurden von ihm zu einem Familienfest eingeladen, und ich mußte mit ... Das Zuchthaus von Odense war für mich gleichsam das Versteck für Diebes- und Räubergeschichten ...»

Ähnliches gilt für die Irrenanstalt; sie erscheint ihm sogar noch ein wenig gruseliger, weil die Geschichten, die sich um Geisteskranke spinnen lassen, ja nie ganz entschieden sind; Normalität und Abartigkeiten, glaubt er, kommen aus dem gleichen, uneinsehbaren Grund der Seele. Andersen erinnert sich, wie er als kleiner Junge, angetrieben von schaurig-schöner Neugier, aus dem Garten der Großmutter davonschleicht und, unbemerkt vom Wachpersonal, in das Innere der Anstalt vordringt: «Ein langer Gang führte zwischen den Zellen dahin; auf diesem hatte ich mich eines Tages hingehockt und lugte durch den Türspalt; drinnen saß ein nacktes Frauenzimmer auf einem Haufen Stroh, ihr Haar hing ihr über die Schultern hinab, und sie sang mit einer ganz herrlichen Stimme; plötzlich sprang sie auf, stürzte mit einem Schrei auf die Tür zu, vor der ich lag, der Wärter war fortgegangen, ich ganz allein, sie haute so heftig gegen die Tür, daß die kleine Luke über mir, durch die ihr das Essen hineingereicht wurde, aufsprang, sie sah von dort zu mir hinunter, streckte einen ihrer Arme nach mir aus; ich schrie vor Grauen und drückte mich fester an den Fußboden. Dieser Anblick und dieser Eindruck sind noch immer nicht aus meiner Seele getilgt ...»

Andersens Seelenleben indes ist gefestigter, als man meinen möchte; es hat seinen Abglanz am Glanz des Glückssterns, der sein Dasein begleitet. Das Märchen seines Lebens, von Erinnerungen durchwebt, wie sie nur ein erinnerungswilliger Dichter hegen kann, ist denn auch eine große Geschichte, die sich, absichtsvoll bis zuletzt, aus vielen kleinen Geschichten zusammensetzt und im Guten zu enden hat: «An diesem oder jenem Tag im Herbst ging meine Mutter auf die Felder hinaus und sammelte Ähren, ich war dann mit dabei ... Eines Tages kamen wir an einen Ort, wo ein Verwalter war, der als böse bekannt war; wir sahen ihn mit einer fürchterlich großen Hundepeitsche ankommen; meine Mutter und alle anderen rannten, meine nackten Füße staken in Holzpantinen, und ich verlor diese ...; ich konnte nicht rasch genug wegkommen und blieb allein zurück; schon hob er die Peitsche, ich sah ihm ins Gesicht und sagte unwillkürlich: ‹Wie getraust du dich, mich zu schlagen, da Gott es sehen kann!› – und der strenge Mann wurde mit einemmal ganz milde, streichelte mir die Backe, fragte, wie ich heiße, und schenkte mir Geld; als ich meiner Mutter das zeigte, sagte sie zu den anderen Leuten: ‹Er ist ein merkwürdiges Kind, mein Hans Christian! Und alle Menschen sind ihm gut, und selbst der böse Mann hat ihm Geld geschenkt!›»

Das mag arg märchenhaft klingen oder nur ein bißchen dick aufgetragen; auf jeden Fall zeigt es die Gutgläubigkeit an, mit der Andersen hinausspäht in seine Welt. Über die eigene Biographie beugt er sich wie ein liebevoller Puppenspieler, der jede Aufführung seiner Figuren erst einmal für gelungen hält, es sei denn, er würde, was harter Überzeugungsarbeit bedarf, eines Schlechteren belehrt. Auch das geschah ihm, gewiß, aber die einsetzenden Depressionen hielten nicht lange an; den Optimismus, den er sich aneignete, wurde er nie mehr los. Als ihm nach seiner ersten Auslandsreise der Weg in den Erfolg vorgezeichnet wird, durfte er sich noch überrascht geben; dabei erfüllte sich nur das in seinem Sinne Vorhersehbare. Vom Reisen mochte er denn, einmal inspiriert und belohnt, nicht mehr lassen: Unter den Schriftstellern seiner Zeit ist er am meisten unterwegs; insgesamt 29 Auslandsreisen hat er unternommen, und keine davon erschien ihm als verlorene Liebesmüh. Der ersten Reise indes bewahrte er besondere Anhänglichkeit; sie machte er, da sie ihm wesenhafte Klarheit bescherte, zu einer eigenen Gedenkveranstaltung: «Es war, als ob von diesem Tag an die Frühlingssonne in meinem Leben beständiger scheinen sollte; ich empfand eine größere Sicherheit, denn schaute ich zurück über die Jahre meines Lebens, so sah ich klarer, daß eine liebevolle Vorsehung über mir wachte, daß alles, wie durch höhere Gewalt, für mich zum Besten gelenkt wurde, und je fester eine solche Überzeugung wird, desto sicherer fühlt man sich.»

Andersens Lebensphilosophie setzt auf ein Gottvertrauen, in dem der Gott, an den man sich wendet, gar nicht einmal ein persönlicher Gott sein muß; es genügt zu wissen, daß er da ist und seine ruhige, alles in sich bergende Gegenwart zeigt – eine Gewißheit, die sich der Dichter wiederum gern auf Reisen bestätigen ließ. Als er 1862 auf der Rückreise aus Portugal mit dem Passagierschiff in schwere See gerät, liegt er in seiner Kabine und hat Angst. Dann aber wagt er sich an Deck: «Ich blickte hinaus. Welche Pracht, welche Größe! Das ganze rollende Meer leuchtete wie Feuer; die großen Wellen wälzten sich mit phosphorischem Glanze heran. Es war, als glitten wir über ein Feuermeer. Diese Herrlichkeit überwältigte mich so sehr, daß die Todesangst im selben Augenblick verschwand. Die Gefahr war nicht größer, nicht kleiner, als sie immer sein könnte, aber jetzt dachte ich nicht mehr daran ... Ist es für mich wohl so wichtig, noch einige Jahre zu leben? Kommt der Tod in dieser Nacht, er kommt in Größe und Herrlichkeit! Ich stand lange in der sternklaren Nacht und blickte auf das große, rollende Weltmeer hinaus, und als ich wieder in den Salon hinunter und zur Ruhe ging, war das Gemüt erquickt und fröhlich in der Hingabe an Gott.»

Das dazugehörige Glaubensbekenntnis schließlich findet sich in einem von Andersens schönsten Märchen, der «Glocke». Königssohn und armer Konfirmand, eben noch auf getrennten Wegen marschierend, treffen sich vor dem einen erhabenen Anblick: «(...) Die Sonne stand wie ein großer, schimmernder Altar dort draußen, wo Meer und Himmel sich begegnen, alles verschmolz in glühenden Farben, der Wald sang und das Meer sang und sein Herz sang mit; die ganze Natur war eine große, heilige Kirche, darin Bäume und segelnde Wolken die Pfeiler waren, Blumen und Gras die gewobene Sammetdecke und der Himmel selbst die große Kuppel; dort oben erloschen die roten Farben, als die Sonne versank, aber Millionen von Sternen wurden angezündet, Millionen von diamantenen Lampen leuchteten nun, und der Königssohn breitete seine Arme dem Himmel entgegen ... – und im selben Augenblick ... kam mit den kurzen Ärmeln und in Holzpantinen der arme Konfirmand ...; und sie liefen aufeinander zu und hielten sich bei den Händen in der großen Kirche der Natur und der Poesie, und über ihnen ertönte die unsichtbare, heilige Glocke ...»

Den inneren Menschen erfinden

Robert Musil und der andere Zustand

Der Mensch denkt, und Gott lenkt, heißt es in einem Spruch, den man, für sich selbst, weiter ausspinnen kann: Mit Blick auf das Komplizierte in der Welt nämlich denkt der Mensch nicht kompliziert genug, was auch bedeutet, daß Gott nicht so lenkt, daß wir es zu begreifen vermögen. Falls er, der Herrgott, überhaupt noch da ist und lenkt und sich nicht längst aus allen Amtsgeschäften zurückgezogen hat, die nun so vor sich hinlaufen, einer geheimen Ordnung folgend, an welche der Mensch nicht wirklich heranreicht. Eine innere Haltlosigkeit wohnt seinen Erkenntnissen inne, die auch daherrührt, daß sie der Zeit unterworfen sind; der Bewußtseinsstrom, der den Menschen durchzieht, ist von kontinuierlichem Wechsel geprägt; alle drei Sekunden, wenn nicht schon früher, erscheint ein anderer Gast auf seiner Gedankenbühne und will bemerkt und bedacht sein. Einen Halt kann der Mensch darin nur schwerlich finden; er muß sein Wissen von sich willkürlich ordnen und sich selber so in die Verantwortung nehmen, daß er zum leitenden Angestellten seiner selbst taugt. Souveräner Umgang mit den Tatsachen des Bewußtseins ist schwer; am besten kommt wohl noch der zurecht, der lieber lebt als denkt. Dem Schriftsteller Robert Musil war das nicht vergönnt, im Gegenteil: Musil dachte nach, unentwegt, er stellte sein Denken auf die Probe, forderte es heraus, weil er Präzisionsarbeiten von ihm erhoffte und doch immer wieder auf jenen Wahrnehmungsriß stieß, der zwischen Ich und Gegenstandswelt etwas Unversöhnliches hinterläßt, eine schmerzliche Kluft, ein Schwinden auch von anerkannten und vereidigten Gewißheiten. In seinem ersten Roman *Die Verwirrungen des Zöglings Törleß* heißt es: «Zwischen den Ereignissen und seinem Ich, ja, zwischen seinen eigenen Gefühlen und irgendeinem innersten Ich, das nach ihrem Verständnis begehrte, blieb immer eine Scheidelinie, die wie ein Horizont vor seinem Verlangen zurückwich, je näher er ihr kam. Ja, je genauer er seine

Empfindungen mit den Gedanken umfaßte, je bekannter sie ihm wurden, desto fremder und unverständlicher schienen sie ihm gleichzeitig zu werden, so daß es nicht einmal mehr schien, als ob sie vor ihm zurückwichen, sondern als ob er selbst sich von ihnen entfernen würde und doch die Einbildung, sich ihnen zu nähern, nicht abschütteln könnte. Dieser merkwürdige, schwer zugängliche Widerspruch füllte später eine weite Strecke seiner geistigen Entwicklung, er schien seine Seele zerreißen zu wollen und bedrohte sie lange als ihr oberstes Problem.»

Das Ich, gerade das Ich eines Schriftstellers, ist anmaßend flüchtig; es flieht vor sich selbst, vor den Dingen, vor der Welt, und doch kommt es dabei nicht vom Fleck, sondern steht mitten im Gedankengeschehen, geschützt nur durch eine unsichtbare Wand, die gezogen wird, um aus minimaler Distanz wahrheitsfähig zu werden, was eher schmerzlich ist und ein besonderes, vorgeblich besseres, insgesamt aber nicht sehr froh stimmendes besseres Wissen nach sich zieht. Musil hat mit diesem besseren Wissen zu kämpfen, das auf genauerem Hinsehen, auf Nachdenken gründet; schon als Schüler und Student wird er damit belastet und empfängt eine schneidende Sicherheit, die er eigentlich gar nicht haben will. Man kann auch sagen, daß er sich allein gelassen vorkommt; Musil grübelt zuviel, und er liest zuwenig. Das ändert sich, als es ihm gelingt, sein besseres Wissen zu hintergehen und einmal nachzuschauen, ob andere nicht vielleicht mehr und vor allem Besseres gewußt haben. Musil liest Friedrich Nietzsche, der ihm verborgene, zuvor nur erahnte Gedankenwelten eröffnet. Nietzsche, der mit seinen Büchern an geheime Bruchstellen im Rahmenwerk fester Gewißheiten rührt, macht Musil deutlich, daß dem Wahren eine notwendige Doppelbödigkeit innewohnt; das Große ist nicht so groß, wie es groß tut, und das Tiefe hat eine Oberfläche, die weiter hinabreicht, als man meinen möchte. In *Menschliches, Allzumenschliches* liest Musil: «Sie meinen, mit tiefen Gefühlen komme man tief ins Innere, nahe man sich dem Herzen der Natur... Aber diese Gefühle sind nur insofern tief, als mit ihnen, kaum merkbar, gewisse komplizierte Gedankengruppen regelmäßig erregt werden, welche wir tief nennen; ein Gefühl ist tief, weil wir den begleitenden Gedanken für tief halten. Aber der tiefe Gedanken kann dennoch der Wahrheit sehr ferne sein, wie zum Beispiel jeder metaphysische; rechnet vom tiefen Gefühl die beigemischten

Gedankenerlebnisse ab, so bleibt das starke Gefühl übrig, und dieses verbürgt nichts für die Erkenntnis als sich selbst, ebenso wie der starke Glaube nur seine Stärke, nicht die Wahrheit des Geglaubten beweist.»

Nietzsche versteht es, in Gegensätzen zu argumentieren; er gibt dem Leichtfertigen Gewicht und holt das Erhabene auf den Boden der Tatsachen zurück. Alles ist im Fluß, lernt Musil von Nietzsche, es gibt keine echten Gewißheiten, keine unantastbaren Werte, das Sein ist so flüchtig und gut wie das Nichts. Wer dies durchschaut, gewinnt ein anderes Verhältnis zur Wahrheit: Er nimmt das Bewußtseinsgeschehen an, setzt in ihm Anhaltspunkte, schafft aus schnell wechselnder Vielfalt kunstfertige Einheiten, die nicht als verbürgt anzunehmen sind: «Alle stärkeren Stimmungen bringen ein Miterklingen verwandter Empfindungen mit sich: sie wühlen gleichsam das Gedächtnis auf. Es erinnert sich bei ihnen etwas in uns und wird sich ähnlicher Zustände und deren Herkunft bewußt. So bilden sich gewöhnlich rasche Verbindungen von Gefühlen und Gedanken, welche zuletzt, wenn sie blitzschnell hintereinander erfolgen, nicht einmal mehr als Komplexe, sondern als Einheiten empfunden werden. In diesem Sinne redet man vom moralischen Gefühl, vom religiösen Gefühl, wie als ob dies lauter Einheiten seien: in Wahrheit sind sie Ströme mit hundert Quellen und Zuflüssen. Auch hier, wie so oft, verbürgt die Einheit des Wortes nichts für die Einheit der Sache.»

Der Philosoph Nietzsche hat den Dichter Musil auf den Weg gebracht. Das konnte geschehen, weil der Philosoph Nietzsche auch ein Dichter und der Dichter Musil ein Philosoph war. Beide haben, auf jeweils unverwechselbare Weise, bewiesen, daß jeder tieferen Beschreibungskunst eine Philosophie zugrunde liegt; sie prägt, mal überdeutlich, mal unmerklich, die Weltsicht eines Autors, sie läßt sich, letzten Endes und in der Summe, als Botschaft begreifen, von der ein Werk, mit seinen «hundert Quellen und Zuflüssen», lebt. «Entscheidender Einfluß», notiert Musil nach seiner Nietzsche-Lektüre. Und in seinem Hauptwerk, dem mehr als 2000 Seiten starken Roman *Der Mann ohne Eigenschaften*, steht später ein Satz, den man als Zusammenfassung seiner Leseerfahrungen nehmen kann: «Kein Ding, kein Ich, keine Form, kein Grundsatz sind sicher, alles ist in einer unsichtbaren, aber niemals ruhenden Wandlung begriffen, im Unfesten liegt mehr von der Zukunft als im Festen, und die Gegenwart ist nichts als eine Hypothese, über die man noch nicht hinausgekommen ist.»

Robert Musil wird am 6. November 1880 in Klagenfurt geboren. Der Vater ist Ingenieur in einer Maschinenfabrik und macht von dort aus Karriere: Er wird Fachhochschulrektor in Steyr, Professor für Maschinenbau in Brünn; man ernennt ihn zum Hofrat und erhebt ihn, nach seiner Emeritierung und vor dem Ende der Donaumonarchie, in den Adelsstand. Ein bemerkenswerter Werdegang für einen Mann, der die Technik liebt und für die schönen Künste wenig übrig hat. Hermine Musil, die Mutter, ist eine merkwürdige Person; sie leidet unter Gefühlsausbrüchen, für die sie, und andere, keine Erklärung haben. «Mein Mutter war eigentümlich verwirrt», schreibt Musil später, «wie verschlafenes Haar auf einem verwirrten Gesicht». Mit ihr, der Mutter, gerät er, der sich ebenfalls leicht und unvorhersehbar erregen kann, schon als Kind öfter aneinander; zu seinem Vater, der die Familienbande für weniger durchschaubar hält als eine gut konstruierte Maschine, unterhält er ein respektvolles Verhältnis. Übertrieben liebevoll ist es bei den Musils wohl nicht zugegangen; man hat eine Ordnung um sich errichtet, in der es nach den üblichen Vorgaben zu leben gilt. Das Kind Robert lernt früh, sich mit sich selber zu beschäftigen; es kann sich an Unscheinbarem verhaken, es schaut und es träumt. In einem Rückblick Musils wird das dazugehörige Bild gezeichnet: «Öfter stand er lange ... an einem Fenster und schaute in den Garten. Aber ... das war mehr ein unerklärlicher Bann als ein Genuß. Man konnte ohnedies nichts sehen als ein Stückchen der Kieswege und Blätter, Tausende, Zehntausende von Blättern, in den verschiedensten Farben von beschattetem Grün und in den verwikkeltsten Durcheinanderschiebungen. Aber auch das sah Robert nicht. Er sah nur eine dunkle Masse, eine langsam bewegte, atmende Masse, etwas Dunkles breitete sich über sein Inneres, etwas ganz Gleichmäßiges, ohne alle Kennzeichen, erfüllte seine Seele. Und wenn er sich endlich vom Fenster losriß, war er stets müde und zum Weinen aufgelegt. Aber ohne alles Heftige wie Schluchzen und Tränen.»

Schon in seiner Jugend hat Musil jenes Gefühl, das in seinem großen Roman später das «blinkende Vergleiten aller Empfindungen» genannt wird. Daraus kann er sich am besten befreien, wenn er sich mit technischen Dingen beschäftigt; das Interesse daran hat er vom Vater. Nach der Realschule wird er ins Militärinternat gegeben; er soll Offizier werden und sein eigenes Geld verdienen. Mit seinen Mitschülern kommt er aus, da er sich durchzusetzen weiß; er hat Heimweh, was aber ein Heimweh ist, das viel mehr meint als die gewöhnliche Sehnsucht nach dem, was man zurücklassen muß:

«Er schrieb Briefe nach Hause, beinah täglich, und er lebte nur in diesen Briefen; alles andere, was er tat, schien ihm nur ein schattenhaftes, bedeutungsloses Geschehen zu sein, gleichgültige Stationen wie die Stundenziffern eines Uhrblattes. Wenn er aber schrieb, fühlte er etwas Auszeichnendes, Exklusives in sich; wie eine Insel voll wunderbarer Sonnen und Farben hob sich etwas in ihm aus dem Meere grauer Empfindungen heraus, das ihn Tag um Tag kalt und gleichgültig umdrängte ... Er hielt es für Heimweh, für Verlangen nach seinen Eltern. In Wirklichkeit war es aber etwas viel Unbestimmteres und Zusammengesetzteres. Denn der ‹Gegenstand dieser Sehnsucht›, das Bild seiner Eltern, war darin eigentlich gar nicht enthalten.»

Schreiben schafft Konzentration auf das Wesentliche, es gewährt Exklusivität: Nach seiner Nietzsche-Lektüre hat das Auszeichnende des Schreibens für Musil Sinn und Form gefunden, es wird zur lebenslangen Herausforderung. Musil studiert an der Technischen Hochschule Brünn; im Juli 1901 legt er sein Ingenieursexamen ab. Er dient beim Militär, wird Volontär in Stuttgart, beginnt 1903 in Berlin ein Studium der Philosophie und Psychologie; es sei dies, notiert er, sein «eigentliches Studium», denn nun kann er darangehen, seine angelesenen Erkenntnisse zu vertiefen und durch eigene Kopfarbeit zu ergänzen. 1906 erscheint der erste Roman, den die Kritik freundlich aufnimmt. Zwei Jahre später wird er promoviert; offiziell ist er jetzt fertig mit seinen Studien, spürt aber, daß die wesentlichen Fragen noch nicht einmal ansatzweise beantwortet sind. Vielleicht lassen sie sich auch nicht beantworten, eine Erkenntnis, die, beim Wort genommen, sehr viel an produktiver Energie hervorzubringen vermag. Man kann sich, ein ums andere Mal, in das Geheimnisvolle hineinversetzen, kann, auch das hat Nietzsche vorgemacht, den zerfallenden Weltbildern einen eigenen, willkürlich verstärkten Weltentwurf entgegenhalten, der so viel an Wert gewinnt, wie man ihm selber, unberührt von der Anerkenntnis durch andere, zugestehen mag. Das gilt, weiß Musil inzwischen, in besonderem Maße für den Dichter, der seine Meisterschaft am Unfertigen gewinnt: «Der Mensch ist nicht komplett und kann es nicht sein. Gallertartig nimmt er alle Formen an, ohne das Gefühl der Zufälligkeit seiner Existenz zu verlieren. (...) Dichtung hat nicht die Aufgabe zu schildern, was ist, sondern das, was sein soll; oder das, was sein könnte, als Teillösung dessen, was sein soll ... Zur Dichtung gehört wesentlich das, was man nicht weiß; die Ehrfurcht davor. Eine fertige Weltanschauung verträgt keine Dichtung.»

Musils Versuche, im Berufsleben Fuß zu fassen, passen zu seiner literarischen Überzeugung; sie bleiben unfertig, werden durch die Ungeduld des Autors, sein besseres Wissen, das mit der Zeit noch eigensinniger geworden ist, belastet. Er betätigt sich als Bibliothekar, als Pressereferent, Fachberater; im Ersten Weltkrieg ist er Offizier und Landessturmhauptmann an der italienischen Front. Beim Militär gelten feste, nicht immer sinnvolle Kommandostrukturen, die Musil zumindest nach außen hin nicht in Frage stellt; fast hat es den Anschein, als füge er sich mit Erleichterung in eine Ordnung, die keine privaten Entscheidungen, sondern nur das pflichtbewußte Abwägen von Befehl und Gehorsam verlangt. Nach dem Krieg hat diese Ordnung für ihn keine bergende Gültigkeit mehr, er sieht sich zurückgeworfen auf die Gesetze von Angebot und Nachfrage. Was ihm bleibt, ist die Existenz als freier Schriftsteller und Publizist, in der es, wie man weiß, mehr um die Existenz als um eine oft nur namentlich genannte Freiheit geht. Musil, der inzwischen verheiratet ist, hat denn auch dauerhaft mit Geldsorgen zu kämpfen. Einige Auszeichnungen wie der Kleist-Preis oder Gerhart-Hauptmann-Preis erleichtern nur vorübergehend seine Lage. Gerecht ist das nicht, zumal Musil, dem es an diplomatischem Geschick, an Umtriebigkeit, nicht aber an Selbstwertgefühl mangelt, schon länger zu wissen glaubt, was die Literatur an ihm hat:

«Ich wäre darum dem Publikum sehr dankbar, wenn es weniger meine ästhetischen Qualitäten beachten würde und mehr meinen Willen. Stil ist für mich exakte Herausarbeitung eines Gedankens. Ich meine den Gedanken, auch in der schönsten Form, der mir erreichbar ist ... Daß du nicht berühmt bist, ist natürlich; daß du aber nicht genug Leser zum Leben hast, ist schändlich.»

Musil ist ein Stilist mit dem Willen zur Genauigkeit im Ungenauen; daran läßt er nicht rütteln. Verleger, Kritiker, Kollegen haben es nicht leicht mit ihm, denn er gibt sich, auch um die eigene Verletzlichkeit aufzufangen, zuweilen herablassend, verschlossen, unnahbar. Sein Hang zur Detailtreue im Denken, das stets mehr meint, als es ein noch so kunstvolles Schreiben aufdecken kann, macht ihm die Arbeit zur Qual; der große Roman, von dem 1930 der erste Band erscheint und auf beachtliche Resonanz stößt, ufert aus; mit dem zweiten Band kommt er nicht weiter. Die politische Lage wird zudem immer bedrohlicher: Bis 1933 lebt Musil mit seiner Frau in Berlin, dann geht er nach Wien und emigriert auf dem Umweg über Italien in die Schweiz. 1938 erleidet er einen Schlaganfall; das Schreiben wird ihm nun noch schwieriger. Die Musils sind auf private Unterstützung angewiesen, ein Zustand, der den stolzen Dichter demütigt. So ist der Tod, der ihn am 15. April 1942 ereilt, womöglich Erleichterung und Befreiung gewesen; vielleicht gibt er, der Tod, auf nochmals erhöhter Ebene auch jenen «ganz anderen» Zustand zurück, der, letztlich, nur aus wenigen erwählten Momenten der Dichtkunst aufschimmert: Einen «Zustand tagheller Mystik» nennt Musil ihn, «eine künstliche Einheit des Glücks». Auf sie will der Dichter hinaus, an ihr verliert er sich, bevor er, so als gälte es nur, in gleichgültiger Welt ein Machtwort zu sprechen, um zum Muster mit Wert zu werden, erneut auf den Prüfstand gerät: «Dieses ist das Heimatgebiet des Dichters, das Herrschaftsgebiet seiner Vernunft. Während sein Widerpart das Feste sucht und zufrieden ist, wenn er zu seiner Berechnung so viel Gleichungen aufstellen kann, als er Unbekannte vorfindet, ist hier von vorneherein der Unbekannten, der Gleichungen und der Lösungsmöglichkeiten kein Ende. Die Aufgabe ist: immer neue Lösungen, Zusammenhänge, Konstellationen, Variable zu entdecken, Prototypen von Geschehensabläufen hinzustellen, lockende Vorbilder, wie man Mensch sein kann, den inneren Menschen erfinden.»

Das Spiel kommt zu Ehren

Thomas Mann und die Textur der Vergänglichkeit

Andere sehen einen oft besser als man selbst; vor allem sehen sie einen: anders. Dennoch oder gerade deswegen hat man das ungeschmälerte Recht am eigenen Bild; das gilt nicht nur für Film-/Fernsehaufnahmen in der sogenannten Öffentlichkeit, sondern auch für jenen labilen Härtezustand, der, ein wenig vornehm, als Identität bezeichnet wird. Mag man, letztlich, gar nicht so genau sagen können, wer man denn eigentlich ist, so glaubt man doch selber am besten Bescheid zu wissen, wenn es um Wertung und Charakterisierung jener Persönlichkeit geht, die der Mensch, auf angeblich unverwechselbare Weise, sein kann und sein soll. Das gilt auch für den individuellen Blick zurück, für die Sichtung der eigenen Erinnerungen, die danach befragt werden, wie man zu dem werden konnte, der man ist. Erinnerungen formen eine eigene Geschichte; sie ist weder wahr noch falsch, so wie Vergangenheit und Zukunft weder wahr noch falsch sein können, wenn man sie an der einen, real stehenden Gegenwart bemißt. Die Geschichte, die von der Erinnerung gewoben wird, ist gleichwohl unverzichtbar; sie bleibt die höchstrichterliche Instanz, an die wir in allen Fragen, die uns selbst betreffen, zu appellieren haben. Dichter gehen mit dieser Instanz respektvoller um; sie trauen ihr viel, wenn nicht gar alles zu, wissen zugleich aber, daß sie sich auch geradezu tölpelhaft irren kann. Gerade deshalb nehmen sie den Richterspruch, der in eigener Sache gefällt wird, gefaßt entgegen; auch wer sich auf dem Holzweg befindet, kann gut an sein Ziel kommen. Der Dichter Thomas Mann, der sich in der deutschen Literatur im Stile eines Großmeisters bewegte, für den, wollte man einen Vergleichbaren nennen, allenfalls noch Goethe in Frage kam, machte sich am liebsten über bedeutende Themen Gedanken; es konnte daher nicht ausbleiben, daß er sich auch gern mit sich selbst beschäftigte. Was die Anfänge angeht, die ihn zum nimmermüden Schriftsteller mit bewunderswerter Arbeitsdisziplin werden ließen, so bot er da eine

Geschichte an, die sich bereits in früher Kindheit zu entwickeln begann: «Nach meinem Werden als Künstler, der Geschichte meines Künstlertums gefragt, frage ich mich nach seiner Wurzel, seinen frühesten Keimen und Regungen, und ich finde sie in meinen *Kindheitsspielen.* Das mag Sie wundern und Ihnen zweifelhaft scheinen. Das Spiel des Kindes, werden Sie sagen, ist etwas Allgemeines; jedes Kind spielt, und das braucht kein Vorspiel des Künstlertums und keine Vorbereitung darauf bedeuten. Natürlich nicht. In den meisten Fällen wird das Infantil-Spielerische durch den organischen Reifeprozeß überwunden. Ein gewisser lichtloser Ernst gewinnt die Oberhand, und der Mensch wird dann zum ausgewachsenen Philister. In anderen einzelnen Fällen aber bewahrt das reifende Leben das Infantile – nicht in der pathologischen Form, die eigentlicher Infantilismus wäre, als geistiges Zurückbleiben auf einer primitiven Stufe – sondern das bewahrte Kindliche, der Spieltrieb verbindet sich mit geistiger Reife, ja mit den höchsten Antrieben des Menschen, dem Streben zum Wahren und Guten, dem Drang nach Vollkommenheit, und wird zu dem, was man mit dem Namen der Kunst und des Künstlertums ehrt. Kurz, das Infantile, das Spiel kommt zu *Würden,* – und doch steht es dem Künstler nicht sonderlich an, sich allzu bürgerlich-würdevoll oder hieratisch-feierlich zu verhalten, denn auf dem Grunde seines Wesens liegt das Kindische, Primitive und Spielerische, das, was man eigentlich ‹Talent› nennt, und ohne das er mit noch so viel Geist und Moral kein Künstler wäre.»

Kinderspiele verlangen Phantasie, und das um so mehr, wenn das Kind dabei, in Ermangelung von Mitspielern, auf sich selbst gestellt bleibt. Thomas Mann hat sich zumeist mit sich selbst abgegeben; er lernt es beizeiten, sich seine eigene Welt einzurichten und mit phantastischem Personal auszustatten, das aus den Büchern herbeizitiert wird. Allerdings sind keine Indianer darunter; zu ihnen hat der Knabe Thomas keinen rechten Zugang. Er bedient sich lieber in der griechischen Mythologie; sein Schaukelpferd heißt Achill, er ist Hermes der Götterbote und Helios der Sonnengott, und in der Gestalt eines zu klein geratenen Zeus steigt er höchstpersönlich auf den Kinderzimmertisch, um als oberster Dienstherr von Himmel und Erde historische Reden an sein Volk zu halten. «Das war ein *sichtbares* Spiel, dessen andere gewahr wurden. Aber es gab unsichtbare, zu denen man des Apparates überhaupt nicht bedurfte, sondern bei denen ich mir mit stiller Genugtuung der unabhängigen Kraft meiner Phantasie bewußt sein mochte, die nichts mir rauben konnte ... Ich erwachte zum Beispiel eines Morgens mit dem Entschluß, heute ein achtzehnjähriger Prinz namens Karl zu sein. Ich kleidete mich in eine gewisse liebenswürdige Hoheit, hielt angeregte Zwiesprache mit einem Gouverneur oder Adjutanten, den ich mir einbildungsweise beigab, und ging umher, stolz und glücklich in dem Geheimnis meiner Würde. Man konnte Unterricht haben, spazieren geführt werden oder sich Märchen vorlesen lassen, ohne daß dieses Spiel einen Augenblick unterbrochen zu werden brauchte, und das war das Praktische daran.»

Das Geheimnis der Würde: Im Kinderspiel nimmt es wechselnde Gestalt an, zeigt, daß es einer Entwicklung unterworfen ist, die den Stillstand nur in Ausnahmefällen, dann aber hell und leuchtend in der Bannkraft des erfüllten Augenblicks kennt. Die Phantasie, die sicher auch achtlos mit jeglicher Würde umgehen kann, beweist sich als Würdenträgerin; das Geheimnis indes, das sie immer wieder neu aufbereitet, gilt für den Menschen schlechthin, dem, mag er auch noch so beeindruckende Erkenntnisse von sich selbst gewinnen, sein inneres Sperrgebiet und persönliches Restrisiko bleibt. Für das Kinderspiel ist das Rätselhafte noch, mehr oder weniger, unerheblich, es folgt eigenem Regelwerk, das jederzeit abgewählt werden kann. Thomas Mann nutzt es für die eigenen Zwecke; im Kinderspiel gelingt ihm die zwanglose Einübung in eine später sehr bewußt und dezidiert eingesetzte Dichtkunst, aus der sich ein repräsentativer, mit Vorführeffekten garnierter Lebensstil ableiten ließ. Wichtigstes, weil anregendstes und vielseitigstes Spiel war das Puppentheater, das sich auch bei anderen Dichtern großer Beliebtheit erfreute: «Es ist merkwürdig, welche Rolle das Puppentheater im Leben angehender Dichter, und zwar durchaus nicht gerade dramatischer Dichter, spielt: man denke an die Bekenntnisse und Erinnerungen Goethe's im ‹Wilhelm Meister› und Gottfried Kellers im ‹Grünen Heinrich›. Ich liebte dieses Spiel so sehr, daß mir der Gedanke, ihm jemals entwachsen zu können, unmöglich schien. Ich freute mich darauf, wenn ich die Stimme gewechselt haben würde, meinen Baß in den Dienst der sonderbaren Musikdramen zu stellen, die ich bei verschlossenen Türen zur Aufführung brachte, und ich war empört, wenn mein Bruder mir vorhielt, wie lächerlich es sein würde, wenn ich als Baß singender Mann noch vor dem Puppentheater sitzen wollte. Und doch, sitze ich in einem gewissen Sinne nicht noch heute davor? Zwischen Kinderspiel und Kunstausübung ist in meiner Erinnerung kein Bruch, keine scharfe Grenze.»

Thomas Mann wird am 6. Juni 1875 als zweiter Sohn des Kaufmanns und Senators Thomas Johann Heinrich Mann und der «außerordentlich schönen», aus Brasilien stammenden Julia da Silva-Bruhns in Lübeck geboren. Nach dem Tod des Vaters im Jahre 1891 muß die elterliche Firma aufgelöst werden, da der Senator, wie das Testament enthüllt, seinen Söhnen nicht zutraut, unternehmerisch tätig zu sein. Die Firmenschließung ist mit finanziellem Zugewinn verbunden; der Familie Mann geht es, zumindest was ihre ökonomische Existenzgrundlage betrifft, ein Leben lang gut. Zu seinem älteren Bruder Heinrich, der sich noch vor ihm für eine Künstlerlaufbahn entscheidet, baut Thomas ein besonderes Spannungs- und Konkurrenzverhältnis auf: Zunächst ist Heinrich deutlich erfolgreicher, dann holt der Jüngere, der in der zehnten Klasse das Gymnasium verläßt und keinen ordentlichen Studienabschluß zuwege bringt, merklich auf und avanciert mit seinem Erstlingsroman *Buddenbrooks,* der 1901 in zwei Bänden erscheint und ihm 1929 den Literaturnobelpreis einbringt, zum berühmten Autor. Thomas Manns literarische Selbstfindung, die von den Kinderspielen auf den Weg gebracht wurde, findet 1897 in Italien, genauer: «in Palestrina in den Sabinerbergen», statt. Er schreibt die Erzählung *Der kleine Herr Friedemann,* die ein Thema behandelt, das Mann in der Folgezeit nicht mehr losgelassen hat: «Diese melancholische Geschichte des kleinen Buckligen stellt auch insofern einen Markstein in meiner persönlichen Geschichte dar, als sie zum erstenmal ein Grundmotiv anschlägt, das im Gesamtwerk die gleiche Rolle spielt wie die Leitmotive im Einzelwerk. Die Hauptgestalt ist ein von der Natur stiefmütterlich behandelter Mensch, der sich auf eine klug-sanfte, friedlich-philosophische Art mit seinem Schicksal abzufinden weiß und sein Leben ganz auf Ruhe, Kontemplation und Frieden abgestimmt hat. Die Erscheinung einer merkwürdig schönen und dabei kalten und grausamen Frau bedeutet den Einbruch der Leidenschaft in dieses behütete Leben, die den ganzen Bau umstürzt und den stillen Helden selbst vernichtet.» Keine Existenz fügt sich auf Dauer ganz der Ordnung, die ihr auferlegt wird; eine Überzeugung, die Thomas Mann schon als junger Mann gewinnt. Es ist keine beruhigende, eher eine zwiespältige Überzeugung; man kann sich an ihr literarisch abarbeiten, kann ein Erzählwerk darauf gründen, das den Eindruck erweckt, als sei es aus sicherer Distanz geschrieben, obwohl eine solche Distanz, wahrheitlich, nicht gegeben ist; sie wird nur vorgetäuscht, so wie jede Lebensordnung nur vorgetäuscht wird, wenn man übersieht, das sie auf einer willkürlichen Übereinkunft beruht und, notwendigerweise, gefährdet bleibt. Thomas Mann hat diese Gefährdung am eigenen Leibe gespürt; er weiß um eine heikle Veranlagung in sich und begegnet ihr mit künstlerischer Wertedisziplin. Die Familie hilft ihm dabei, mehr noch ein bis ins Kuriose durchreglementiertes Berufs- und Verfahrensethos, aus dem er schließlich ein gewaltiges Lebenswerk bezieht, in welchem sein Autor präsent ist und doch nicht mehr von sich preisgibt als ein versierter Fremdenführer, der davon ausgehen darf, unentbehrlich zu sein. Die Gefährdung, die den Menschen begleitet, erweist sich als unverzichtbar; öde und fahl würde sein Leben, schlaubergerhaft abschnurren im Versorgungstrakt, würde ihm nicht gelegentlich der Boden entzogen und bisherige Überzeugungen in Frage gestellt. In Thomas Manns vierbändigem Roman *Joseph und seine Brüder* findet sich das dazugehörige, weit ausholende Bekenntnis: «Wie geringfügig ist, verglichen mit der Zeitentiefe der Welt, der Vergangenheitsdurchblick unseres eigenen Lebens! Und doch verliert sich unser auf das Einzelpersönliche und Intime eingestellte Auge ebenso träumerisch-schwimmend in seinen Frühen und Fernen wie das großartiger gerichtete in denen des Menschenlebens – gerührt von der Wahrnehmung einer *Einheit,* die sich in diesem wiederholt. So wenig wie der Mensch selbst vermögen wir bis zum Beginn unserer Tage, zu unserer Geburt, oder gar noch weiter zurückzudringen: sie liegt im Dunkel vorm ersten Morgengrauen des Bewußtseins und der Erinnerung – im *kleinen* Durchblick sowie im *großen.* Aber beim Beginn unseres geistigen Handelns gleich, da wir in das Kulturleben eintraten, wie einst die Menschheit es tat, unseren ersten zarten Beitrag dazu formend und spendend, stoßen wir auf eine Anteilnahme und Vorliebe, die uns jene Einheit – und daß es *immer dasselbe* ist – zu heiterem Staunen empfinden und erkennen läßt: es ist die Idee der *Heimsuchung,* des Einbruchs trunken zerstörender und vernichtender Mächte in ein gefaßtes ... Leben. Das Lied vom errungenen, scheinbar gesicherten Frieden und des den treuen Kunstbau lachend hinfegenden Lebens; von Meisterschaft und Überwältigung, vom Kommen des fremden Gottes war im Anfang, wie es in der Mitte war. Und in einer Lebensspäte, die sich im menschheitlich Frühen sympathisch ergeht, finden wir uns zum Zeichen der Einheit abermals zu jener alten Teilnahme angehalten.»

Thomas Mann entscheidet sich früh, ganz der Schriftsteller zu sein, der er schon immer sein wollte. Sein Vorbild, zu dem er häufig zurücklugt, ist Goethe, der nicht nur Schriftsteller, sondern Großschriftsteller war, ferner ein in sich ruhendes Gesamtkunstwerk und unanfechtbare moralische Instanz. Das dazugehörige Leben entfaltet sich, nachdem sich die Stürme der Jugend gelegt haben, gravitätisch und mit rechthaberischer Bedachtsamkeit. Ein solches Leben, dem innere Notwendigkeit keineswegs abzusprechen ist, kann von seiner äußeren Darstellungs- und Repräsentationsform kaum noch unterschieden werden; es hat den literarischen Geist zu Gast und läßt ihn nicht mehr gehen. Thomas Mann wird, nach Goethe, *der* deutsche Dichter schlechthin; er könnte Einzigartigkeit für sich beanspruchen, beläßt es jedoch meist bei launigen Andeutungen. Seine Literatenexistenz ist breit angelegt; sie dient der Person, steht aber, heißt es, vor allem für die jeweilige Sache ein. Mit Frau und fünf Kindern kommt er, nimmt man andere Schicksale zum Vergleich, merkwürdig unangetastet und ungeschmälert durch politisch brisante Zeiten. 1936 wird er tschechischer Staatsbürger, 1938 geht er in die USA. Auch dort ist er gefragt; er bewohnt wiederum ein repräsentatives Anwesen, muß nicht in eine schäbige Exilantenwohnung umziehen, und der literarische Geist macht gleich wieder Quartier bei ihm. Wahrscheinlich hätte Goethe, wäre er in seinem Leben gezwungen gewesen, nach Amerika zu gehen, also ein leibhaftiger «Ausgewanderter» zu sein und nicht nur darüber zu schreiben, ähnlich gewohnt. Seinen Lebensstil behält Mann bei, egal wo er sich niederläßt; Spott und Kritik, die sich an seinem Gehabe entzünden, konnte er ignorieren. 1944 wird er amerikanischer Staatsbürger. Nach Kriegsende braucht er seine Zeit, bis er Deutschland wieder einen Besuch abstatten mag; zu tief sind die seelischen Wunden, die ihm, dem äußerlich Unantastbaren, in seiner Heimat geschlagen wurden. Er läßt sich in der Schweiz nieder; das letzte große

Haus, das er sich auf Erden zulegt, ist wiederum geräumig und ansehnlich und steht in Kilchberg bei Zürich. Als er dort einzieht, hat er längst ein monumentales Lebenswerk zustande gebracht, das nicht nur von schier unglaublichem Fleiß, sondern auch von der Gelassenheit eines Künstlers zeugt, der sich beizeiten davon überzeugt hat, daß sich das große Erzählen auch aus kleinen, fast minderbemittelten Absichten ergeben kann, um dann geradezu herrisch, nach eigenem Gesetz und ohne Rücksicht auf das Kräftemaß des Ausführenden, seinen Gang zu nehmen: «Nicht immer sind es die größten Werke, die mit den größten Absichten geschrieben werden. Im Gegenteil halte ich es für die Regel, daß die großen Werke das Ergebnis bescheidener Absichten waren. Der Ehrgeiz darf nicht am Anfang stehen, nicht *vor* dem Werk. Er muß mit dem Werk heranwachsen und diesem mehr angehören als dem Ich des Künstlers. Es ist nichts falscher als der abstrakte und vorsachliche Ehrgeiz an sich und unabhängig vom Werke, der bleiche Ehrgeiz des Ich.» Das Werk bricht sich selber Bahn und findet seine Entsprechung in der «eigentümlich ahnende(n) Seelenverfassung des werdenden Autors, aller werdenden Autoren: dieses geheime Wissen um das Vorhandensein von Kräften, die wohl ihre Zeit brauchen mögen, aber unerschütterlich vorhanden sind.» Wollte man spöttisch sein, so wie es viele waren, die sich an Thomas Mann rieben, der eine Größe hatte, die, auf Grund seiner Außendarstellung, erreichbar schien, bei jeder Annäherung aber zusätzliches Volumen bekam, könnte man sagen, daß er sich zum Vollzugsbeamten seiner selbst machte; er verstand sich auf das Wundersame, auf den Funkenflug der Gedanken, das Tiefe ebenso wie auf den scheinbar oberflächlichen Literaturdienst nach Vorschrift. Und: er konnte warten. «Ich ‹erlebe› keine Sensationen; im Gegenteil möchte ich sagen: mein Verhältnis zu den Eindrücken des Lebens ist wesentlich passiv, ein unbewußtes Aufnehmen, irgendwie sickern die optischen und akustischen Wahrnehmungen in mich ein, bildet sich in mir ein Fundus menschlicher Züge und Besonderheiten, aus dem ich, wenn die produktive Gelegenheit kommt, schöpfen kann.» Aus dem Fundus menschlicher Züge und Besonderheiten zog Thomas Mann eine Betrachtungsweise ab, die ihn, mit geschärftem Daseinsblick, *Einheit* und *Heimsuchung* gerade dort ausfindig machen ließ, wo sich, in der Summe des Lebens, eigentlich nur noch schiere Notwendigkeit zu erkennen gab:

«Das Leben, auch das Künstler- und Schriftstellerleben, ist kein Plan, der *ausgeführt* wird, es ist die Entwicklung eines Vorgegebenen, die sich *vollzieht,* und wie es mit einem gehen wird, darauf kann man in der Jugend nur ein dunkles Vertrauen haben; wie es mit uns gegangen *ist,* das kann man im Alter nur nachdenklich überschauen.» Gerade der Altersrückblick, von dem man gerne annimmt, er sei gleichsam automatisch mit jener Altersweisheit getränkt, der traditionell unsere Hochachtung gilt, beseitigt liebgewordene Illusionen; zu ihnen gehört auch die Wertschätzung der Individualität. Da jeder Mensch einzigartig ist, verliert sich seine Einzigartigkeit an der der anderen; das individuelle Sein wird abgeschliffen: «Alles Leben ist Wiederkehr und Wiederholung, und der sogenannte ‹Charakter› des Individuums eine mythische Rolle, die in der Illusion origineller Einmaligkeit gespielt wird, gleichsam nach eigenster Erfindung und auf eigene Hand, mit einer Sicherheit, die der Spieler aber nicht aus seiner vermeintlichen Erst- und Einmaligkeit schöpft, sondern im Gegenteil aus dem tieferen Bewußtsein, daß etwas schon Gewesenes, Erwiesenes und Gültiges mit ihm wieder am Lichte ist und Gegenwart wird. Wie wir uns bei bestimmten Anlässen bewegen und benehmen, in welche Formen wir unsere Gefühle und Gedanken kleiden – das ist nicht erstmalige Improvisation, sondern – mehr oder weniger dunkle – Erinnerung, Rückbeugung in die unendliche Abfolge von Vergangenheiten, in die Zeitkulissen, die dem grübelnden Blick immer weiter zurückweichen, ohne daß er ihnen jemals ‹auf den Grund zu kommen› vermöchte.»

Gerade dem Blick zurück, dem grübelnden zumal, bleibt die Zeit auffällig und als Bedachtsamkeitspol gegeben. Der Zeit sind wir unterworfen, auch wenn wir uns in ihr festen Stand zu sichern suchen, der sich am Fraglosen, am Hochglanz freigestellter Momente orientiert. In Gedanken kann sich der Mensch der Zeit entheben, das ist leichter als man meint; er wird allerdings, aus seinen Besinnungsoasen im Kopf, unfreundlich-schmerzlich in die zeitliche Dürre zurückversetzt, wenn er sich klarmachen muß, daß er altert. Der Alterungsprozeß ist, bisher jedenfalls, jene Maske der Zeit, die sich nicht absetzen oder austauschen läßt; er bildet unsere zweite Haut auf der ersten. Darüber kann man klagen oder verrückt werden; es hilft nichts, und es ist auch nicht schlimm, denn Vergänglichkeit will nicht schrecken, sie will angenommen sein:

Thomas Mann setzt sie sich als notwendige Herausforderung vor, die er für gewinnbringend hält. «Zeit muß man haben», läßt er seinen Goethe im Roman *Lotte in Weimar* sagen. «Zeit ist Gnade, unheroisch und gütig, wenn man sie nur ehrt und sie emsig erfüllt; sie besorgt es im Stillen, sie bringt die dämonische Intervention ...» Und in einer *Selbstauskunft* fügt er hinzu: «Vergänglichkeit ist ... die Seele des Seins, ist das, was allem Leben Wert, Würde und Interesse verleiht, denn sie schafft *Zeit,* – und Zeit ist, wenigstens potentiell, die höchste, nutzbarste Gabe, in ihrem Wesen verwandt, ja identisch mit allem Schöpferischen und Tätigen, aller Regsamkeit, allem Wollen und Streben, aller Vervollkommnung, allem Fortschritt zum Höheren und Besseren. Wo nicht Vergänglichkeit ist, nicht Anfang und Ende, Geburt und Tod, da ist keine Zeit, – und Zeitlosigkeit ist das stehende Nichts, so gut und schlecht wie dieses, das absolut Uninteressante.»

Das Nichts aber kann auch, einer bedeutenden Gedankenfigur des deutschen Idealismus zufolge, als sein unbestimmtes und dennoch tragfähiges Gegenteil gedacht werden, als das Sein nämlich, was z. B. dem «stehende(n) Nichts» Thomas Manns zur Schwere verhelfen, seine Zeitlosigkeit anreichern würde, so daß wir, einmal mehr, den erfüllten Augenblick vor uns hätten; in ihm wäre die «Zeitlosigkeit» nicht mehr «das absolut Uninteressante», sondern das absolut Interessante. Ohne Zeitlichkeit, die mal lockt und mal droht und sogar ihre eigene Demontage variantenreich durchzuspielen weiß, verliert sich die künstlerische Produktivität an langer Weile und verbrämter Belanglosigkeit; es ist demnach eine Kunst, vergänglich zu sein – und das Beste daraus zu machen: «Zu den wesentlichsten Eigenschaften, welche den Menschen von der übrigen Natur unterscheiden, gehört das Wissen von der Vergänglichkeit, von Anfang und Ende und also von der Gabe der Zeit, – diesem so subjektiven, so eigentümlich variablen, nach seiner Nutzbarkeit so ganz dem Sittlichen unterworfenen Element, daß sehr wenig davon sehr viel sein kann. Es gibt ferne Himmelskörper, deren Materie von so unglaublicher Dichtigkeit ist, daß ein Kubikzoll davon bei uns zwanzig Zentner wiegen würde. So ist es mit der Zeit schöpferischer Menschen; sie ist von anderer Struktur, anderer Dichtigkeit, anderer Ergiebigkeit als die locker gewobene und leicht verrinnende der Mehrzahl ... Die Beseeltheit des Seins von Vergänglichkeit gelangt im Menschen zu ihrer Vollendung.»

Auch das ist in seinen Grundzügen von Goethe her gedacht; er nämlich, Goethe, holte die Welt ein, vereinnahmte sie, hielt sie besetzt vor dem Prägegrund abstreichender Vergänglichkeit; nur so, im Licht, das gegeben wird und empfangen, war ihm Selbstfindung und Selbstbestätigung möglich. Am farbigen Abglanz haben wir das Leben, wußte Goethe und wollte bis zuletzt nicht nachgeben und nicht unterliegen. Thomas Mann hat es ihm gleichgetan, er bleibt mit seinem Vorbild auf so vertrautem Fuße, daß er an seiner Seite noch einmal das *Spiel zu Würden* gebracht hat: Er macht sich den literarischen Spaß, Goethes *Lotte in Weimar* zu begleiten, eine alte Dame, die, da sie merkwürdig klug geworden ist und mit dem Vergänglichen keine Probleme mehr hat, eine Devise verkünden darf, die ihr wohl gleich von beiden Herren, vom Geheimen Rat Goethe und dem Autor Thomas Mann, eingeflüstert worden sein könnte: «Der Erinnerung zu leben, ist eine Sache des Alters und des Feierabends nach vollbrachtem Tagwerk. In der Jugend damit zu beginnen, das ist der Tod.» Und wahrscheinlich hätte Goethe in Amerika ähnlich wie sein Nachfolger Thomas Mann gedacht, der 1938, als er erstmals ins «überhelle» Kalifornien kam, seinem Tagebuch mitteilte: «Es ist ja wie immer. Ein Tisch ist da, ein Sessel mit Lampe zum Lesen, eine Bücherreihe auf der Konsole, – und ich bin allein. Was verschlägt es, daß ich ‹weit weg› bin? Weit weg wovon? Etwa von mir? Unser Zentrum ist in uns. Ich habe die Flüchtigkeit äußerer Seßhaftigkeit erfahren. Wo wir sind, sind wir ‹bei uns›. Was ist Heimatlosigkeit? In den Arbeiten, die ich mit mir führe, ist meine Heimat. Vertieft in sie, erfahre ich alle Traulichkeit des Zuhauseseins. Sie sind Sprache, deutsche Sprache und Gedankenform, persönlich entwickeltes Überlieferungsgut meines Landes und Volkes. Wo ich bin, ist Deutschland.»

Einem Nachtwandler ähnlich

Goethe und der Gebrauchswert der Literatur

Ein Dichter, sonderlich einer, der sein Handwerk versteht, kann mit seinem Schreiben einiges bewirken, auch wenn uns immer wieder gern versichert wird, das Interesse für Literatur lasse geradezu dramatisch nach; das Lesen sei immer mehr aus der Mode gekommen, was speziell die sogenannte Belletristik zu spüren bekomme, für die sich allenfalls noch die passionierten Leser, also meist Frauen, zu begeistern vermöchten. Dieses Klagelied ist bekannt, es wird versiert und vielstimmig gesungen, aber es hört sich auch durch unerschrockene Wiederholungen nicht besser an. Die Verlage zeigen sich maßvoll betrübt; an der Steigerung der Buchproduktion wirken sie weiterhin tapfer mit. Der Dichter muß sich also keineswegs an einer Arbeitsplatzbeschreibung orientieren, die herrschendem Krisengerede entspricht; er sollte sich auf sich selbst besinnen und der Literatur zu dem verhelfen, was sie am besten kann. Sie kann zum Beispiel den Leser, das unbekannte Wesen, erfreuen; das ist allemal löblich und beglückt fast alle, die sich mit Literatur befassen. Weniger beglückt zeigt sich womöglich nur der Literaturkritiker, dem Leserfreuden oder gar einhelliger Publikumszuspruch schon immer höchst verdächtig waren. Aber auch ihm kann geholfen werden, indem der Dichter nämlich ein Buch schreibt, das nur für den Kritiker bestimmt ist; ein bißchen verrätselt muß es sein, seinen Anspruch anspruchsvoll vortragen und der Überzeugung Ausdruck verleihen, daß das Leben mißlich, der Mensch eine Fehlkonstruktion und die Erde ein kreisendes Auslaufmodell ist. Der Dichter kann sich aber auch, indem er schreibt, selbst etwas Gutes tun; das ist nicht verboten, es gehört im Gegenteil zu den altbewährten Funktionen, die der Literatur zugestanden werden. Sie soll, sagt man, der Selbstfindung dienen, der Befreiung von innerem Leidensdruck, sie soll Erfahrungen verarbeiten und persönliche Klarheit schaffen; man schreibt sich also buchstäblich etwas von der Seele, und wenn es aufgeschrieben ist, fühlt sich der Autor, egal ob er nun als Profi oder Amateur ans Werk ging, deutlich besser. Dieser sehr nützlichen Eigenschaft von Literatur, nämlich zur Bewältigung von Krisen zu verhelfen und gleichzeitig eine neue, auf Sprache gegründete Gewißheit ans Licht zu bringen, folgte einst auch der Deutschen bekanntester Dichter, Johann Wolfgang Goethe. Er war damals ein junger Mann, noch keine 25 Jahre alt, hatte sein juristisches Studium ordentlich, aber lustlos zu Ende gebracht und wirkte nun, auf Wunsch seines Vaters, als Praktikant am Reichskammergericht in Wetzlar. Man schreibt das Frühjahr 1772. Goethe, der in seiner Heimatstadt Frankfurt bereits als Rechtsanwalt vor Gericht aufgetreten ist und dabei nicht sonderlich erfolgreich war, sieht sich als Dichter im Wartestand; er hat einige kleinere Arbeiten veröffentlicht, sein erstes Theaterstück *Götz von Berlichingen* fand bemerkenswerte Resonanz. Was ihm fehlt, glaubt er, ist ein großes Werk, das ihn so leidenschaftlich ergreift, daß jeder Widerstand zwecklos erscheint. In Wetzlar, dieser «kleinen und übelgebauten» Kleinstadt, findet er, möglicherweise, Anregungen für ein solches Werk, obwohl hier nicht sehr viel passiert. Eine eigenartige Atmosphäre durchzieht den Wetzlarer Frühsommer von 1772; es ist ein schwermütig heiteres, zwischen Sehnsucht und ahnendem Glück aufgelegtes Gefühl, das Goethe zu schaffen macht, und er will diesem Gefühl, das ihn an alles Mögliche, nur nicht an Rechtsmitteldienste und -belehrungen denken läßt, Raum geben; vielleicht kommt ja etwas dabei heraus. In seiner Autobiographie *Dichtung und Wahrheit* heißt es: «Ich suchte mich innerlich von allem Fremden zu entbinden, das Äußere liebevoll zu betrachten und alle Wesen, vom menschlichen an, so tief hinab, als sie mir nur faßlich sein möchten, jedes in seiner Art auf mich wirken zu lassen. Dadurch entstand eine wundersame Verwandtschaft mit den einzelnen Gegenständen der Natur und ein inniges Anklingen, ein Mitstimmen ins Ganze, so daß ein jeder Wechsel, es sei der Ortschaften und Gegenden, oder der Tags- und Jahreszeiten, oder was sonst sich ereignen konnte, mich aufs innigste berührte. Der malerische Blick gesellte sich zu dem dichterischen, die schöne ländliche, durch den freundlichen Fluß belebte Landschaft vermehrte meine Neigung zur Einsamkeit und begünstigte meine stillen, nach allen Seiten hin sich ausbreitenden Betrachtungen.»

Das ist Goethes Altersstil: Die Wogen der Jugendlichkeit sind künstlich geglättet, die Stürme des Herzens wehen nur noch als laues Lüftchen, dem der wachsame, in die Jahre gekommene Dichter einen Tonfall besseren Wissens beigibt. In Wirklichkeit ist es damals natürlich nicht so gemessen zugegangen; der junge Goethe ergeht sich keineswegs nur in der forcierten Einsamkeit ruhigen Betrachtens und Sinnens, das wäre seinem Alter auch unangemessen gewesen, sondern er sucht nach einem anrührenden, einem tiefreichenden Erlebnis, welches ihn hin- und fortreißt und so hineintreibt in die Literatur, daß sich jedes Erzählen, auch solches von Leidenschaft, wie von selber verfaßt und zur Sprache bringt. Im Juni 1772 schreibt Goethe an seinen Freund Herder: «Wenn du kühn im Wagen stehst, und vier neue Pferde wild unordentlich sich an deinen Zügeln bäumen, du ihre Kraft lenkst, den austretenden herbei, den aufbäumenden hinabpeitschest, und jagst und lenkst, und wendest, peitschest, hältst, und wieder ausjagst, bis alle sechzehn Füße in einem Takt ans Ziel tragen – das ist Meisterschaft ..., Virtuosität. Wenn ich nun aber überall herumspaziert bin, überall nur dreingeguckt habe, nirgends zugegriffen. Dreingreifen, packen ist das Wesen jeder Meisterschaft ... Ich möchte beten, wie Moses im Koran: ‹Herr mache mir Raum in meiner engen Brust!›» Was Goethe packt, alsbald, ist die Liebe. Ein Überraschungsangriff, wenn man so will, denn das Mädchen, das seine Neigung weckt, ist eigentlich vergeben und zudem nicht so, wie er sich eine neue Liebe vorgestellt hat: Charlotte, genannt Lotte, war das zweitälteste von dreizehn Kindern des verwitweten Amtmannes Buff in Wetzlar; im sogenannten Deutschen Haus, wo die Familie wohnt, ist sie der Muttersatz für die Kinder und dient ihrem Vater, der eine freundliche Weltfremdheit pflegt, als Stütze des Haushalts. Lotte hat sich vor einiger Zeit mit einem Bekannten Goethes, dem späteren Hofrat Kestner aus Hannover, verlobt; eine Verbindung, von der Goethe zunächst nichts gewußt haben will. Im Altersrückblick beschreibt er Lotte mit gravitätischer Milde; von der Liebe, so scheint es, bleibt nicht der Aufruhr der Gefühle, sondern nur wohliges, aus der Erinnerung abgezogenes Wehmutsbehagen: «Sie gehörte zu denen, die, wenn sie nicht heftige Leidenschaften einflößen, doch ein allgemeines Gefallen zu erregen geschaffen sind. Eine leicht aufgebaute, nett gebildete Gestalt, eine reine gesunde Natur und die daraus entspringende frohe Lebenstätigkeit, eine unbefangene Behandlung des täglich Notwendigen, das alles war ihr zusammen gegeben. In der Betrachtung solcher Eigenschaften ward auch mir immer wohl, und ich gesellte mich gern zu denen, die sie besaßen; und wenn ich nicht immer Gelegenheit fand, ihnen wirkliche Dienste zu tun, so teilte ich mit ihnen lieber als mit anderen den Genuß jener unschuldigen Freuden, die der Jugend immer zur Hand sind und ohne große Bemühung und Aufwand ergriffen werden.» Die Liebe, einmal begonnen und dorthin gebracht, wo man sie haben will, gerät in den routinierten Regulierungsbetrieb einer besonders heimtückischen Sektion der Zeit, die mit der Verwaltung des Alltags beschäftigt ist. Dort werden Überschwenglichkeiten gedämpft, das Mütchen der großen Gefühle wird gekühlt, es darf nun mal, was unsere Liebes- und Glücksbevorratung betrifft, keine Bäume geben, die in ebenjenen Himmel wachsen, von dem noch kein Meister gefallen ist. Auch die Liebe entwickelt, allerdings auf dem schönen Umweg über die Leidenschaft, einen Anspruch darauf, zurechtgestutzt zu werden. Sie kann dann, könnte man wohlwollend hinzufügen, ähnlich der Pflanze, die fachmännisch beschnitten wird, noch beständiger, wenngleich kleiner gemacht, gedeihen. «Die heiterste Luft wehte in ihrer Umgebung», schreibt der alte Goethe über den Umgang mit Lotte. Das ist schon viel, wenn man bedenkt, daß der Dichter seiner Jugend zwar ihr Recht beließ, das höhere Weisheits- und Behauptungsrecht aber auf seiten des Alters sah. Kestner, Lottes gutmütiger Verlobter, mochte Goethe und war im nachhinein wohl ein wenig stolz darauf, daß sich der berühmte Mann ausgerechnet in sein Mädchen verguckte, an dem andere, eben weil es eher unscheinbar als auffallend hübsch war, ansonsten nichts Bemerkenswertes entdecken konnten. Goethe hatte in seinen Liebesgeschichten ohnehin einen Hang zu den Wonnen des Gewöhnlichen; keine seiner Freundinnen, mit Ausnahme vielleicht der Verlobten Lili Schönemann, wird als Schönheit geschildert; sie, die Schönheit, liegt im Auge des Betrachters, und da war Goethe, in diesem wundersamen Sommer des Jahres 1772, zu allem bereit. Die Luft, schien es, war reiner Liebesduft, sanfter Wind wehte unter einer nachgiebigen Sonne; man mußte nur bereit sein für den Zuspruch des Herzens: «Müßig und träumerisch, weil ihm keine Gegenwart genügte, fand er das, was ihm abging, in einer Freundin, die, indem sie fürs ganze Jahr lebte, nur für den Augenblick zu leben schien. Sie mochte ihn gern zu ihrem Begleiter; er konnte bald ihre Nähe nicht mehr missen, denn sie vermittelte ihm die Alltagswelt, und so waren sie, bei einer ausgedehnten Wirtschaft, auf dem Acker und den Wiesen, auf dem Krautland wie im Garten, bald unzertrennliche Gefährten. Erlaubten es dem Bräutigam seine Geschäfte, so war er an seinem Teil dabei; sie hatten sich alle drei aneinander gewöhnt, ohne es zu wollen, und wußten nicht, wie sie dazu kamen, sich nicht entbehren zu können. So lebten sie, den herrlichen Sommer hin, eine echt deutsche Idylle, wozu das fruchtbare Land die Prosa und eine reine Neigung die Poesie hergab. Durch reife Kornfelder wandernd, erquickten sie sich am taureichen Morgen; das Lied der Lerche, der Schlag der Wachtel waren ergetzliche Töne; heiße Stunden folgten, ungeheure Gewitter brachen herein, man schloß sich nur desto mehr aneinander, und mancher kleine Familienverdruß war leicht ausgelöscht durch fortdauernde Liebe. Und so nahm ein gemeiner Tag den andern auf, und alle schienen Festtage zu sein; der ganze Kalender hätte müssen rot gedruckt werden.»

Schließlich waren es für Kestner, den Bräutigam, doch wohl zu viele Festtage, er wurde erst mißtrauisch, dann, soweit es seine Gutmütigkeit zuließ, ungehalten. Er sieht, daß Goethes Auftreten nicht ganz ohne Wirkung bleibt bei seiner Lotte, die sich zwar um ordentliches Betragen bemüht, aber unter dem variantenreichen Liebeswerben des Dichters, das mal zärtlich verbrämt, mal unverhohlen anspielungsreich daherkommt, doch noch einzuknicken droht. Was Poesie und Phantasie wortreichen Bezirzens angeht, kann Kestner nicht mithalten, das weiß er; seine Stärke, nämlich Verläßlichkeit und das Grundsolide, macht zugleich seine Schwäche aus. Er redet seiner Verlobten ins Gewissen: «Als Freund muß ich Ihnen sagen, daß nicht alles Gold ist, was glänzt, daß man sich auf die Worte, welche vielleicht aus einem Buche nachgesagt, oder nur darum gesagt werden, weil sie glänzend sind, nicht verlassen kann... Es ist keine Kunst, munter und unterhaltend zu sein, wenn man völlig sein eigener Herr ist, wenn man tun und lassen kann, was man will.» Wohl wahr. Goethe kann tatsächlich tun und lassen, was er will; er muß sich keine finanziellen Sorgen machen, das behält er übrigens ein Leben lang bei, und auch, daß er die Dichtkunst einsetzt, um Wirkung beim anderen Geschlecht zu erzielen. Aus anderen Büchern zitieren, wie Kestner mutmaßt, muß er deshalb nicht; Goethe kann aus sich selber schöpfen, und das tut er so weidlich, daß die idyllisch genannte Dreierbeziehung prekär zu werden droht. Lotte beichtet Kestner einen Kuß, den Goethe ihr aufgenötigt habe, in Wahrheit wird es wohl etwas freiwilliger zugegangen sein; auf jeden Fall dämmert es dem Dichter, daß er ein Ende machen muß. Das fällt ihm um so leichter, als er die Konturen dieser Liebe, die sich nicht recht austoben darf, längst ausgemessen hat; sie ist, obwohl offiziell gar nicht abgeschlossen, bereits Geschichte geworden, zu *seiner* Geschichte; in seinem Kopf hat er sie zu einem Stoff gemacht, dem er nur noch zur passenden Form verhelfen muß. Goethes Lebensrücklick, der erst «Wahrheit und Dichtung» heißen sollte, dann aber, des besseren Klangs wegen, in *Dichtung und Wahrheit* umbenannt wurde, was auch viel mehr der Absicht des Buches entsprach, vermerkt über seinen plötzlichen Abschied aus Wetzlar: «Auch dieses Verhältnis war durch Gewohnheit und Nachsicht leidenschaftlicher als billig von meiner Seite geworden; sie dagegen und ihr Bräutigam hielten sich mit Heiterkeit in einem Maße, das nicht schöner und liebenswürdiger sein konnte, und die eben hieraus entspringende Sicherheit ließ mich jede Gefahr vergessen. Indessen konnte ich mir nicht verbergen, daß diesem Abenteuer sein Ende bevorstehe: denn von der zunächst erwarteten Beförderung des jungen Mannes hing die Verbindung mit dem liebenswürdigen Mädchen ab; und da der Mensch, wenn er einigermaßen resolut ist, auch das Notwendige selbst zu wollen übernimmt, so faßte ich den Entschluß, mich freiwillig zu entfernen, ehe ich durch das Unerträgliche vertrieben würde.» Als aus einem denkwürdigen Sommer Herbst geworden ist, hat sich Goethe abgesetzt; man muß es wie eine Flucht, eine Nacht- und Nebelaktion empfinden. Auf einem Zettel, den er dem braven Kestner hinterläßt, steht: «Wäre ich einen Augenblick länger bei Euch geblieben, ich hätte nicht gehalten. Nun bin ich allein, und morgen geh ich. O mein armer Kopf.» Auch das wird wohl weniger dramatisch gewesen sein, als es sich anhört: Goethe ist nicht verzweifelt, sondern er hat eine Episode beendet, die sich ansonsten zäh und mit unguten Komplikationen behaftet über Gebühr lange hingezogen hätte. Das mag er nicht, damals nicht und später noch viel weniger. Alles hat seine Zeit, glaubte er, und die Liebe, soll sie wahr werden, genügt sich nicht in den handelnden Personen; ihre eigentliche Bestimmung erschließt sich im Zeitlosen, auf überindividuellem Terrain, dort, wo es eine

Wiederkehr gibt, die sich über das Gewesene erhebt, um, vielleicht, nur noch Geist zu sein. Das ist mehr Altersphilosophie, zugegeben, aber sie reift doch schon in jungen Jahren. Goethes Geschichte wird danach, ohne sein Zutun, noch um eine dramatische Pointe ergänzt: Er hört vom Selbstmord eines entfernten Bekannten, des Legationssekretärs Karl Wilhelm Jerusalem, der sich derart heftig und niederschmetternd in die Gattin eines Freundes verliebt, daß ihn die schiere Hoffnungslosigkeit überfällt und er sich erschießt. Für den Roman, den Goethe sich bislang ausgedacht hat, bedeutet dies, daß er sein endgültiges Konzept und ein passendes Finale erfährt; der Dichter, zuvor noch Träumer und Visionär von eigenen Gnaden, muß nun zur Sache kommen. Anfang 1774 zieht er sich zurück und wirft *Die Leiden des jungen Werthers* aufs Papier; dabei gibt er nur wieder, was sich in ihm versammelt hat, er schreibt im bedachten, im unwiderstehlichen Affekt: «Jerusalems Tod ... schüttelte mich aus dem Traum, und weil ich nicht bloß mit Beschaulichkeit das, was ihm und mir begegnet, betrachtete, sondern das Ähnliche, was mir im Augenblicke selbst widerfuhr, mich in leidenschaftliche Bewegung setzte, so konnte es nicht fehlen, daß ich jener Produktion, die ich eben unternahm, alle die Glut einhauchte, welche keine Unterscheidung zwischen dem Dichterischen und dem Wirklichen zuläßt.» Es ist dies eine Erkenntnis, die auch andere Dichter machten, die von der *Gewalt der Inspiration* überwältigt wurden und sich ergeben mußten: In den gelungenen, langanhaltenden Momenten einer künstlerischen Produktivität, die aus sich heraus lebt, wird die gewöhnliche Unterscheidung «zwischen dem Dichterischen und dem Wirklichen» hinfällig, sie tut nichts zur Sache. Der Dichter schreibt, und es ist eine Reise in ein fernes, bekanntes Land; ist er angekommen, erkennt er sich im fremden Vertrauten wieder. Er hat etwas getan, was er tun mußte, eine Auftragserfüllung, eine Erledigung von hohen Graden, die keinen Aufschub duldet. Goethe hat sich, schreibend, aus einer mißlichen Lage befreit; Literatur ist, noch bevor sie, möglicherweise, zu höherer Einsicht und Moral führt, auch und vor allem praktisch zu gebrauchen, was man sich zunutze machen sollte, wenn es in der Lagerhaltung der Seele zu voll wird. «Da ich dieses Werklein ziemlich unbewußt, einem Nachtwandler ähnlich, geschrieben hatte, so verwunderte ich mich selbst darüber, als ich es ... durchging, um daran etwas zu ändern und zu bessern. (...)

Ich hatte mich durch diese Komposition, mehr als durch jede andere, aus einem stürmischen Elemente gerettet, auf dem ich durch eigne und fremde Schuld, durch zufällige und gewählte Lebensweise, durch Vorsatz und Übereilung, durch Hartnäckigkeit und Nachgeben auf die gewaltsamste Art hin und wider getrieben worden. Ich fühlte mich, wie nach einer Generalbeichte, wieder froh und frei, und zu einem neuen Leben berechtigt. Das alte Hausmittel war mir diesmal vortrefflich zustatten gekommen. Wie ich mich nun aber dadurch erleichtert und aufgeklärt fühlte, die Wirklichkeit in Poesie verwandelt zu haben, so verwirrten sich meine Freunde daran, indem sie glaubten, man müsse die Poesie in Wirklichkeit verwandeln ...» Tatsächlich läßt sich Wirklichkeit in einer Weise in Poesie verwandeln, daß sie damit nur gewinnen kann; sie wird dichter, reichhaltiger, es ist, als ob Wasser in Wein verwandelt würde. Umgekehrt wird es fad: Man trinkt nicht gern dünnen Wein, und auf die Verwandlung von Wein in Wasser läßt sich gut verzichten; das Kunstwerk aber wird zu Recht über die Wirklichkeit erhoben, von der wir nur wegkommen, wenn wir die Freiflüge wahrnehmen, die uns im Geist angeboten werden. Goethe mußte dennoch erleben, daß man seinem Roman einen nachträglichen Realitätssiegel aufdrückte, der gar zu ihm paßte; man las nämlich *Die Leiden des jungen Werthers* nicht nur als erzählte Gefühlserkundung mit Herzschmerzeffekt, sondern als Anleitung zur Kunst des großen Abgangs. Zum ersten Mal traten Nachahmungstäter in der deutschen Literatur auf, sie meinten es ernst, todernst: mit sich selbst, mit der unglücklichen Liebe, mit dem ganzen hoffnungslosen Leben – und erschossen sich wie der arme Werther, dem es zu schwer wurde unter der Last seiner Gefühle: «Hier, Lotte! Ich schaudere nicht, den kalten, schrecklichen Kelch zu fassen, aus dem ich den Taumel des Todes trinken soll! Du reichtest mir ihn, und ich zage nicht. All! all! So sind alle die Wünsche und Hoffnungen meines Lebens erfüllt! So kalt, so starr an der ehernen Pforte des Todes anzuklopfen ... In diesen Kleidern, Lotte, will ich begraben sein, du hast sie berührt, geheiligt ... Ach, ich dachte nicht, daß mich der Weg hierher führen sollte! – Sei ruhig! ich bitte dich, sei ruhig! – Sie sind geladen – Es schlägt zwölfe! So sei es denn! – Lotte! Lotte, lebe wohl! lebe wohl!» Werthers Ende wird so berühmt, daß man auf die Idee kommt, es leibhaftig nachzustellen; ein Spiel, das die Literatur nicht mitspielen kann, wofür es nur einen Schuldigen gibt, den Autor, der seine Figuren kommentar- und hilflos zurückläßt: «Morgens um sechse tritt der Bediente herein mit dem Lichte. Er findet seinen Herrn an der Erde, die Pistole und Blut. Er ruft, er faßt ihn an; keine Antwort, er röchelte nur noch ... Als der Medikus zu dem Unglücklichen kam, fand er ihn an der Erde ohne Rettung, der Puls schlug, die Glieder waren alle gelähmt. Über dem rechten Auge hatte er sich durch den Kopf geschossen, das Gehirn war herausgetrieben ... Er lag gegen das Fenster entkräftet auf dem Rücken, war in völliger Kleidung, gestiefelt, im blauen Frack mit gelber Weste.»

Daß sich drei oder vier Nachahmungstäter wie Werther erschossen, wurde dem Buch angelastet – als hätte Goethe eine Anleitung zum Suizid schreiben wollen und dafür einen Roman gewählt, in dem es nur so zittert und bebt vom Hochdruck gesteigerter Empfindsamkeit. Für sich mochte der Autor zwar feststellen, daß bei den Nachahmungstätern wohl schon vorher «das Gehirn herausgetrieben» war; es nutzte ihm nichts: Der *Werther* wurde ein grandioser Erfolg, und er blieb, mit Blick auf die Wirkungen, die er auslöste, eine heikle Angelegenheit. Goethe ließ sich davon nicht mehr stören; für ihn war «die Sache völlig abgetan». Er hatte sich neu orientiert, die Weimarer Karriere stand ihm bevor; er wußte es nur noch nicht so genau. Der Gebrauchswert der Literatur verlangt eine nüchterne Betrachtung, man muß ihm keine weiteren Zuwendungen mehr aufdrängen. Wenn der Zweck eines Werkes erfüllt ist, spürt das in erster Linie sein Autor; ob ihm dabei jemand zu folgen vermag, muß ihn, zunächst, nicht interessieren. «(...) Daneben trat das alte Vorurteil wieder ein, entspringend aus der Würde eines gedruckten Buchs, daß es nämlich einen didaktischen Zweck haben müsse. Die wahre Darstellung aber hat keinen. Sie billigt nicht, sie tadelt nicht, sondern sie entwickelt die Gesinnungen und Handlungen in ihrer Folge, und dadurch erleuchtet und belehrt sie.»

Goethe sieht sich im Verlauf eines langen Lebens vorwiegend durch sich selbst erleuchtet und belehrt, aber er ist generös, das einer höheren, vorwiegend günstig gestimmten Macht zuzuschreiben, die sich gern im Bannkreis herausgehobener Menschen aufhält. Dort ist dichteste Aufnahmekraft gegeben, dort setzt es Widerhall. Letztlich aber hängt alles an einem selbst, was indes nicht auf freie Selbstverwirklichung hinausläuft, wie wir sie heute so gerne pflegen, sondern auf Gunst und Begünstigung, auf die Annahme des Gegebenen in seinem innersten Konzentrat, das man auch wohl, etwas altmodischer und besser, als Seele bezeichnen kann. Auf die Stimme der Seele kommt es an, auf den Geist, der tödlich entschlossen ist zu überdauern: «So mußt du sein, dir kannst du nicht entfliehen!» notiert Goethe, und dem jungen Schopenhauer schreibt er ins Stammbuch: «Willst du dich deines Werts erfreun, mußt der Welt du Wert verleihn!» Welt und Ich im Werk so innig zusammengeführt, daß etwas Neues mit eigenem Wert zustande kommt: das macht den Gebrauchswert der Literatur aus, den man flach halten kann, der aber nach oben hin, auf der offenen Genialitätsskala, keine Grenzen hat, außer denen, die dem Menschen nun mal zu eigen sind und ihm hoffentlich, trotz alles Zukunfts- und Leistungsgetöses, noch ein wenig länger bleiben. «Je früher der Mensch gewahr wird, daß es ein Handwerk, daß es eine Kunst gibt, die ihm zur geregelten Steigerung seiner natürlichen Anlagen verhelfen, desto glücklicher ist er», schrieb Goethe am 17. März 1832, fünf Tage vor seinem Tod, an Wilhelm von Humboldt. «Das beste Genie ist das, welches alles in sich aufnimmt, sich alles zuzueignen weiß, ohne daß es der eigentlichen Grundbestimmung, demjenigen, was man Charakter nennt, im mindesten Eintrag tue, vielmehr solches erst recht erhebe und durchaus nach Möglichkeit befähige.»

Daß ihn der Teufel hole

Denis Diderot und die Schwerkraft des Wissens

Es gibt Zeiten, in denen es gefährlich sein kann zu schreiben. Gerät die Literatur mit den Mächtigen aneinander, zeigen die eine merkwürdige Scheu, ihre Ansprüche vor dem Richterstuhl der Vernunft prüfen zu lassen. Obwohl die Kräfteverhältnisse eindeutig erscheinen – die Mittel der Herrschenden sind allemal wirkungsvoller als die Einflußmöglichkeiten des Denkens und des geschriebenen Wortes –, bleibt bei den Mächtigen ein massives Unbehagen zurück; sie fühlen sich herausgefordert, in die Enge getrieben, verunsichert: Eine Art schlechtes Gewissen macht ihnen zu schaffen, das sich auch dann nicht beruhigen läßt, wenn man die Schriftsteller, die einen aufreizen, hinter Schloß und Riegel bringt. Von einer solchen unmittelbaren Einflußnahme staatlicher und politischer Gewalten auf das Denken und Schreiben glaubt man sich heute, zumindest im Zentrum des gebildeten Europa, entfernt zu haben; Gefahren für Leib und Leben eines Autors bestehen nicht mehr, er kann nörgeln und grübeln, soviel er will, und je abstrakter der Ansatz seiner Kritik ist, desto willkommener wird er den diensthabenden Verwaltern eines ordnungsgemäß funktionierenden Gemeinwesens. Die archaischen Formen der Auseinandersetzung, darunter auch die direkte Unterdrückung der freien Meinungsäußerung, haben sich seit Ende des vergangenen Jahrhunderts und dem Zerfall der kommunistischen Systeme aus Europa in die Peripherien und in die sogenannte dritte Welt verlagert; dort allerdings toben sie heftiger denn je, und auf die Einwände der Vernunft und deren Beschwörung humaner Traditionen reagieren sie mit dumpfem Schweigen und der ungehemmten Vermehrung destruktiver Tendenzen.

Mag im Herzen des gebildeten Europa auch längst die Aufklärung gesiegt haben und die Literatur zum harmlosen Geschäft geworden sein: Die Zeiten, in denen das anders war, liegen noch nicht weit zurück. Auch das 18. Jahrhundert etwa hielt bereits eine

Fülle von Fallstricken bereit, in denen sich aufmüpfige Dichter und Denker nur allzuschnell verfangen konnten. Ein rechtes Wort zur falschen Zeit genügte auch damals schon, um Intellektuelle aus dem Verkehr zu ziehen; sie wurden inhaftiert, verhört, zum Widerruf auch von Behauptungen gedrängt, die sie nie getan hatten. Denunziationen waren ein beliebtes Mittel, mißliebige Zeitgenossen anzuschwärzen und die Denunzianten selbst in die Gunst der Begünstigung durch gewisse Würdenträger zu hieven. Frankreich, das im Europa des 18. Jahrhunderts als fortschrittlichste Nation galt, machte auf diesem Gebiet keine Ausnahme: Auf französischem Boden hatte die Aufklärung einige wichtige Etappensiege errungen, wahrscheinlich sogar eindrucksvollere als anderswo, und doch blieb die Reaktion mächtig. Sie ließ kaum eine Gelegenheit ungenutzt, den Freigeistern ihre Grenzen aufzuzeigen, die nötigenfalls, wenn denn die gemäßigteren Restriktionen nicht verfingen, auch aus Gefängnis- und Kerkermauern bestehen konnten.

Grenzen dieser Art bekam im Jahre 1749 der damals 36jährige Philosoph und Dichter Denis Diderot zu spüren. Er hatte fünf Bücher, darunter zwei philosophisch-skeptische Abhandlungen und einen schlüpfrigen Roman, veröffentlicht, die ihr Verfasser selbst für vergleichsweise harmlos gehalten hatte, die andernorts jedoch auf Ungnade stießen. Da man an maßgeblicher Stelle ohnehin glaubte, daß es wieder einmal an der Zeit war, ein Exempel zu statuieren, mußte Diderot, stellvertretend für eine Reihe anderer kritischer Köpfe, daran glauben. Er wurde verhaftet und ins Gefängnis von Vincennes gesteckt. Dort unterzog man ihn eingehender Verhöre, die den Philosophen so in Panik versetzten, daß er sich bereit erklärte, seine Schriften zu widerrufen und in Zukunft lammfromm zu werden:

«Meine Bücher ‹Philosophische Gedanken›, ‹Indiskrete Kleinode› und der ‹Brief über die Blinden› stellen geistige Vermessenheiten dar, die meiner Feder entschlüpft sind. Aber ich kann Ihnen bei meiner Ehre versichern (und ich besitze Ehre), daß es die letzten sein werden und daß es die einzigen sind ... Was jene betrifft, die an der Verbreitung dieser Werke beteiligt waren, so soll ihnen nichts verborgen bleiben. Ich werde ihnen mündlich sowohl die Namen der Verleger wie der Drucker anvertrauen. Darüber hinaus will ich mich, sofern Sie es verlangen, verpflichten, diesen Leuten mitzuteilen, daß Ihnen ihre Namen bekannt sind, auf daß sie sich künftig ebenso klug verhalten, wie ich es zu tun entschlossen bin.»

Diderots Erklärung sprach nicht unbedingt für eben die Ehre, die er noch bei sich vorhanden wähnte; sie war allerdings auch nicht ganz ungewöhnlich. Die Intellektuellen der damaligen Zeit wurden oft und gern und vor allem flott verhaftet; es kam jedoch auch genauso oft und schnell zu Freilassungen, die in der Regel unspektakulär über die Bühne gingen und zumeist auf die Intervention einflußreicher Gönner zurückzuführen waren. Die Erklärungen, die im Gefängnis unterschrieben werden mußten, galten als bloße Absichtsbekundungen, deren Inhalt mit dem Tag der Entlassung wohlmeinend in Vergessenheit geriet. Diderot machte sich denn auch über sein unrühmliches Verhalten nur wenig Gedanken: Sein Schicksal nämlich schien sich, mit einemmal, zum Besseren zu wenden. Zunächst wurden ihm zarte Hafterleichterungen gewährt; er durfte seine Zelle zur Studierkammer ausbauen, Besuche empfangen und munter korrespondieren. Hinzu kam, daß er, überraschend für ihn selbst, über Nacht zum Prominenten geworden war: Oppositionelle Kreise interessierten sich für sein Schicksal und erklärten ihn zur Symbolfigur für die ungebrochene Entwicklung des freien Geistes in Frankreich. Namhafte Persönlichkeiten intervenierten, allen voran Voltaire, der die früheren Arbeiten des Inhaftierten kaum zur Kenntnis genommen hatte. Diderot durfte sich geschmeichelt fühlen; von einem vergleichsweise unbekannten Dichter und Denker avancierte er zu einer Figur öffentlicher Anteilnahme. Seine gute Laune kehrte zurück; in Briefen gab er bereitwillig Auskunft über sich und sein bisheriges Leben, das er mit milder Verklärung betrachtete – insbesondere die Zeiten glorreicher Jugend, als er in einem kleinen Jesuitenkolleg auf dem Lande unterrichtet wurde und dabei schon früh Gelegenheit fand, seine Wirkung auf das andere Geschlecht abzuschätzen:

«So war zu meiner Zeit die Erziehung in der Provinz: Zweihundert Kinder teilten sich in zwei Armeen. Nicht selten kam es vor, daß manche ernsthaft verletzt zu ihren Eltern zurückgebracht wurden … Du schreckst zurück vor dem Anblick ihrer zerzausten Haare und zerrissenen Kleider. So war ich als Junge … Und so gefiel ich auch sogar den Frauen und Mädchen in meiner Provinz. Sie mochten lieber mich, schlampig, ohne Hut, manchmal ohne

Schuhe, nur mit einer Jacke und barfuß, mich, den Sohn eines Schmieds, als diesen kleinen, gutgekleideten, immer schön gepuderten, frisierten und wie aus dem Ei gepellten Monsieur, den Sohn der Frau Amtmännin ... An meinen Knopflöchern sahen sie, wie weit ich mit meinen Studien gediehen war, und ein Junge, der sein Gemüt in einem offenen, gradlinigen Wort offenbaren und besser einen Faustschlag versetzen als eine Reverenz machen konnte, gefiel ihnen besser als ein dummer, feiger, falscher und verweichlichter kleiner Kriecher.»

Diderot liebte Geschichten, und am liebsten waren ihm Geschichten, die das eigene Leben ausschmückten. Er handelte dabei nach der Devise: Wo nichts ist, muß etwas erfunden werden, und kurioserweise gelang es ihm oft genug, eine eigene Form der Wahrheit auszuhecken, die sich alsbald, über ihre Erfinder hinweg, zu verselbständigen begann. Im Gefängnis von Vincennes erhielt er Gelegenheit, seine Phantasie mit dem neugeschürten Bewußtsein, ein wichtiger Mann geworden zu sein, in Einklang zu bringen. Der Philosoph wuchs gleichsam mit jedem Zuruf, der an ihn erging. Inzwischen hatten sich weitere Befürworter seines Schaffens zu Wort gemeldet, und sie sollten besonders wichtig für ihn werden: Es handelte sich dabei um die Verleger der großen Enzyklopädie, des ehrgeizigsten Lexikonunternehmens der damaligen Zeit, das später, nach einer ersten vorläufigen Endredaktion, 60660 Einzelartikel umfaßte. Diderot fungierte zusammen mit d'Alembert als Herausgeber des voluminösen Projekts, das ihn mehr als zwanzig Jahre in Anspruch nahm. Die Enzyklopädie, ursprünglich einige Nummern kleiner, nämlich als Übersetzung eines bereits vorhandenen zweibändigen, aus England importierten Nachschlagewerks geplant, uferte unter den Händen ihrer Editoren aus, was wohl auch damit zusammenhing, daß sich bereits im Vorfeld ein enormer wirtschaftlicher Erfolg abzeichnete: Mehr als 4000 Subskribenten hatten Vorbestellungen gezeichnet, so daß es, vor allem nach Meinung des hauptverantwortlichen Verlegers Le Breton, kein Zurück mehr geben konnte. Er intervenierte besonders hartnäckig, um seinen wichtigsten Mitarbeiter aus dem Gefängnis freizubekommen. Im November 1749 war es soweit: Diderot, dem ein Gefängnisaufenthalt von insgesamt 103 Tagen zur dezenten Mehrung seines vorher eher bescheidenen Ruhmes verhalf, wurde entlassen. Die Freiheit, in die er zurückkehrte, erwies sich jedoch als eher zweifelhaftes Vergnügen: Zum einen nahmen ihn die umfangreichen, überaus zeitraubenden Arbeiten an der Enzyklopädie wieder in Beschlag, zum anderen mußte er heimfinden zu seiner Gattin Antoinette, mit der ihn seit geraumer Zeit alles andere als innige Herzlichkeit verband. Die Leser eines zeitgenössischen Klatschblatts beispielsweise bekamen über die Ehre des Literaten die folgende Meinung aufgetischt:

«Zu einer gewissen Zeit besuchte Monsieur Diderot sehr häufig eine Frau namens Madame Puiseux, von der es heißt, sie sei sehr geistreich ... Madame Diderot, obwohl ebenso hübsch wie ihre Rivalin häßlich, ... ließ ihrer Eifersucht freien Lauf. Jedesmal, wenn sie den Verdacht hatte, ihr Mann käme von Madame Puiseux, hörte sie nicht auf, ihm arg zuzusetzen. Dazu kommt noch, daß diese Frau (Mme. Diderot, O.A.B.) eine zweite Xanthippe ist, die unablässig schimpft und nie zufrieden ist, und so kann man sich vorstellen, wie es im Hause unseres Philosophen zuging. Um diesem Krakeel ein Ende zu machen, beugte sich Monsieur Diderot, ein kluger Mann, dem Willen seiner Frau und brach jeden Umgang mit Madame Puiseux ab. Vielleicht meinen Sie nun, das Entgegenkommen Monsieur Diderots habe alles wieder in Ordnung gebracht ... Weit gefehlt ... Madame Puiseux, nicht weniger heftig als ihre Rivalin, ... wollte sich an ihr rächen, prüfte alle Gelegenheiten und fand schließlich eine. Als sie vor ein paar Tagen mit ihren beiden Kindern am Haus Monsieur Diderots vorbeispazierte und seine Frau am Fenster erblickte, nahm sie den Augenblick wahr, um sie zu beschimpfen und zu versuchen, sie so auf die Straße zu locken ... Dieser Anwurf war wie ein Signal und Auftakt der heftigsten und lächerlichsten Schlacht, die es vielleicht je zwischen zwei Weibspersonen gegeben hat ... Und was meinen Sie, was unser ... Diderot während dieses Spektakels gemacht hat? Er wagte es nicht, vor den Augen einer Unzahl von Zuschauern zu erscheinen, die ihn ebensowenig verschont hätten wie seine Frau und seine angebliche Mätresse. Eingeschlossen in seinem Zimmer, stellte er statt dessen moralische ... Überlegungen über die Annehmlichkeiten der Ehe und den Charakter der Frauen an ...»

Diderot hatte es also, nach wie vor, nicht leicht, und doch war eine gewisse Folgerichtigkeit in seine Existenz gekommen. Wenngleich er ein gleichbleibend freudloses Eheleben erdulden mußte und unter der Last seiner Herausgeberarbeiten ächzte, so war ihm doch durch den Gefängnisaufenthalt, der auf wahrhaft hinterhältige Weise zu seinem Schlüsselerlebnis wurde, unerwartete Klarheit zuteil geworden über seine Zukunftsperspektiven und die Anforderungen, die er an sich selbst stellen durfte. Er befand sich an einem Punkt seines Lebens, der ihm, für einen Moment der Vergegenwärtigung, den konzentrierten Blick auf sich selbst gewährte – Vorausschau und Rückschau in einem: Aus bescheidenen, doch soliden Verhältnissen stammend, 1713 in der französischen Provinz geboren, war er, der Handwerkersohn, zunächst zum Theologen ausgebildet worden, eine Karriere, die den nachmaligen Feind der Kirche wohl selbst am meisten belustigte. Vom Land wechselte Diderot, wie so viele andere auch, nach Paris und brachte dort bis zum Jahre 1742 eine Lebensetappe hinter sich, die seine späteren Biographen wie einen weißen Fleck verbuchten. Mehr als ein Jahrzehnt wirkte er im Stile eines rechtzeitig abgetauchten Schriftstelleragenten: Kaum einer kannte ihn, und er selbst, der ansonsten mit Auskünften über die eigene Person keineswegs geizte, tat ein übriges, um diese Epoche seines Lebens im geheimnisvollen Dunkel zu belassen. In einer humorig verbrämten Kurzfassung seines Werdegangs heißt es:

«Ich komme nach Paris, will mir die Magistratenrobe anlegen und meinen Platz unter den Doktoren der Sorbonne einnehmen. Eine Frau, schön wie ein Engel, läuft mir über den Weg; ich will mit ihr schlafen, ich schlafe mit ihr; vier Kinder kommen; und so mußte ich die Mathematik aufgeben, die ich liebte; Homer, Vergil, die ich stets in meiner Tasche trug; das Theater, an dem ich Gefallen fand; und war nur zu glücklich, die Enzyklopädie in Angriff zu nehmen, der ich fünfundzwanzig Jahre meines Lebens opfern sollte.»

Die Enzyklopädie also: Sie ließ sich als Schicksal, Zwangsmaßnahme und ungeahnte Chance in einem begreifen. Diderot mußte, mit Übernahme der Mitherausgeberschaft für das kolossale Lexikonprojekt und spätestens nach Absitzen des Arrests von Vincennes, den Blick nach vorne wenden; aus der Rückschau wurde Vorausschau, die ihm, dem nunmehr bekannten Autor, deutlich machte, daß sich seine künftige Existenz nach den Forderungen richtete, die man an ihn gestellt hatte. Die Freiheit, die ihm noch blieb, war die Freiheit der Gedanken; in ihr konnte er sich einhausen, in ihr jene Abenteuer des Denkens bestehen, zu denen es im wirklichen Leben vermutlich keine Entsprechungen mehr geben würde. Diderot nahm sich vor, seine Arbeit als Herausgeber nicht nur als Fron zu betrachten, sondern vor allem die Möglichkeiten zu sehen, die sich ihm damit boten. Die Abenteuer des Denkens nämlich, die unerschrockenen Versuche, das bislang Ungedachte beim Namen zu nehmen, ließen sich sehr wohl auch auf die Enzyklopädie beziehen, die ja in ihrem Programm bereits das neue Wissen der Zeit ansprach, mit dem sich hochgesteckte Erwartungen verbanden:

«Wie viele Wahrheiten, die man damals nicht ahnte, sind heute entdeckt. Die wahre Philosophie lag damals noch in der Wiege; die Geometrie des Unendlichen existierte noch nicht, die experimentelle Physik zeigte sich kaum; es gab keine Dialektik, die Gesetze der vernünftigen Kritik waren völlig unbekannt... Es fehlte der Geist der Forschung und des Wettbewerbs, um die Gelehrten anzuregen. Ein anderer Geist, vielleicht weniger fruchtbar, aber auch seltener, nämlich der Geist der Folgerichtigkeit und der Methodik, hatte sich noch nicht die verschiedenen Teile der Literatur unterworfen.»

Die Enzyklopädie, getragen von einer bemerkenswerten Aufbruchstimmung des Geistes, wurde zu einem ungeahnten Erfolg. In kurzer Zeit verkauften sich mehr als 2000 Exemplare pro Band, ein Resultat, das deutlich über der wohlmeinendsten Kalkulation lag. Das neue Lexikon konnte auch deshalb auf eine breite Zustimmung zählen, weil es sich bereits vom Ansatz her für alle Schichten öffnete; im besonderen die herkömmliche Trennung zwischen Kopf- und Handarbeit sollte überwunden werden. Diderot selbst war maßgeblich daran beteiligt, daß man den Versuch wagte, die Spezialsprachen der verschiedenen Berufssparten auszuklammern und eine gemeinsame Verständigung zu suchen, die nachvollziehbare Mitteilungen aus allen Bereichen menschlichen Denkens und Handelns ermöglichte. Ein solches Vorhaben lief auf die Utopie einer Universalsprache hinaus, an der alle Weltbürger teilhaben konnten; die Enzyklopädie bekannte sich zu diesem Ideal, das die Verwirklichung der Philosophie im Kern ihrer wiederkehrenden Kommunikationsbemühungen bedeutet hätte. Für die praktische Arbeit der Wissensvermittlung jedoch zählte zunächst nur das Bestreben, auch scheinbar abseits gelegene Schauplätze menschlicher Arbeit mit einzubeziehen; im besonderen galt dies für die Handwerker, denen die Verantwortlichen der Enzyklopädie ein dezidiertes Interesse entgegenbrachten:

«Wir wandten uns an die tüchtigsten Handwerker in Paris und unserem Königreich. Wir machten uns die Mühe, sie in ihren Werkstätten aufzusuchen, sie auszufragen, nach ihrem Diktat Aufzeichnungen zu machen, ihre Gedanken nachzuvollziehen, aus diesen Gedanken die jeweils eigentümlichen Fachausdrücke zutage zu fördern, Verzeichnisse derselben anzufertigen und sie zu erklären; ferner mit den Handwerkern zu sprechen, von denen wir Denkschriften erhalten hatten, und (eine fast unerläßliche Vorsicht) im Verlauf von langen, häufigen Gesprächen mit anderen Handwerkern das zu verbessern, was ihre Kollegen unvollständig, unklar und manchmal auch falsch auseinandergesetzt hatten.»

Ganz ohne Maßregelungen von seiten der Intellektuellen ging es demnach doch nicht ab; letztlich entschieden Philosophen darüber, ob die Männer der Hand sich verständlich genug machten, daß auch Männer des Kopfes kapieren konnten, worum es ging. Immerhin: die Tendenz, welche die Enzyklopädie verfolgte, war mehr als löblich. Für ihren Herausgeber allerdings kehrte nach den Anfangserfolgen des Unternehmens der Alltag ein, und der sah nicht nur die leidigen Ehrenscharmützel vor, sondern auch wiederkehrenden beruflichen Ärger: Die Zensurbeamten lauerten; unzuverlässige Drucker mußten überwacht, säumige Autoren gemahnt, allzu kühne Artikel vorsorglich entschärft werden. Diderot kam sich mehr denn je wie ein Knecht vor, dem man, in einer Art heimtückischer Gunstbezeugung, die Oberaufsicht über seinesgleichen anvertraut hatte; nun war er zwar immer noch Knecht, aber er durfte über andere Knechte wachen, ein zweifelhaftes Privileg, auf das er gerne verzichtet hätte. Es gab jedoch, wie er konstatieren mußte, so leicht kein Entkommen mehr für ihn: Langfristige Verträge banden ihn an das Lexikonprojekt, das zudem seine Haupteinnahmequelle war. Der Familienvater Diderot hatte keine andere Wahl. Aus dieser Konstellation resultierte allerdings auch eine positive Beeinflussung, die sich ganz unaufdringlich, ja fast unmerklich entfaltete. Diderot nämlich bekam die einmalige Gelegenheit, das Wissen seiner Zeit zu verinnerlichen und mit eigenen, höchst originellen Akzenten zu versehen – ein Prozeß, der abseits des Tagesgeschäfts verlief und sich erst später in Resultaten, sprich: in Büchern und Publikationen niederschlug. Diderot wurde, als Lohnschreiber und Editor der Enzyklopädie, zu einem der wichtigsten Schriftsteller des 18. Jahrhunderts: In genialischen Entwürfen nahm er Einsichten vorweg, die erst einhundert Jahre später, zum Beispiel durch die Forschungen Darwins, ihre wissenschaftliche Legitimation fanden.

«Im Tier- und Pflanzenbereich nimmt ein einzelnes Wesen seinen Anfang, wächst, lebt, verfällt und vergeht. Sollte es bei ganzen Arten nicht ebenso sein? Wenn uns der Glaube nicht lehrte, daß die Tiere aus den Händen des Schöpfers so hervorgegangen seien, wie wir sie sehen, und wenn es erlaubt wäre, auch nur die geringste Ungewißheit über ihren Anfang und ihr Ende zu haben, könnte dann der sich ganz seinen Spekulationen überlassende Philosoph nicht vermuten: die Tierwelt habe seit aller Ewigkeit ihre eigentümlichen, in der Masse der Materie verstreuten und vermischten Elemente gehabt; es sei zur Vereinigung dieser Elemente nur deshalb gekommen, weil die Möglichkeit dafür bestanden habe; der aus diesen Elementen entstandene Embryo habe zahllose Gestaltungen und Entwicklungen erfahren und nacheinander Bewegung, Empfindung, Ideen, Denkvermögen, Überlegung, Bewußtsein, Gefühle, Leidenschaften, Zeichen, Gebärden, Laute, artikulierte Laute, Sprache, Gesetze, Wissenschaften und Künste bekommen; Millionen Jahre seien über jeder dieser Entwicklungen verflossen; er werde vielleicht weitere Entwicklungs- und Wachstumsstufen durchlaufen, die uns unbekannt sind …»

Mit zunehmendem Alter wurde Diderot die Arbeit, ungeachtet ihrer vernünftigen Perspektiven, immer mehr zur Last. Kleinere und größere Gebrechen hatten sich eingestellt, denen er zuweilen eine innigere Aufmerksamkeit widmete als den vielen Artikeln der Enzyklopädie, die auf seinen Schreibtisch flatterten. Zwar konnte er es, was die Hypochondrie anging, noch lange nicht mit seinem berühmten Kollegen Voltaire aufnehmen, der es zu wahrer Meisterschaft brachte, wenn es galt, über eingebildete oder tatsächlich vorhandene Malaisen eindrucksvolle Schilderungen abzugeben, aber Diderot merkte sehr wohl, daß seine Lebenszeit keineswegs unbegrenzt war und die Gedanken an den Tod sich mit jener Selbstverständlichkeit einstellten, die aus der Natur der Sache resultierte. Was ihn bewog, auszuhalten inmitten seiner Pflichten, war die Gewißheit, daß es zwar keinen Seelenhimmel gab, in den man nach dem Ableben huldvoll hinaufberufen wurde, auch keinen Himmel auf Erden, aber eine Nachwelt, die es sich mit ihrer Wertung nicht so leichtmachen würde wie die Gegenwart, von der man, alles in allem, nur schlecht denken konnte – trotz des vorherrschenden Aufklärungsoptimismus und der Fortschritte, die in Technik und Wissenschaft erzielt worden waren. An die Nachwelt appellierte Diderot schon zu Lebzeiten; er tat es augenzwinkernd und doch von der anspruchsvollen Hoffnung inspiriert, daß es gerade dem Künstler, dem Dichter und Denker, dem wahren Genie und vielleicht noch einigen wenigen ehrbaren Politikern vergönnt sein möge, nicht ganz in Vergessenheit zu geraten ...

«Welcher Trost bliebe all diesen Philosophen, Ministern und wahrheitsliebenden Menschen, die das Opfer stumpfsinniger Völker, schrecklicher Priester und rasender Tyrannen wurden, im Augenblick ihres Todes? Sie hofften, das Vorurteil würde schwinden und die Nachwelt würde ihre Feinde mit Schande übergießen. O geheiligte Nachwelt, Rückhalt des Unglücklichen, der unterdrückt; du, die du gerecht bist, nicht verfälschst, den Menschen von Wert rächst, die Heuchelei entlarvst, den Tyrannen in den Schmutz ziehst, du sicherer und tröstlicher Gedanke, laß mich nie im Stich. Was für den religiösen Mensch das Jenseits, das ist die Nachwelt für den Philosophen.»

Diderot, als gewiefter Spötter und Desillusionist, war natürlich nicht so naiv, nur die Nachwelt allein als höchstrichterliche Instanz für die Bewertung seiner irdischen Taten gelten zu lassen; auch die Gegenwart mußte noch mitspielen, wenn man den Rest des Lebens einigermaßen erträglich finden wollte. Bei genauerer Betrachtung seiner Verhältnisse hätte der Philosoph sich zwar durchaus eine mäßige Zufriedenheit verordnen können: Er war ein berühmter Mann, als Autor umstritten, als Herausgeber der Enzyklopädie eine Instanz; er hatte Kinder, im besonderen eine Tochter, die er abgöttisch liebte, eine Gattin, mit der ihn feindseliges Schweigen verband, und er konnte vom Ertrag seiner Arbeiten leben, was, letztlich, nur wenigen Literaten gelang. Mit einer solchen Bestandsaufnahme jedoch ließ sich seine Unzufriedenheit nicht besänftigen, im Gegenteil; manchmal mußte sie sich zu gallischen Höhenflügen aufschwingen, zu kurzgefaßten Daseinsprotokollen, an denen auch Diderots Kollege Schopenhauer seine düstere Freude haben konnte:

«Blöde geboren werden, unter Schmerzen und Schreien; Spielball von Unwissenheit, Irrtum, Not, Krankheiten, Bosheit und Leidenschaften sein; Schritt für Schritt zurückkehren zur Blödheit; vom Kleinkindergebrabbel zum Altersgefasel; leben inmitten von Halunken und Scharlatanen; sterben zwischen einem Quacksalber, der einem den Puls fühlt, und einem Pfaffen, der einem das Hirn verwirrt; nicht wissen, woher man kommt, warum man gekommen ist, wohin man geht; das nennt man also das wichtigste Geschenk unserer Eltern und der Natur: das Leben.»

Vielleicht gerade wegen solcher deprimierend-bösen Einsichten ist Diderots Alterswerk, darunter die Romane *Rameaus Neffe*, *Jacques der Fatalist* und das philosophische Kabinettstück *D'Alemberts Traum*, von bestürzender Modernität. Je älter der Philosoph wurde, desto weniger mochte er den in seinem Zeitalter des Aufbruchs und der stolzen Wissensvermehrung arretierten Fakten trauen: Diderot, ungetröstet durch die Hilfstruppen der Kirchen, machte sich zum Existentialisten, der die Beschwerlichkeiten des Daseins mit Sarkasmus und zunehmend müder werdender Ironie kommentierte. Auch die Tatsache, daß ihm auf Erden zu guter Letzt doch noch ein Ruhm zuteil wurde, der fast den kühnen Erwartungen entsprach, die er als junger Mann auf dem Weg in die Metropole gehegt hatte, verschaffte ihm keine spürbare Erleichterung. Seine Freunde überredeten ihn zu der Ansicht, daß eine längere Reise von Nutzen sein könnte, und so nahm er schließlich die wiederholte Einladung der Zarin Katharina II. an, die eine ebenso unnachgiebige wie großzügige Bewunderin Diderots war, dem sie, als ihn besonders hartnäckige Geldsorgen plagten, sogar die Bibliothek abkaufte, um ihm eine finanzielle Atempause zu ermöglichen. Im Juni 1773 brach er in Richtung St. Petersburg auf, das er am 8. Oktober, nach einem längeren Zwischenaufenthalt in Holland, erreichte; Diderot fühlte sich miserabler denn je zuvor. Trotz einer Vielzahl neuer Eindrücke, trotz angeregter Gespräche mit der Zarin, einer klugen Frau, die bei guter Laune untertänigen Widerspruch duldete und den Gast an ihrem Hofe mit ausgesuchter Höflichkeit behandeln ließ, litt Diderot unter Heimweh: Bereits im März 1774 trat er die Rückreise an. Er glaubte Beweise zu haben, daß sein Tod berechenbar geworden war; in einem Brief an seine Freundin Sophie Volland schrieb er:

«Die Zeit, in der man nach Jahren zählt, ist dahin; gekommen ist die, in der man nach Tagen zählen muß. Je weniger Einkommen man hat, desto wichtiger ist es, einen guten Gebrauch davon zu machen. Vielleicht habe ich auf dem Boden meines Sackes noch zehn Jahre ... Ich habe geglaubt, die Fibern des Herzens würden sich mit zunehmendem Alter verhärten. Davon kann keine Rede sein. Manchmal denke ich, mein Empfindungsvermögen hat sich eher noch gesteigert. Alles berührt mich, alles geht mir nahe; ich werde der bemerkenswerteste Heulgreis sein, der Ihnen jemals untergekommen ist.»

Diderots Prognose, daß er noch zehn Jahre zu leben haben könnte, erwies sich als triftig: Er starb am 31. Juli 1784 in Paris nach elend langen Monaten des Leidens und der Auszehrung. Kurioserweise war seine finanzielle Situation, dank einer großzügigen Pension, die ihm seine Gönnerin Katharina, trotz zwischenzeitlicher Verstimmung über eine politische Schrift ihres Schützlings, ausgesetzt hatte, zuletzt wesentlich stabiler als sein Gesundheitszustand. Diderot, der sich, so als gehörte das zur noblen Schlußdarbietung, die er noch schuldig war, seinen Freunden durchweg in tapferer Heiterkeit präsentierte, hinterließ der von ihm so oft und gern beschworenen Nachwelt ein Werk, das, bis auf den heutigen Tag, vielschichtig und bewunderungswürdig geblieben ist. Er selbst, den die spitzbübische Freude am Spiel der Gegensätze nie verließ, gab, abschließend, noch ein Porträt unter die Leute, in dem man ihn, den Meister, wenn es denn gewünscht wurde, wiedererkennen konnte:

«Er war zeitlebens wahrheitsliebend und verlogen, traurig und fröhlich, weise und töricht, gut und böse, gescheit und dumm, ohne daß man jemals die Züge, die er von seinem Vater, seiner Mutter, seinem Paten, der Hebamme und der Amme hatte, völlig auslöschen konnte. Faul, unwissend und zänkisch in seiner Kindheit, unbekümmert und ausgelassen in seiner Jugend, ehrgeizig und verschlossen mit fünfzig Jahren, philosophisch und geschwätzig mit sechzig, starb er mit dem Kinderhäubchen auf dem Kopf ... und hatte dabei noch Angst, daß ihn der Teufel hole.»

Was ist aus uns geworden

Clemens Brentano und die Phantasie des zerrissenen Herzens

War es so, daß die deutsche Romantik des 19. Jahrhunderts die Wahrheit auf vernachlässigtem Terrain, in den Märchen- und Sehnsuchtslandschaften etwa, gesucht hat, auf der Nacht- und Traumseite des Menschen, in seiner «geheimarbeitenden Seele»? Einer dieser ist Clemens Brentano gewesen, ein Dichter und Wundergläubiger, ein verzweifelt Liebender, dem religiösen Wahn nicht fern, der zeit seines Lebens, auch in der Nichtbeachtung, die er erfuhr, für Verwirrung sorgte. Brentano betrat die literarische Szene als ein spottmächtiges Wunderkind, sprachgewaltig und ironiebegabt; er durcheilte das Spektrum romantischer Selbstgefälligkeiten und geriet dann, bereitwillig, wie er sich's ausgedacht hatte, an den Wahrheitsfundus der katholischen Kirche, in dem er sich ruhigstellen ließ. Dieser Werdegang wirkte auf die Mehrzahl von Brentanos Schriftstellerkollegen wie eine mutwillige Verschleuderung von Talent; man beklagte, daß da ein Dichter am Werke war, der zunächst mit allerlei Kabinettstückchen auf sich aufmerksam gemacht hatte, um dann doch nur als spitzbübisch-frömmelnder Spießer zu enden. Heinrich Heine, wie Brentano ein Virtuose pointierter Distanzierungskunst, der den direkten Umweg liebte, schrieb in seiner 1833 erschienenen *Geschichte der neueren schönen Literatur in Deutschland*: «Kennt Ihr China, das Vaterland der geflügelten Drachen und der porzellanenen Teekannen? Das ganze Land ist ein Raritätenkabinett... Es gibt dort weder Schatten noch Perspektive. Auf den buntscheckigen Häusern heben sich, über einander gestapelt, eine Menge Dächer, die wie aufgespannte Regenschirme aussehen und woran lauter metallne Glöckchen hängen, so daß sogar der Wind, wenn er vorbeistreift, durch ein närrisches Geklingel sich lächerlich machen muß. – In einem solchen Glockenhause wohnte einst eine Prinzessin ..., in deren kleinem kichernden Herzen die allertollsten Launen nisteten. Es war nämlich ihre höchste Wonne, wenn sie kostbare Seiden- und Goldstoffe zerreißen konnte. Wenn das recht knisterte und krackte unter ihren zerreißenden Fingern, dann jauchzte sie vor Entzücken. Als sie aber endlich ihr ganzes Vermögen an solcher Liebhaberei verschwendet, als sie all ihr Hab und Gut zerrissen hatte, ward sie, auf Anraten sämtlicher Mandarine, als eine unheilbar Wahnsinnige in einen runden Turm eingesperrt. – Diese chinesische Prinzessin, die personifizierte Caprice, ist zugleich die personifizierte Muse eines deutschen Dichters ... Es ist die Muse, die uns aus den Poesien des Herrn Clemens Brentano so wahnsinnig entgegenlacht. Da zerreißt sie die glattesten Atlasschleppen und die glänzendsten Goldtressen, und ihre zerstörungssüchtige Liebenswürdigkeit, und ihre jauchzend blühende Tollheit erfüllt unsere Seele mit unheimlichem Entzücken und lüsterner Angst. Seit fünfzehn Jahren lebt aber Herr Brentano entfernt von der Welt, eingeschlossen, ja, eingemauert in seinem Katholizismus. Es gab nichts Kostbares mehr zu zerreißen. Er hat, wie man sagt, die Herzen zerrissen, die ihn liebten, und jeder seiner Freunde klagt über mutwillige Verletzung. Gegen sich selbst und sein poetisches Talent hat er am meisten seine Zerstörungssucht geübt ...»

Heines Einschätzung, daß ein Dichter, der das poetische Reißen hat, selber ein Zerrissener sein müsse, hat Schule gemacht. Brentano, der Schwierige, ließ sich damit ein bißchen besser begreifen; die Rätsel, die er aufgab, mußten lösbar erscheinen vor dem Hintergrund eines Lebensweges, der aus der Zerrissenheit direkt in die Bleikammern des Kirchenglaubens führte. Daß es sich eine solche Einschätzung allerdings leichtmachte, womöglich zu leicht, darauf hat ein anderer Romantiker hingewiesen, der es wie kein zweiter verstand, von Gelassenheit, Trauer und Glück und von der Wehmut des Vergänglichen zu sprechen: Joseph von Eichendorff. Ihm, der Brentano in Heidelberg persönlich kennengelernt hatte, wollte die angebliche Zerrissenheit dieses Poeten nur wie ein genialischer Überschuß an Weltauffassungsgabe erscheinen, welche an den Dingen selbst, an der Disharmonie des Lebens, verzweifelte und zu einem Geschenk wurde, das als Krankheit wirkte. Brentanos Wandlungsfähigkeit beruhte, so Eichendorff, auf einem besonderen Einfühlungsvermögen, mit dem sich der Dichter spielerisch leicht, aber auch ungeahnt ernst den Objekten seiner Zuneigung anverwandeln konnte. Brentano bezog die Widersprüche des Daseins auf die eigene Person; er beschönigte nichts, bediente sich vielmehr auch der versteckten Register sinnfälliger Ironie, um, flinker und nachdrücklicher als andere, an einen Punkt zu gelangen, der die Entscheidung verlangte.

Clemens Brentano wurde am 9. September 1778 in Ehrenbreitstein am Rhein geboren. Der Vater, ein betuchter Kaufmann italienischer Herkunft, galt als schwierig; er soll meist freudlos seinen einträglichen Geschäften nachgegangen sein. Seine Mutter Maximiliane von La Roche hingegen war eine sensible Frohnatur, die aus künstlerisch vorbelastetem Hause stammte: Sophie von La Roche nämlich, Brentanos Großmutter, hatte sich einen Namen als Romanautorin gemacht und stand mit Goethe und Wieland in freundschaftlichem Kontakt.

Nach dem frühen Tod der Mutter wuchs Brentano zunächst im Haus der Großeltern auf, ehe der Vater ihn zu merkwürdigen Verwandten schickte, denen die Aufgabe oblag, für eine ordnungsgemäße Schulausbildung des Knaben Clemens Sorge zu tragen. 1797, fast zur gleichen Zeit wie Novalis, versuchte Brentano sich in Halle im Studium der Bergwissenschaft, das ihn jedoch nicht die Bohne interessierte. Er ging nach Jena. Dort begann er zu schreiben, was mit dazu beitrug, daß er in Literatenkreise geriet, in denen sich auch die verheiratete, acht Jahre ältere und sehr schöne Dichterin Sophie Mereau bewegte. Sie wurde zu Brentanos erster großer Liebe, der er, von verschiedenen Orten aus, so unermüdlich nachstellte, daß sie sich schließlich scheiden ließ und ihn heiratete. Bei seinem Bemühen um Sophie Mereau, das er im Stile einer raffiniert durchromantisierten Werbekampagne betrieb, verstand es Brentano bereits, mit den Tricks poetischer Leutseligkeit zu arbeiten; er jonglierte mit Anspielungen und Fehldeutungen; er stellte die Dichterin in Frage, um sie als Frau und Geliebte desto ungenierter anpreisen zu können, und er verwies, ein ums andere Mal, auf seine Leidenschaft, von der er hoffte, daß sie sich letztlich schicksalhaft ihren Weg bahnen müsse. In einem Brief an Sophie Mereau, datiert vom 10. Januar 1803, heißt es: «Sind Sie ruhig? – Desto schlimmer – Sind Sie ruhig? Weil Sie vollkommen sind, weil Sie die Welt verstehen, weil Sie so dichten, wie Sie eine Dichterin sich dichtend denken können – wohl nicht –. Sie sind ruhig, weil Sie resigniert haben, weil Sie dem Spektakel ein Ende gemacht haben, Sie haben nicht das erste reine Bild Ihrer Selbst hervorgebracht, Sie haben die Verstümmelung nur gerade so gut und so schlecht ergänzt, als Sie konnten ... Aber daß ich ewig vor Sie hintrete und ängstlich einigen Zügen des ersten Werks nachspüre, daß mich ein Zug am Nacken, an der Brust, an der Hüfte rühren, daß ich dem Bilde das Haupt abschlagen und das gipserne Gewand vom Schoß reißen möchte, daß mich die schlechte Restauration empört und ich mich ewig an dem kleinen Rest des Echten begeistern kann, daß ich Sie liebe, wie Sie sind, und Sie hasse, wie Sie sich hingestellt haben, das erkennen Sie nicht, weil Sie eine schlechte Künstlerin sind, die über ein herrliches Werk hergefallen ist, über sich selbst. – Ich kann mich immer noch nicht entschließen, meine wunderliche Begierde nach Ihnen, schöne Frau, in einem allgemeineren Genusse Ihres Geschlechts zu ertränken, meine Unschuld brennt mich täglich mehr und verdirbt mir meine Studien ... Werden Sie denn noch immer nicht alt, ach in einigen Monaten bin ich 25 Jahre alt ..., was wird aus mir werden? Werden Sie denn noch immer nicht alt? Sind Sie noch immer so reizend? (...) So lebe wohl, verzeihe Dir / Die keusche Bahn zu wandeln, / Ich lebe wohl, verzeihe mir, / Im Traum Dich zu – mißhandeln ... Adieu, liebe Sophie, vergiß mich nicht, o wüßtest Du, wie ich Dich liebe ...»

Am 29. November 1803, so der Text der offiziellen Urkunde, «heiratete Herr Clemens Brentano aus Frankfurt am Main, privatisierender Gelehrter, die Frau Professorin Mereau aus Jenall. Das Eheglück, finanziell abgesichert durch den Umstand, daß Brentano sein väterliches Erbteil ausbezahlt worden war, währte nur knapp drei Jahre; dann starb Sophie Brentano-Mereau bei der Geburt ihres dritten Kindes – unter den klinischen Verhältnissen der Epoche ein bedrückend häufiges Schicksal; auch der frühe Tod der beiden anderen Brentano-Kinder gehörte zu den zeittypischen Erfahrungen. Brentano allerdings empfand das Los, das ihm zuteil wurde, als persönliche Katastrophe. Er reagierte verstört; die Freunde, im besonderen sein «Herzensbruder», der Dichter Achim von Arnim, mit dem er in Heidelberg die erfolgreiche Volksliedsammlung *Des Knaben Wunderhorn* herausgegeben hatte, vermochten ihn nicht zu trösten. Brentano verstieg sich in Erinnerungen an seine große Liebe und vergaß, daß seine Beziehung zu Sophie Mereau von Spannungen keineswegs frei gewesen war. Im September 1803, zwei Monate vor der Eheschließung, hatte er seiner zukünftigen Frau noch einen grundsätzlichen Brief geschrieben, den er für durchaus einfühlsam hielt: «Du hattest Dich der

Welt ergeben und hieltest, von Deinem inneren Reichtum nichts wissend, Deine äußerlichen Zierraten wie Karten und Würfel in der Hand, und spieltest mit der Welt, der Du doch nie etwas abgewinnen konntest; Du warst ein artiges Weib, und mußtest es doch eigentlich sein. Daß ich Recht habe, kann Dir leicht daraus begreiflich werden, daß Dir auf Erden noch Nichts gelungen ist, keine Liebe, keine Freundschaft, keine Mütterlichkeit, keine Kunst, keine Andacht. Alles dieses ist Dir kein Vorwurf, wer sollte Dir Dein Unglück vorwerfen, jetzt in dem Augenblick, da Du anfangen willst, glücklich zu sein, o liebe Sophie, halte Wort, verlasse Dich, verlasse mich nicht wieder, richte mich nicht zu Grunde, halte Dein Versprechen, liebe mich, denn ich fühle für uns beide Rettung in einander. Ich fühle deutlich in mir, wie ich vielen Dingen und Menschen, vielen Hoffnungen und Wünschen gänzlich abgestorben bin, seit ich von Dir geliebt werde ... Ich bin ein Christ geworden und will nur einem Gott dienen, Dich nur will ich lieben, beten, dichten, Dich nur will ich verlangen, umfangen, erlangen ...»

Aus der Verklärung seiner Vergangenheit, in der er, von ihm selbst kaum durchschaut, die Frauen, die er liebte oder zu lieben meinte, gern zu höheren, von ihm selbst mitgeprägten Wesen ausgerufen hatte, befreite Brentano sich schließlich mit Hilfe neuer Umtriebigkeit, die ihn merkwürdig fromm werden ließ. Er trat nun als Christ auf, der unermüdlich Bekenntnisse abgab, die niemand, schon gar nicht seine alten Weggefährten, von ihm erwarteten. Der Verworrenheit seines unsteten Lebens rückte er mit Ordnungsrufen zu Leibe, die wie verklausulierte Durchhalteparolen klangen; er verurteilte seine sämtlichen Jugendsünden und versuchte, die in ihm widerstreitenden Gefühle, nach den Maßstäben persönlicher Religiosität, auf das Terrain allseits geduldeter Kindlichkeit zurückzuführen. Brentano vertraute himmlischem Ratschluß, was sich allerdings auch, wenn er seinen inneren Stimmen lauschte, als fromm bemänteltes Mißtrauen auslegen ließ. Der Optimismus, den er sich verordnete, wollte in der Wirklichkeit nur selten greifen, so daß er düsteren Ahnungen ausgesetzt blieb, die ihm von der Vergeblichkeit alles irdischen Treibens kündeten. Noch lebte er, so kam es ihm vor, ein noch junger Mann, der sich in die über ihn verhängte Bestimmung fügte und gerade deswegen nicht verhindern konnte, daß es – allen inneren Kämpfen, allem seelisch gewagten Aufbegehren zum Trotz – langsam, aber sicher bergab ging mit ihm. Diese Einschätzung sollte sich als nicht ganz falsch erweisen.

Brentano sah in den Frauen viel von dem, was er später in seine Gottesvorstellungen überführte; sie galten ihm, wenn er sich zu einer entsprechenden Liebe herausgefordert fühlte, als vollkommene Wesen, als zeitlose Bilder der Schönheit und Großherzigkeit, die man vorzugsweise anbeten, innigst verehren, nicht aber in eindeutiger Absicht begehren sollte. Weil ein solches Ideal aber kaum erfüllt werden kann, kam Brentano immer wieder in Schwierigkeiten: Die vollkommenen Wesen erwiesen sich als nicht vollkommen genug, und so setzte er zu Verbesserungen an. Seine zeitlos schönen Weibsbilder wollte er noch schöner machen, ihre vermutete Großherzigkeit noch großherziger werden lassen; der Liebhaber Brentano wurde zum Rechthaber. Die Schwierigkeiten, die sich der Dichter mit seinen Liebschaften einhandelte, wiesen Wiederholungseffekte auf; ihre Verlaufslinien waren vorgezeichnet. Daß die große Liebe, von manchen ohnehin als Erfindung der deutschen Romantik gewürdigt, sehr illusionär sein kann und sich manchmal sogar zur derben Zimmerschlacht auswächst, führte Brentano in seiner zweiten Ehe vor: Auguste Bußmann hieß das Mädchen, dem er verfiel, ohne es wahrhaben zu wollen. Der Dichter behauptete später, seine Gattin habe sich ihm in schamlosester Weise an den Hals geworfen – eine Version, die er auch im Freundeskreis verbreitete, so daß Auguste, die tatsächlich wohl zu mancherlei Überspanntheiten neigte, nie eine Chance bekam. Nachdem Brentano seine Braut in einer filmreifen Nacht-und-Nebel-Aktion entführt hatte, war man acht Tage lang glücklich; danach zeigte die Liebe ihr verzerrtes, ihr häßliches Gesicht, und die Eheleute begannen mit einem Kleinkrieg, der zweifellos auch seine komischen Seiten gehabt hat. Am 22. Oktober schrieb Brentano seinem Freund Achim von Arnim: «Auguste hat mich mit ihrem Wesen bereits mehrmals zur Verzweiflung gebracht, zweimal hat sie mich geschlagen, und mich endlich dahin gebracht, daß ich sie auch einmal gewalkt; das wirkte auf einige Tage wunderbar, sie ward wie ein Engel, dann hat sie mir den Trauring liebreich abgeschwätzt und zum Fenster hinausgeschmissen ... Jetzt bin ich es gewohnt, wir reden oft sechs, sieben Tage kein Wort zusammen, und ich bin ganz lustig, alle ihre Verkehrtheiten machen mir den Eindruck, als sei sie simpel oder wahnsinnig, ich lasse sie gehen, und bekümmere mich auch um ihre Familie nichts, oft ist ein paar Stunden recht gutes Wetter, aber dann ist mir's nicht wohl, denn gleich ist der Teufel wieder los, welches mir am allerliebsten ist, ich lasse ihn tanzen ..., daran ist die tiefe innere Scham über meine unwürdige, unglückliche Lage schuld, wie ich hineingekommen, weiß ich nicht ...»

Das Erinnerungsvermögen des Dichters, ansonsten durchaus funktionstüchtig, wollte nicht wahrhaben, was offensichtlich war: Brentano hatte sich seine Lage selber eingebrockt, er war gewarnt worden und hatte nicht hören wollen. So konnte es nicht verwundern, daß mancherorts Schadenfreude aufkam; war nicht gerade der Dichter Brentano berüchtigt dafür gewesen, mit allem und jedem seine respektlosen Scherze zu treiben und sich über die Welt, im besonderen ihre Spießbürger, lustig zu machen? Nun widerfuhr ihm eine Art ausgleichende Gerechtigkeit.

Als Brentano dem Bankier Moritz Bethmann, Augustes Vormund, ankündigte, seine Frau wegen offensichtlichen Ungenügens zurückschicken zu wollen, teilte der ihm mit: «Gewohnt den eigentlichen Wert des Menschen nach seinen Handlungen, und nicht nur nach seinen Worten zu beurteilen, werden Sie sich nicht wundern, Clemens, wenn ich Ihre wortreichen, an praktischen Ideen und Handlungen sehr seichten Briefe auf ihren wahren Gehalt reduziere. – Ihre sophistischen Deraisonnements über Augustes Erziehung müßten mir ebenso albern erscheinen, als Ihre religiösen Gewissensverwahrungen mir von einem Manne unerwartet waren, den ich zu meinem wahren Ärgernis oft über alles spotten hörte, was dem Menschen heilig sein sollte. Elternliebe, Geschwisterliebe, eheliche Liebe, Freundschaft, keine Autorität der gesellschaftlichen Bande und Verhältnisse vermochten je einen Begriff von Pflicht in dem Maße in Ihnen zu verankern, daß Sie nicht mit dem unbesonnensten Leichtsinn alle Gefühle des Herzens, alle Rücksichten des sittlichen Wohlstandes, Ihrer witzig sein wollenden Laune geopfert hätten. Dies sind nicht leere Worte, dies sind erwiesene Facta. Nun fragen Sie Ihr Gewissen, ob Sie es nicht als eine gerechte Strafe des Himmels ansehen müßten, daß Sie nunmehr durch ein zorniges Weib geplagt sind, welches Sie – wohl zu bemerken – wie ein Räuber ihrer Familie, ohne Not, entrissen und an sich geschmiedet haben. Ich kann und will Ihnen diese Bürde nicht abnehmen.»

Schließlich wurde Brentano, nach längerem Hin und Her, von Auguste Bußmann geschieden, was ihn so sehr erleichterte, daß er sogleich ein längeres Gedicht zu Papier brachte, in dem seine Exgattin, nicht ohne Sinn für unfreiwillige Komik, noch einmal kräftig beschimpft wird: «Wohlan! so bin ich deiner los / Du freches lüderliches Weib! / Fluch über deinen sündenvollen Schoß / Fluch über deinen feilen geilen Leib, / Fluch über deine lüderlichen Brüste / Von Zucht und Wahrheit leer, / Von Schand' und Lügen schwer, / Ein schmutzig Kissen aller eklen Lüste. / Fluch über jede tote Stunde / Die ich an deinem lügenvollen Munde, / In ekelhafter Küsse Rausch vollbracht, / Fluch über jede gottvergeßne Nacht, / Die ich in deinem frechen Bett erhandelt, / Die ich in toller Liebe überwacht, / Wohl unter deinem Fenster hingewandelt, / Wenn du mit andern in dem Werk befangen, / Mit andrer Lüg' an anderm Mund gehangen. / Mein Gott, mein Gott, er will sich mein erbarmen, / mein Herr hat mich befreit aus deinen Armen ...»

Für Brentanos Ehefiasko mußte die Poesie büßen; sie geriet nun in den Verdacht, kaum mehr zu sein als wahllos zugreifende Kunstfertigkeit, die mit den Gegenständen spielt und sich nicht scheut, sie in wahnwitziger Selbstüberschätzung ihrem natürlichen Lebenszusammenhang zu entreißen. Brentano, der, wie fast alle Dichter, nicht ohne beträchtliche Eitelkeit war, meinte es mit seiner Aversion gegen den Literaturbetrieb durchaus ernst; mit seinen eigenen Texten ging er gleichgültig um, mit denen anderer Autoren übrigens auch, und er drängte keineswegs zur Veröffentlichung. In einem Brief an den Schriftstellerkollegen Freiligrath hat er das Unbehagen, das ihm manche Veröffentlichungszwänge bereiteten, in Form eines derben Gleichnisses dargestellt: «Es war einmal ein Bauer, der seine Frau sehr liebte, sie fiel ins Wasser und ertrank, er war trostlos, bestellte Leichenrede und Kreuz und Kranz, um seiner lieben Frau die letzte Ehre anzutun, er suchte sie einige Tage vergebens im Wasser. Da er sie endlich fand und halb herausgezogen, sah er, daß sich viele Krebse an sie angesetzt hatten, das rührte ihn, und er ließ sie im Wasser liegen und krebste längere Zeit mit seinem Fleisch und Bein; – mir ist dieser Bauer immer eine Parabel gewesen für jene Dichter, welche die Gebärden und Ungebärden ihrer Liebesmysterien gegen Verstorbene, oft sogar gegen Lebendige, für Geld preisgeben; sie krebsen mit einem Köder, dem mehr Ehre gebührte. – Mögen selbst die größten Poeten dies getan haben, es bleibt mir um so verhaßter. Solche Poesie hat etwas Treuloses, Verräterisches, Eitles, Buhlerisches, sie prostituiert sich und die Geliebte.»

Brentanos Rückzug aus der literarischen Welt vollzog sich als langsame Flucht. War es ihm anfänglich noch gegeben, mit seinen poetischen Talenten wie mit einem beliebig einsetzbaren Pfund zu wuchern, so wurde seine Virtuosität später zur eindeutigen Last. Es genügte nicht mehr, mit den Dingen zu spielen, wenn sie sich, jenseits der dichterischen Verformung, auf eine eigene Existenz besannen, die so beharrlich störrisch war wie der Ernst des Lebens, vor dem die romantische Leichtigkeit, ein ums andere Mal, kläglich heiter kapitulierte. Brentanos Sehnsucht – in stillen, unaufgeregten Stunden – galt einer Ordnung, die aus sich selbst heraus Bestand hatte. Um in ihr daheim zu sein, bedurfte man keiner dichterischen Auffassungsgaben; es genügte ein ursprüngliches Vertrauen, eine Gläubigkeit, die sich fast gewaltsam vom Kritizismus lossagen mußte, der, damals wie heute, das intellektuelle Tagesgeschehen bestimmte. Auf der anderen Seite lauerte Brentanos ausgeprägtes Selbstwertgefühl; natürlich war es ihm nicht unangenehm, als Ausnahmetalent, als literarischer Possenreißer von hohen Graden zu gelten. Wenn solches Wohlbefinden, von außen geschürt, förmlich über ihm zusammenschlug, wärmte sich Brentano nur zu gern am eigenen Genius; das Leben selbst erschien ihm dann als ein zeit- und endloses Kunstwerk, und der Dichter, berauscht von seiner Göttlichkeit, dichtete nur noch sich selbst. Dieser Enthusiasmus war jedoch nie lange haltbar; er verfiel zusehends, der Dichter wollte kein Dichter mehr sein. Mit verkatertem Weltbewußtsein spähte er um sich, und was er sah, war die Erbärmlichkeit des Lebens selbst, das sich, die Individualitäten zusammentreibend, schonungslos auf den Tod zu bewegte.

Brentano erlebte die Brüchigkeit seiner Existenz; an seine zweite große Liebe, die spröde Pfarrerstochter Luise Hensel, die mit einem Gedicht reüssierte, das als Nachtgebet bekannt wurde (*Müde bin ich, geh' zur Ruh'*), schrieb Brentano im September 1816: «Alles ergreift mich, und ich tue oft Dinge mit großer Lebhaftigkeit, welche ich während der scheinbar lebendigsten Beschäftigung mit ihnen, mit einer zweiten, tiefer liegenden Seele in ihrer ganzen Nichtigkeit nach dem allgemeinen Wert der weltlichen Dinge beurteile und erkenne. Drum scheine ich oft unruhig und zerrissen, denn inniger schauende Menschen sehen durch so etwas durch, weil kaum ein Taschenspieler der Empfindung die Trennung und den Widerspruch in einer solchen Natur bedecken könnte. Doch ist es schwer, mir diese Trennung als Unruhe immer anzusehen, weil ich das meiste, wo es von seinen flachen Seiten hervortritt, mit dem sogenannten Witz ergreife, der so sehr alles ist, daß er leider nicht eins sein kann. Weil nun der Witz dem schnellen, geschäftigen und geschickten Eingreifen der Dinge eben gerade schon jene Verachtung des Vergänglichen als Ironie auf den Rücken hängt, oder weil die Ironie der Schatten des Witzes ist: so scheine ich meist als witzig und guter Gesellschafter, wenn mir oft innerlich das Herz brechen möchte, aus Verachtung gegen die Interessen der Zeit.»

Die Interessen der Zeit hat Brentano indes kaum wahrgenommen. Sie dienten ihm als Schlagwort zur Kennzeichnung allgemeinen Ungenügens; von ihnen verächtlich zu reden galt als Pflicht in Romantikerkreisen, die etwas auf sich hielten. Romantisches Gebaren, von dem schon Eichendorff sagte, daß es eher zur Lächerlichkeit denn zur Erhabenheit führe, glich einem Fruchtbarkeitstanz des Individuums vor den Schatzkammern seines Allerheiligsten. Das große Ich wurde gefeiert, auch wenn es sich klein und bescheiden gab; man pries die kunst-brütende Macht des Selbstwertgefühls und arbeitete sich ab in schierer Empfindsamkeit. Himmelslust und Trauer lagen so dicht beisammen wie Kraftmeierei der Jugend und Starrsinn des Alters; wer Tränen der Freude vergoß, durfte auch unmenschliches Leid aufgebürdet bekommen: All das ließ sich bewerkstelligen in den geübten Ausbrüchen des Gefühls. Wem sie nicht recht gelingen wollten oder wer unbelehrbar auf eine höhere Weisheit setzte, durfte schmollen und sich als unverstanden ausloben: «Kein Wunder, daß man mich nicht versteht und daß ich von allem Gesprochenen wenig mehr weiß, als daß ich es zum besten gemeint», schrieb Brentano an Luise Hensel. «So scheine ich nun gewöhnlich hinbrütend, oder, um es nicht zu scheinen, sehr lebendig. Die ganze bizarre Manier aber in manchen meiner kleinen Reden hat wohl allein ihre Entstehung in dieser Nachlässigkeit und Geteiltheit; ich spreche manchmal bitter gegen das Leben, weil es mich betrübt, daß ich so sprechen muß nach meiner Natur und daß ich die Kraft nicht habe, ganz zu verstummen; dann überlasse ich wieder die Worte ihrer inneren lebendigen Selbständigkeit, und die Rede wirtschaftet dann auf ihre eigne Hand munter drauflos, während meine Seele in der Angst, Trauer und Sehnsucht liegt, und nur dann und wann, wie der Baß der Betrachtung, die reißende und hüpfende Melodie durchschneidend ordnet und einteilt. – Bei dieser Doppeltätigkeit findet aber nicht immer ein deutliches Bewußtsein dieses Zustandes statt. Oft fällt das Bewußtsein wie ein Blitz hinein, der Tränen in den Augen hat; oft bin ich wie ein alter Greis, dessen Hände so zittern, daß die Kinder freudig danach tanzen …»

Einen Halt fand Brentano, als er sich, ungebeten und ungefragt, der stigmatisierten Nonne Anna Katherina Emmerick annahm, die im westfälischen Dülmen lebte. Diese Frau, eine gutmütige Person, war durch die Wundmale Christi auffällig geworden, die sich immer wieder an ihr zeigten und für weitreichendes Aufsehen gesorgt hatten. Zudem wurden ihr seherische Qualitäten zugesprochen; sie sprach von Visionen aus dem Jenseits, konnte aber auch, in einer Art sanfter Besessenheit, diesseitige Gedankengänge auf das allumfassende christliche Heilsgeschehen zurückbeziehen, so daß man meinte, die Klangfarben einer unerhörten, noch nie dagewesenen Frömmigkeit zu vernehmen. Brentano eilte an das Krankenlager der Emmerick und machte sich dort zu ihrem Protokollanten. Endlich glaubte er eine Poesie gefunden zu haben, die fernab aller weltlichen Eitelkeiten blieb; Gott selbst war hier der Dichter, der zu seinen Geschöpfen sprach. Was er kundtat, ging über die gewöhnliche, spröde Theologen-Metaphysik hinaus; statt dessen war das unmittelbar Erlebte zu vernehmen – Erfahrungen einer Seele auf ihrem Weg zu Gott. Daß diese Erfahrungen nur in der Sprache des Herzens weitergegeben wurden, die sich, angesichts des Offenbarten, gefühlsschwer und taumelnd, überschwenglich und stockend darbieten mußte, läßt sich auch aus Brentanos Aufzeichnungen heraushören. Im Namen der Nonne notierte er: «Ich bin den ganzen Tag so fliegend und sehend, daß ich immer bald den Pilger sehe, bald nicht sehe. Hört er denn nicht singen? Es ist mir, als sei ich auf einer schönen Wiese und als wölbten sich Bäume über mir. Ich höre so wunderbar singen, als seien es süße Kinderstimmen. Es ist mir, als sei die nahe, wirkliche Umgebung ein Traum; es scheint in ihr alles so trüb, undurchsichtig und unzusammenhängend, daß sie ein roher Traum scheint, zwischen dem ich eine lichte, durch und durch verständliche und immer bis in den innersten Ursprung und Zusammenhang aller Erscheinungen verständliche Welt schaue, in welcher das Gute und Heilige tiefer ergötzet, weil man seinen Weg aus Gott und in Gott erkennt, und in welcher alles Böse und Unheilige tiefer betrübt, weil man seinen Weg aus dem Teufel und in den Teufel und gegen Gott und die Kreatur erkennt. Dieses Leben, in welchem einen nichts hindert, nicht Zeit, nicht Raum, kein Körper, keine Verschwiegenheit, wo alles spricht und alles leuchtet, scheint so vollkommen und frei, daß die blinde, lahme, stammelnde Wirklichkeit ein leerer Traum darin erscheint ...»

In einer solchen Vision konnten sich viele wiederfinden – war doch und ist jede Diesseitigkeit vom Ungenügen gekennzeichnet, und es erwächst ihr die Sehnsucht nach dem besseren, dem ganz anderen Leben. Daß ein solches Leben nicht auf Erden stattfinden kann, sondern eine jenseitige Spielwiese braucht, war weitverbreitete romantische Ansicht; insofern gab Clemens Brentano nur wieder, was auch von anderen gedacht und vermutet wurde. Sein Eifer allerdings, der sich als wortreiches Ereifern präsentierte, sein unnachgiebiger Tatendrang, mit dem er die Bekundungen der Emmerick auffing und zu Papier brachte, hoben ihn aus dem Kreis der romantischen Dichterkollegen heraus, die mit seinem religiösen Sendungsbewußtsein nichts anfangen konnten. Brentano war das gleichgültig – so wie ihm auch der Umstand, daß er ausgerechnet mit der aus den Bekenntnissen der Frau Emmerick zusammengebrauten Erbauungsschrift *Das bittere Leiden unseres Herrn Jesu Christ!* vorübergehend zum erfolgreichen Autor wurde, gleich sein konnte.

Nachdem die Autorin seines Buches gestorben war, fühlte sich Clemens Brentano schmerzlich allein gelassen. Eine Art literarischer Phantomschmerz setzte ihm zu; er ertappte sich dabei, daß er noch immer aufzuschreiben gedachte, was ihm von einer Stimme eingeflüstert wurde, die es nicht mehr gab.

Entlassen aus der religiösen Intensität, zurückgekehrt in eine Alltäglichkeit, die über alle verhängt wird, empfand er die Übersteigerung des Lebensgefühls, die zum Arsenal romantischer Daseinsbewältigung gehörte, erst als Belästigung, dann als Belastung. Man erwartete Originalität von ihm, die er zwar noch immer bedienen konnte, aber immer weniger bedienen wollte. Er kam sich vor wie ein alternder Hansdampf inmitten einer Schar uninspirierter Junggreise, die, geprägt von ständigem Realitätsverlust, ohne Rücksicht auf Verluste noch immer ihre angebliche Jugendlichkeit hochleben ließen. Kaum einer schien zu merken, daß längst alles nachgelassen hatte: Die alten Witze kamen nicht mehr an, die Ironie war zahm und maulfaul geworden, und die Poesie des Lebens ließ sich in Traktätchen abgießen, die man am liebsten im Kreise der Eingeweihten vortrug. Vergeblich wies Brentano auf ein Wunder hin, das andere nicht zu bemerken schienen: auf die Selbstgenügsamkeit, das stille Ruhen der Dinge in sich: «Wer nur einen Moment des Lebens, nur das kleinste Fragment der Natur, ich will nicht sagen versteht, nein, nur ruhig stehen läßt und vorübergehend anschaut, ohne daran zu zerren, zu modellieren, zu metamorphosieren: der findet eine so unendliche, tiefe, hohe und doch naive, einfältige Würde und Bedeutung in jeder Realität ohne übrige Deutung, daß für das Empfangen nur Dank, und für das Besitzen nur Opfer übrig bleibt, um es zu würdigen. Aller übrige Umgang mit den Dingen, der sie dreht und wendet und färbt und schmückt und überdestilliert, was die Poesie besonders will, ist am Ende nur ein Götzendienst, der durch seine Spiritualität um so gefährlicher ist.»

Seiner zunehmenden Unlust am poetischen Treiben ungeachtet war und blieb Brentano – als einer der ersten in deutschen Landen – ganz und gar Dichter. Daß er sich trotzdem nicht allzu viele Sorgen machen mußte, lag an seiner Herkunft aus vermögendem Hause. Bei aller Düsternis, die vom Vater, dem meist übellaunigen Kaufmann Peter Anton Brentano, ausgegangen war: Er hatte es zu solidem Wohlstand gebracht, den er an seine Kinder, darunter neben Clemens vor allem die begabte Schwester Bettine, weitergab. Brentano konnte daher – ähnlich wie der Philosoph Schopenhauer, der vom väterlichen Erbteil zehrte – als ein Dichter leben, den die Verwertung seiner Schriften nicht sonderlich kümmern mußte. Er ironisierte seine eigene Schönschreibkunst, setzte die Dinge des Lebens, die bekanntlich allesamt auf geheimnisvolle Weise miteinander verbunden sind, so gekonnt und vertrackt ins Wort, daß er den Bogen überspannte. Dabei hantierte er durchaus nach Art der Romantiker: Er forcierte den Flug der Gedanken, sparte nicht mit Gefühlen und stieß sich fast zärtlich an einer wildwuchernden Gegensätzlichkeit, von der er annahm, daß sie letztlich das Dasein selber ausmachte und bestimmte. Brentano nahm die Wirklichkeit, wie sie war, und fügte ihr allenfalls jene frei bemessene Dosis an romantischem Seelengift hinzu, das in gelungenen Stunden den Aufmarsch der Welt als Pracht der Farben und Gedanken im Kopf verbürgte. Ihn zu schauen, ihm nachzusinnen und zu träumen hat er ein Leben lang nicht versäumen wollen, auch wenn er sich beizeiten um jene grabnahe Ruhe bemühte, die vom kirchenfesten, vom vorschnell stillgestellten Glauben ausging.

Als Dichter war Brentano, wenn man so sagen darf, der modernste im literarischen Troß der Romantik. Sein Kniefall vor dem eigenen Talent, seine mühsam gemäßigte Selbstüberschätzung, die er durch tiefe Verzweiflung kompensierte, schließlich eine fast spießbürgerlich inszenierte Zwangsbescheidung – all das mutet zeitgemäß an, auch für uns Heutige, die wir annehmen müssen, daß uns die Maßstäbe abhanden kommen. Brentano wußte, wie kaum ein anderer, von der verführerischen Haltlosigkeit, die der Mensch wie ein Bild seiner Freiheit vorgeführt bekommt. An seinen Kollegen, den Schriftsteller Friedrich de la Motte Fouqué, schrieb er im Frühjahr 1812: «In allem ... ist kein Wille, keine Absicht, keine Mühe; diese Blasen steigen auf, wenn der hohle Strohhalm mich berührt mit erlogenem Atem. Und kann ich gutmütiger und galanter sein, als daß ich seinen Atem in einer Kugel segeln lasse, welche den ganzen Himmel spiegelt und die Erde mitsamt dem Herrn, der geblasen hat? Ich tue es von ganzem Herzen, bis der Inhalt das Spiegelglas zersprengt, und der Tropfen, der niederfällt, wahrlich! er trifft als Tortur nur meinen eignen nackten Schädel, den ich unter einer schwarzen Perücke meines treuesten Freundes immer trage, allein; er liegt allein auf meinen Blumen, Sonnenwenden und Biertafelrunden von einigen herrlichen Freunden, die alle Tage sterben können; sie haben nichts zu versäumen bei mir, denn ich weiß, daß sie das Göttliche denken und tun müssen, was mir soviel ist, als sei es getan. Sie aber, lieber Fouqué, sind besser mit mir umgegangen. Es ist Ihnen unheimlich mit mir geworden ... Das kann ich Ihnen leicht über Bord werfen, mein Schiff segelt darum nicht höher, denn es ist wahrhaftig – Nichts. Oder wenn Ihnen nichts zu wenig wäre, so sage ich Ihnen, es sei eine von jenen Feldblumen, man nennt sie Gespenster bei mir, deren Blüte eine Kugel von luftigen Haaren ist; sie sind melancholischer Hirten Orakel – blasen Sie, mein Lieber! wem soll es gelten – mir, dir oder ihr? Nun zählen Sie ... – trägt die Welt noch mich, oder dich, oder Sie? Haben Sie eine gute Brust, so stehe ich in Ihrer Hand; Sie können mich auf einmal herunterblasen, aber dann wäre es ja nichts. Lassen Sie lieber die kleine Gespensterblume leben und mich! Ich hefte sie an den Mast und segle meine Tage herunter, o könnte ich schneller sein als der Wind... Selig, wer dem Herrn das Leben gelebt...»

Eine rasche Folge von Stimmungswechseln bestimmte Brentanos Literatur, die nur wiedergeben konnte, was ihr Autor als Privatmann durchlitt. *Die saure Arbeit des Begriffs* war seine Sache nicht; er liebte poetisch eingesponnene Wirklichkeiten, in denen er sich, Sprachgänger im eigens bemessenen Feld, nur zu gerne verlief. Was ihm auf Dauer zu schaffen machte, war die Beliebigkeit, mit der sich die Welt als Spielmaterial romantischer Virtuosität darbot. Alles schien möglich, alles war erlaubt, solange es sich um Kunstgriffe handelte, die vor den empfindsamen Brüdern im Geiste bestehen konnten. Damit konnte nur zufrieden sein, wer sich, wie Brentano, an ein vorübergehendes, ironisch verdichtetes Selbstgenügen wandte: «Vivat! ich kann so lustig sein und so traurig, als ich mag, und das zu aller Stunde. Sieh da! das ist alle meine Kunst, und ich nehme vorlieb... Die Harfe habe ich in Feuer ausgeglüht und sie mit Metall besaitet, und spiele sie selbst; oder die Freude, oder eine Maus läuft darüber klingend, oder eine Fliege – die letzteren aber nenne ich prophetisch, und ich ahne dann und rüste mich mit Vertrauen... Nun aber habe ich mir alles ausgedacht, was ich noch nirgends gelesen und gesehen und wonach ich dürste: Farben, die mir vorschweben und zu denen ich die Bilder in allen Galerien umsonst gesucht; einen Hintergrund unergründlich, und doch nah und wehend, wie der Himmel und die Hölle, und einen Vordergrund wie Wiesengrün, Lämmer und Rosen und eine Linde, ein Altar und ein stiller Brunnen; dabei schlummert ein Kind im heißen Mittag, und einen Mittelgrund wie wandelnde Jungfrauen und Jünglinge, liebend und betend; links Bürgerkampf auf offenem Markte, rechts Tempelbau, über das Gänze ragend ein Turm von falscher Philosophie und dem Teufel als Wetterableiter...»

Brentanos endgültige Hinwendung zur Kirche, von nicht wenigen Kollegen als eklatanter Stilbruch empfunden, war in Wahrheit nur folgerichtig. Er hatte sich in seiner Poesie erschöpft; die Beliebigkeit des gängigen Welterfahrungsspiels stimmte ihn mehr als unzufrieden. Seine Schmähungen der allgemeinen Eitelkeit, zu der er selbst mit beigetragen hatte, waren nicht ohne Komik und blieben gerade deshalb wohl folgenlos. Die Literatur, so mußte Brentano es empfinden, drehte sich im Kreise; sie entsprach einer grassierenden Gedankenlosigkeit, die sich für aufgeklärt und aphoristisch bewandert hielt. Die Frage nach Gott als einer Angelegenheit des Herzens wurde kaum noch gestellt; wo sich Philosophen mit ihr befaßten, behandelte man sie nach Art der Metaphysik, der Brentano nie über den Weg traute. So entschied er sich für das, was er als Religion des Volkes verstand; einen vergleichsweise strammen, auf Kompromisse und Halbheiten keineswegs versessenen Katholizismus, in dem man seine letzte Zuflucht nehmen konnte. Wie eine solche Suche und Ankunft vor sich gegangen sein mag, hat der Schrifsteller Robert Walser in einem kleinen Prosastück mit dem Titel *Brentano I* beschrieben, das im November 1910 in der *Neuen Rundschau* erschien: «Er sah keine Zukunft mehr vor sich, und die Vergangenheit glich ... etwas Unverständlichem ... Ein oder auch zwei Jahre vergehen. Er mag nicht mehr leben, und so entschließt er sich denn, sich selber gleichsam das Leben, das ihm lästig ist, zu nehmen, und er begibt sich dorthin, wo er weiß, daß sich eine tiefe Höhle befindet. Freilich schaudert er davor zurück, hinunterzugehen, aber er besinnt sich mit einer Art von Entzücken, daß er nichts mehr zu hoffen hat ... Er tritt durch das finstere große Tor und steigt Stufe um Stufe hinunter, immer tiefer, ihm ist nach den ersten Schritten, als wandere er schon tagelang, und kommt endlich unten, ganz zu unterst, in der stillen kühlen tiefverborgenen Gruft an. Eine Lampe brennt hier, und Brentano klopft an eine Türe. Hier muß er lange, lange warten, bis endlich ... ihm der Bescheid und der grausige Befehl erteilt wird, einzutreten, und er tritt mit einer Schüchternheit, die ihn an seine Kindheit erinnert, ein, und da steht er vor einem Mann, und dieser Mann, dessen Gesicht mit einer Maske verhüllt ist, ersucht ihn schroff, ihm zu folgen. ‹Du willst ein Diener der katholischen Kirche werden? Hier durch geht es.› So spricht die düstere Gestalt. Und von da an weiß man nichts mehr von Brentano.»

Robert Walser hat sich auch gefragt, wie es dem bekehrten Brentano, den die Verlockungen der Poesie noch heimsuchen, zumute gewesen könnte. In *Brentano II* schreibt er ihm einen Monolog zu, der davon erzählt, wie der Dichter, scheinbar gefestigt im Glauben, auf würdevolle Weise hilflos wird; er kann nur noch den Stimmen lauschen, die in ihm sind und sich geradezu heimtückisch widersprechen: «Ich kann von Zeit zu Zeit das Leben deshalb unmöglich ernst nehmen, weil sich mir der heitere Glaube tief eindrängt, daß es bloß ein Kind sei, das in entzückender, mutteraugenbewachter Unbehilflichkeit im spielenden, grünenden, schmeichelnden Grase liegt. Weiche Flammen wollen aus mir herauszüngeln, Herrschaft über mich ausüben, und mir ist, als sei ich mit dem Schwälbchen oder mit dem Schneeflöckchen verwandt, dann steht wieder die ganze, hochentwickelte Verantwortung vor mir... Sanftes und zorniges Instrument, das ich bin, – und ich rede, und in allem Reden breitet sich eine Steppe der Stummheit aus, und ich kann schweigen, und es ruft in einem fort laut daraus auf... Die Wege, die durch die Schönheiten und Schändlichkeiten und Helligkeiten und Dunkelheiten und Freiheiten und Gefangenheiten des Daseins ziehen, erbleichen, wenn sie mich sehen, um gleich darauf vor Vergnügen zu glühen, und die Häuser stehen da, und in den Städten kommt es zum Ausdruck, wie sich die Menschen nach Liebe sehnen und wie schwierig dies gestern gewesen ist, wie auch noch heute. Verunmöglichungen weichen nie, haben eine Ausdauer, eine Gelenkigkeit; den Möglichkeiten hängen Fetzen an wie Bettlern. Und dennoch sieht man sie gern.»

Einmal noch ist Brentano rückfällig geworden, in die Liebe wie in der Poesie. In München lernte er die Malerin Emilie Linder kennen und begab sich wieder auf Freiersfüße. Emilie, deutlich jünger als der damals nicht mehr dichtende Dichter, zeigte jene Sprödigkeit, die auch die fromme Luise Hensel an sich hatte; von ihr fühlte er sich derart enthusiasmiert, daß er wieder zu dichten begann. Allerdings ging er nun mit bemerkenswerter Altersökonomie ans Werk; er kramte alte Gedichte hervor, die ihre Zwecke, nämlich das glühende Besingen einer Person, bereits erfüllt hatten. So bekam Emilie, frei nach dem Motto «Was gut ist, kommt wieder», ein paar Verse überreicht, die längst erprobt worden waren: «Hörst du wie die Brunnen rauschen, / Hörst du wie die Grille zirpt? / Stille, stille, laß uns lauschen, / Selig, wer in Träumen stirbt. / Selig, wen die Wolken wiegen, / Wenn der Mond ein Schlaflied singt, / O wie selig kann der fliegen, / Dem der Traum den Flügel schwingt, / Daß an blauer Himmelsdecke / Sterne er wie Blumen pflückt: / Schlafe, träume, flieg, ich wecke / Bald dich auf und bin beglückt.»

Brentanos literarisches Werk war von der Launenhaftigkeit diktiert, die man auch dem Menschen Brentano nachsagte. In seinen gelungensten Gedichten hat er die geheimnisstarke Natur wie ein Balladensänger des schönen Vergänglichen besungen; in seiner besten Prosa, den Märchen etwa, im Roman *Godwi*, der Kriminalnovelle *Die Schachtel mit der Friedenspuppe* oder der *Geschichte vom braven Kasperl und dem schönen Annerl*, bricht er die Realität mit den Spiegelungen aufmüpfiger Ironie, die sich am eigenen Zuspruch erst berauscht, dann besänftigt und zu höherer Erfahrung drängt. Als professioneller Dichter, der auf die Ausübung seines Berufes keinen Wert mehr legte, war er, wie kaum ein zweiter, von der Tagesform abhängig; er brachte aufs Papier, was aus seinem Kopfe wollte, und in dem ging es, wie er selbst sagte, «mal göttlich und mal ärmlich» zu. Entsprechend waren seine literarischen Produktionen.

Auch wenn er immer verschwiegener und verschlagener wurde – Brentano hatte nichts verlernt: Noch immer konnte er witzig, noch immer konnte er wortreich und böse sein. Seinen Abschied von der Poesie betrieb er konsequent und nicht ohne Wehmut; den spät gewonnenen Überzeugungen jedoch blieb er treu. Als im Sommer 1826 der Verleger Johann Friedrich Böhmer Brentanos *Romanzen vom Rosenkranz* drucken wollte, die ihm der Dichter zum Lesen überlassen hatte, wurde er abschlägig beschieden: «Der gute Böhmer! ... Da geb ich dem Mann den halb zwischen Pomeranzen, Apfelsinen und dergleichen in Tränen gepökelten, verschimmelten Wechselbalg der melancholisch funkelnden Phantasie des zerrissenen Herzens hin, daß er das Ding als Präparat in Spiritus gesetzt in sein Museum stelle, und der gute Mann schickt mir das mühselige Potpourri aller meiner Zustände schön zusammenkuriert in einem Kardinalsrock wieder ins Haus. Was soll ich um Himmels willen mit diesen geschminkten, duftenden Toilettensünden unchristlicher Jugend unter der Autorität der Dankbarkeit anfangen? Das ist eine wahrhaft liebliche und darum um so ängstlichere Totenerscheinung! Ich habe keinen Zusammenhang mehr mit diesen Dingen als das tragische Gefühl aller Vergeblichkeit und eine leise Beschämung.»

Der alte Brentano lebte zurückgezogen. Besuchern, die ihm mißfielen, wies er die Tür; wer zu ihm vorgelassen wurde, mußte sich auf Absonderlichkeiten gefaßt machen. Ein Bekannter, der den ehemaligen Dichter als alten Mann wiedersah, erinnerte sich: «Er war stärker im Gesicht und am Körper geworden und trug einen groben wollenen Kittel. In seiner Stube lag alles recht durcheinander, und in seiner Schlafkammer daneben war's noch ärger. Die weißen Kalkwände waren alle mit großen und kleinen Ölbildern, meist auf Holz gemalt, zugehängt... Möbel waren keine da, nur eine Kommode, woraus die Schubladen genommen waren, die auf der Erde lagen, – und ein paar Stühle. Er selbst saß in einem Sessel, alles grob von Tannenholz gemacht; sein Arbeitstisch waren ein paar abgehobelte Dielen mit ein paar Füßen... Alles lag voller Bücher, Papierrollen, Kupferstiche, gedruckten und ungedruckten Papiers; ein alter Koffer in einer Ecke, mit schmutziger Wäsche, die halb heraushing; sein brauner Ausgehüberrock und sein Hut lagen da, wo er sie gerade ablegte, und wenn er monatelang nicht ausging, blieben sie an Ort und Stelle liegen.»

Ein Vierteljahr vor seinem Tod am 28. Juli 1842, um neun Uhr früh, im Hause seines Bruders Christian in Aschaffenburg, schrieb Brentano an seine einstige Vertraute Sophie von Schweitzer: «Ach, ich dachte schon vor vielen Jahren, als ich noch unter den Geschwistern lebte, oft einsam zwischen alten Fässern auf dem Speicher sitzend, ach, was hätten wir doch alle werden können: so gut, so fromm, so hilfreich und trostreich, für einander und ein Heil allen Nebenmenschen; oh, wir hätten wohl heilend und heilig werden können, wir hätten wohl alles dazu, und *was ist aus uns geworden*? (...) O mein Kind! wir hatten nichts genährt als die Phantasie, und sie hatte uns doch schon wieder aufgefressen ...»

Immer nach Hause

Novalis und das Feuer des Schönen

Friedrich von Hardenberg stammte aus altem niedersächsischem Adelsgeschlecht. Den Namen *Novalis* nahm er erst später an und benutzte ihn vorwiegend für seine literarischen Arbeiten. Novalis heißt soviel wie «Der Neuland-Besteller», und als ein solcher hat sich der Freiherr von Hardenberg, der ein Mann von beträchtlichen Talenten war, auch tatsächlich gesehen: Er betrat Neuland, das bei genauerem Hinsehen aber so neu gar nicht war, sondern nur die andere Seite der bekannten und durchdachten Welt, von der wir uns ein Bild machen. Dieses Bild aufzuhellen auf Erden und unter einem der Ewigkeit verschworenen Himmel – das war das Bestreben des Freiherrn von Hardenberg genannt Novalis, der dafür jedoch nicht viel Zeit hatte; sein Leben war kurz bemessen.

Am 2. Mai 1772 wird er im elterlichen Schloß Oberwiederstedt im damaligen Kursachsen geboren. Die Hardenbergs können auf eine respektable Familientradition zurückblicken: Seit dem 12. Jahrhundert gibt es sie, der Stammbaum ist weit verzweigt und weist einige bedeutende Persönlichkeiten aus. Karl August von Hardenberg etwa aus der niedersächsischen Linie der Hardenbergs, der von 1750 bis 1822 lebt, bringt es zum preußischen Staatskanzler. Novalis indes stammt aus der obersächsischen Linie, in der es beschaulicher und überschaubarer zugeht: Schloß Oberwiederstedt, das heute u. a. ein Novalis-Museum und eine Forschungsstätte für Frühromantik beherbergt, 1989 jedoch fast abgerissen worden wäre, wenn sich nicht im Ort selbst Widerstand gegen das Vorhaben gerührt hätte, ist im Jahre 1772 eher ein bescheidenes Landgut als ein Schloß: Mit der Bausubstanz steht es nicht zum Besten, und für Reparaturen fehlt das Geld. Heinrich Ulrich Erasmus von Hardenberg, Novalis' Vater, ist ein streng gläubiger Mann: Er hat sich, nachdem ihm in erster kinderloser Ehe die Frau weggestorben war, der Herrnhuter Brüdergemeinde angeschlossen und hängt seinem protestantischen Gottesweltbild an, das vom Grau-in-Grau der irdischen Sündhaftigkeit grundiert wird. Alles, was der Mensch auf Erden zu seiner eigenen Freude tut, kann höheren Orts gegen ihn verwendet werden; von dieser Überzeugung läßt sich Heinrich von Hardenberg leiten, und er macht es seiner Familie damit nicht leicht. Gut, daß es da noch die Mutter gibt: Bernhardine Auguste von Bölzig, Hardenbergs zweite Frau, war als arme Verwandte vom Hausherrn geehelicht worden, was sie immer wieder zu spüren bekommt. Sie läßt es sich jedoch nicht verdrießen, ist lebensjahend und verständnisvoll, auch wenn ihr, kein Wunder bei diesem Mann, wiederkehrende Schwermutsanfälle zusetzen, gegen die sie jedoch tapfer angeht. Elf Kinder – sieben Söhne und vier Töchter – bringt sie zur Welt, von denen nur ein einziges, der 1781 geborene Georg Anton von Hardenberg, die Mutter überlebt. Der Tod, so scheint es, hat schon frühzeitig sein besonderes Augenmerk auf die Hardenberg-Kinder gerichtet; für den Vater ist dies nichts Ungewöhnliches und eine Bestätigung seiner strengen orthodoxen Frömmigkeit. Friedrich von Hardenberg ist der Älteste, ein schwächliches Kind, an dem überdies keine besonderen Geistesgaben zu entdecken sind, im Gegenteil. Sein Blick, meint man, ist träge, seine Bewegungen muten langsam an, von frühen Begabungen kann keine Rede sein. Der Vater macht sich schon Sorgen, ob ihm da nicht eine weitere schwere Probe zugemutet werde, indem ihm der Herrgott ein zurückgebliebenes Kind ins Haus gesetzt hat; die Mutter jedoch hängt an ihrem Erstgeborenen mit besonderer Zärtlichkeit, was ein Leben lang anhält. Friedrich dankt es ihr mit einer Liebe, die über das übliche Maß hinausgeht; die Mutter wird ihm zur Geliebten schlechthin, sie weckt Begehrlichkeiten in ihm, die eingehen in sein späteres Frauenbild. Im Sommer 1791, er ist 19 Jahre alt, schreibt er der Mutter aus Jena: «Ich weiß, daß Du es gern siehst, wenn ich an Dich schreibe, ob ich Dich gleich versichre, daß auch gewiß sonst die Erinnerung an Dich mir die glücklichsten meiner Stunden macht, wenn meine Phantasie schwelgt und Dein Bild lebendig mir vorschwebt. Wenn alle die schönen Szenen der Vorzeit und Zukunft, die ich mit Dir erlebte und erleben werde, vor mir stehn und jeder Zug in ihnen beseelt ist: Wenn gar der blaue Schleier der Zukunft sich hebt und ich Dich als Schöpferin aller jenen kühnen Entwürfe sehe, die eine allzukühne Zuversicht in meine Kräfte wagte. Denn wem dankten alle Männer beinah, die etwas Großes für die Menschheit wagten, ihre Kräfte; keinem als ihren Müttern.»

Der kleine Friedrich von Hardenberg, von der Mutter geliebt und vom Vater argwöhnisch beäugt, bleibt zunächst das merkwürdig schwächliche Kind. Das ändert sich erst, als er seine erste große Kraftprobe besteht: Friedrich, gerade 9 Jahre alt geworden, trotzt einer der heimtückischen Krankheiten seiner Zeit, der Ruhr. Wochenlang liegt er darnieder, die Ärzte machen sorgenvolle Gesichter. Auch der Vater bangt um seinen Sohn. Als der kleine Friedrich, allen ungünstigen Prognosen zum Trotz, die Krankheit besiegt, steht er, so scheint es, als ein anderer vor den Eltern: Er wirkt selbstbewußter, nicht mehr so verhuscht und verschüchtert, und auf einmal interessiert er sich für alles, was um ihn herum vorgeht. Der Vater sieht es mit Wohlwollen, beginnt, sich ernsthaft für seinen ältesten Sohn zu interessieren. Er nimmt ihn jetzt manchmal sogar auf Reisen mit, was einer Auszeichnung gleichkommt. Heinrich von Hardenberg hat allerdings wirtschaftliche Sorgen; er bewirbt sich um den Posten des Direktors der kursächsischen Salinen. Die Bewerbung hat Erfolg, er erhält eine zusätzliche Besoldung von 650 Talern im Jahr. So zieht die Familie 1785 in die kleine Stadt Weißenfels um, die damals knapp 4000 Einwohner hat und verkehrsgünstig im Dreieck Leipzig, Jena, Weimar liegt. In dieser Region, so zeigt sich später, fühlt sich Novalis zu Hause; er bleibt ein Kursachse, der zwar gelegentliche Reisepläne hegt, aber den anmutigen Landstrich zwischen Harz, Thüringer Wald, Erzgebirge und Elbe nicht verlassen mag. Hier findet er seine Welt, in der sich die Grenzen zwischen Tag und Traum, zwischen Endlichkeit und Unendlichkeit zugunsten einer anderen Wirklichkeit auflösen lassen. Die Hardenbergs werden in Weißenfels schnell heimisch; dennoch geht manch wehmütige Erinnerung nach Oberwiederstedt zurück: «Wie schön spielte es sich in dem dämmerigen großen Hausflur, in den langen Gängen, auf der steinernen Wendeltreppe mit den kleinen runden Fensterscheiben, durch welche das Licht so seltsam gebrochen hereinfiel, und welche vom Turm herab durch die kleine verborgene Tür in den engen Hof geleitete, wo eine Menge alter hochstämmiger Fliederbäume im Frühling so köstlich blühten ... Fürwahr, es war eine fröhliche Kinderzeit, ein glückliches Leben.»

Friedrich von Hardenberg wird von Hauslehrern unterrichtet;

er zeigt sich als fleißiger Schüler. Zur Literatur fühlt er sich hingezogen, auch zur Philosophie und Rechtswissenschaft, und er hat sich, eher spielerisch als systematisch, als Dichter versucht, dem es allerdings noch an Originalität mangelt, was er selbst freimütig zugibt. Am 23. Oktober 1790 wird er als Student der Jurisprudenz an der Universität Jena eingeschrieben, die damals bei etwa 4500 Jenenser Einwohnern immerhin 800 Studenten zählt und besonders in den Geisteswissenschaften einen ausgezeichneten Ruf hat. Als Berühmtheiten gelten der Philosoph Karl Leonhard Reinhold, ein Kantianer auf der Suche nach einer eigenständigen Philosophie, und Schiller, der in Jena als außerordentlicher Professor der Geschichte und Philosophie wirkt und auf den jungen Novalis sogleich einen außerordentlichen Einfluß ausübt: – «sein Blick warf mich nieder in den Staub und richtete mich wieder auf», bekennt er und fühlt sich in einer Weise inspiriert, die er zuvor nicht gekannt hat. Er setzt seine Inspiration sogar in tätige Nächstenliebe um: Als Schiller im Januar 1791 schwer erkrankt, hält er Nachtwachen am Bett des verehrten Lehrers. Schiller, dem es bald darauf wieder bessergeht, bleibt bis auf weiteres der Leitstern des jungen Hardenberg, der allerdings weiß, daß seine eigenen Talente noch nicht in die rechte Bahn gekommen sind: Eine gewisse Unstetheit tritt hervor, ein überbordendes, schnell zu entzündendes und noch schneller abzulenkendes Interesse, das sich um die vom Philosophen Hegel – der selbst später nach Jena kommt – geforderte «saure Arbeit des Begriffs» einstweilen noch herumzuwinden weiß. Er versucht, sich an eine Devise zu halten, die Schiller gerade allen praktizierenden Schriftstellern angeraten hatte: «Der Dichter muß damit anfangen, sich selbst fremd zu werden, den Gegenstand seiner Begeisterung von seiner Individualität loszuwickeln, seine Leidenschaft aus einer mildernden Ferne anzuschauen ...» Und er «nehme sich ja in acht, mitten im Schmerz den Schmerz zu besingen».

In Jena bleibt Friedrich von Hardenberg, trotz Schiller, nur ein Jahr; danach wechselt er an die Universität Leipzig. Er ist voller Pläne und guter Absichten; an seinen Bruder Erasmus schreibt er: «Ich werde ... nach einer gänzlich veränderten Lebensordnung zu leben dort anfangen. Jurisprudenz, Mathematik und Philosophie sollen die drei Wissenschaften sein, denen ich diesen Winter mich mit Leib und Seele ergeben will ... Ich muß mehr Festigkeit, mehr

Bestimmtheit, mehr Plan, mehr Zweck mir zu erringen suchen ...» Im Vergleich zu Jena ist Leipzig eine Großstadt von 30000 Einwohnern. Es gibt für den Studenten Hardenberg nicht nur die Wissensangebote, sondern auch diverse Zerstreuungen, so daß er Mühe hat, seine guten Vorsätze in die Tat umzusetzen. Die Unstetheit, das eigenartig Getriebene seines Wesens, das er schon früh in sich entdeckte und zu disziplinieren sucht, wird er so schnell nicht los. Er spielt mit dem Gedanken, Offizier zu werden. Davon erhofft er sich, wie er mitteilt, mehr «Männlichkeit» und ein «Festerwerden» seines Charakters. Die Zeiten sind zudem so, daß die Militärs gebraucht werden. In Frankreich hat sich, begrüßt von nicht wenigen deutschen Intellektuellen, die Revolution durchgesetzt. Am 20. April erklärt die Gesetzgebende Versammlung in Paris Österreich den Krieg, auch das verbündete Preußen ist betroffen. Hardenbergs Pläne sind indes nicht mehr als Planspiele; er hat zudem nicht genug Geld, um sich in eine Offizierslaufbahn einzukaufen. So bleibt ihm nichts anderes übrig, als, umgeben von äußeren Konflikten, seinen inneren Konflikt mit sich selbst auszutragen. Dabei kommt ihm ein Freund zu Hilfe, der in der Folgezeit außerordentlich wichtig für ihn werden soll: der Dichter, Philosoph und Literaturkritiker Friedrich Schlegel, der, obwohl nur sieben Wochen älter als Novalis, damals in seiner Entwicklung schon so weit fortgeschritten ist, daß er Friedrich von Hardenbergs Talente deutlich zu erkennen vermag. Im Januar 1792 schreibt er an seinen Bruder August: «Von einem muß ich doch noch erzählen: Das Schicksal hat einen jungen Mann in meine Hand gegeben, aus dem alles werden kann. – Er gefiel mir sehr wohl, und ich kam ihm entgegen; da er mir denn bald das Heiligtum seines Herzens weit öffnete. Darin habe ich nun meinen Sitz aufgeschlagen und forsche. – Ein noch sehr junger Mensch – von schlanker guter Bildung, sehr feinem Gesicht mit schwarzen Augen, von herrlichem Ausdruck, wenn er mit Feuer von etwas Schönem redet – unbeschreiblich viel Feuer – er redet dreimal mehr und dreimal schneller als wir andre – die schnellste Fassungskraft und Empfänglichkeit. Das Studium der Philosophie hat ihm üppige Leichtigkeit gegeben, schöne philosophische Gedanken zu bilden – er geht nicht auf das Wahre, sondern auf das Schöne ...»

Im April 1793 verläßt Novalis Leipzig und wechselt an die Universität Wittenberg, an der 250 Studenten eingeschrieben sind.

Auch für Wittenberg bringt Novalis gute Vorsätze; sie sollen seinen Fleiß untermauern und reichen bereits über die Studentenzeit hinaus. Seinem Vater in Weißenfels meldet er: «Die Arbeit schmeckt mir... Staatsrecht, Statistik, Völkerrecht und Referieren füllen meine Stunden völlig. Mich treibt eine Sehnsucht nach einer Anstellung, wo ich bald von Deinem Beutel unabhängig bin.» Aber dann kommen doch die alten Zweifel wieder, und er fügt hinzu: «Mein Wesen besteht aus Augenblicken. Will ich diese nicht ergreifen mit männlicher Hand, so bleibt mir nichts übrig als eine unerträgliche Vegetation.» Wenn dem aber so ist, wenn eigentlich nur der Augenblick zählt, dann muß man aus der Not eine Tugend machen: Das Leben als Abfolge von Augenblicken läßt sich steigern und erleuchten, wenn jedem dieser Augenblicke ein besonderes Gewicht verliehen wird. Inhaltsschwer und einzigartig muß jeder Augenblick sein – so als könnte er ein erstes und letztes Geschenk des auf Tiefe und Nachfragen angelegten Bewußtseins sein. Diesem Erkenntnisprogramm möchte er nicht allein wissenschaftlich, auch als *Ahnender* folgen; seine Begeisterungsfähigkeit, die ungebrochen ist, muß deswegen nicht künstlich herabgestimmt werden. Friedrich Schlegel macht ihm ausdrücklich Mut: «Du wirst sicher noch glücklich werden; übersiehe nur die schönen Kräfte Deiner Seele, die Fülle Deiner Einbildungskraft, die Schnellkraft Deines Herzens, die Leichtigkeit Deines Verstandes...»

Am 14. Juni 1794 legt Friedrich von Hardenberg sein juristisches Staatsexamen ab; seine Leistungen werden, wie er stolz vermerkt, mit «der ersten Zensur» bedacht. Sein Selbstbewußtsein, obwohl noch immer ablenkbar und verführbar, hat sich gefestigt; er glaubt nun zu wissen, was er kann und was er will. Ja, er hat sich die dazu passende Überzeugung zurechtgelegt: Wer etwas werden will im Leben, muß etwas wollen. «Die Willenskraft», schreibt er, «ist das Element des Mannes, der ohne sie nie Mann, sondern ein halber Verschnittner ist. Sie ist's, wodurch wir gesund sind und werden. Denn gewiß nur die Harmonie unsrer Kräfte, die nur durch sie möglich ist, macht uns zu wahren Menschen, zu echten Wesen in der Reihe der Dinge und dem wunderbaren Zusammenhang der moralischen und physischen Welt. Wo kranke Phantasie, da ist auch kranke Empfindung und kranker Verstand.» Novalis kehrt nach Weißenfels zurück. Er ist stolz auf das Erreichte. Seine eigene, noch junge Geschichte hat er selbsttätig in die

Hand genommen und mit Leben erfüllt, das auf einem deutlich erweiterten Wissen beruht. Man kann dies, möchte er glauben, sogar modellhaft sehen: Was seine Geschichte ausmacht, läßt sich nämlich auch, sieht man einmal von individuellen Besonderheiten ab, als Bestandteil einer allgemeinen Geschichte denken, die, erhoben über das zeitlich Begrenzte, schließlich «jedes Menschen Geschichte» ist. Die Gewißheit, die Novalis daraus bezieht, reicht weit über die eigene Person hinaus, deren Wert er gerade erst entdeckt hat. Eine ungeheure Zeit steht ihm bevor – eine Abenteuerzeit des Denkens, in der vielleicht auch die Liebe, der nicht wenige seiner Tag- und Nachtträume gelten, ihren Platz findet: «Ich habe nur einen Zweck – der ist überall erreichbar, wo ich tätig sein kann – doch hab ich mir nicht, wie ein Spießbürger, allzu enge Grenzen gemacht. – Bleib ich gesund, so muß ich ein Maximum für mich erreichen ... Es sind die Tage des Brautstandes – noch frei und ungebunden und doch schon bestimmt aus freier Wahl. – Ich sehne mich ungeduldig nach Brautnacht, Ehe und Nachkommenschaft ... Das Herz drückt mich – daß nicht jetzt schon die Ketten fallen wie die Mauern von Jericho.»

Nach Abschluß seines Studiums findet Hardenberg im November 1794 eine Anstellung: Er wird Verwaltungsassistent am Kreisamt in Bad Tennstedt im nördlichen Thüringen. Wenig später hat er eine Begegnung, die er zwar erhofft, aber nicht unmittelbar erwartet hat: Er lernt die Liebe seines Lebens kennen, Sophie von Kühn. Sie lebt mit Mutter, Stiefvater und neun Geschwistern im Nachbarort Grüningen. Daß Sophie die Liebe seines Lebens ist, weiß er, wie er bekennt, «innerhalb einer Viertelstunde»; Sophie indes hat mit der Liebe eigentlich noch nicht viel im Sinn, denn sie ist jung, sehr jung, gerade mal zwölfeinhalb Jahre. Novalis kommt seine Liebe wie eine langersehnte Rettung vor; er hat einen Menschen für sich entdeckt, den er in den Mittelpunkt seiner heftig bewegten Gefühlswelt stellen kann. Zwar mutet er der Liebe damit mehr zu, als sie zu leisten vermag, aber er braucht für die Sprache des Herzens ein Anforderungsprofil, das sich nicht am Gewöhnlichen bemißt. Er lebt auf in der Liebe, macht sie schließlich zu einem Welterklärungsmodell, das die Gegensätze versöhnt und auseinandertreibende Tendenzen wieder in eins führt. Sophie von Kühn, ein patentes und bodenständiges Mädchen, ist mit den Höhenflügen, die ihr zugedacht werden, überfordert; dennoch willigt sie ein, sich mit Hardenberg zu verloben, den sie, die seine Überspanntheiten durchaus erfaßt hat, jedoch auch auf Distanz zu halten weiß. Novalis stört das nicht weiter; von der Liebe erwartet er nun mal mehr als eine schnell verglimmende Glut des Herzens. An Friedrich Schlegel schreibt er: «Mein Lieblingsstudium heißt im Grunde wie meine Braut. Sophie heißt sie – Philosophie ist die Seele meines Lebens und der Schlüssel zu meinem eigenen Selbst ... Ich fühle in allem immer mehr die erhabnen Glieder eines wunderbaren Ganzen – in das ich hineinwachsen, das zur Fülle meines Ichs werden soll – und muß ich nicht alles gern leiden, da ich liebe und mehr liebe, als die 8 Spannen lange Gestalt im Raume, und länger liebe, als die Schwingung der Lebenssaite währt ...»

Novalis wirft sich, beschwingt von der Liebe, der er überirdische Reichweiten zutraut, auf das Studium der Philosophie. Sein philosophischer Einflüsterer wird ein Denker, der gerade in aller Munde ist: Johann Gottlieb Fichte. Dessen waghalsiges Erkenntnisprogramm, das Universum aus einer grundlegenden Tathandlung des Ich hervorgehen zu lassen, wurde allgemein als kühner Entwurf angesehen, der etwas vollbrachte, was zuvor nur verschämt versucht worden war, nämlich aus dem Bannkreis des großen Kant herauszutreten. Von Fichte zeigt sich Novalis, den die Bildung des Ich schon lange beschäftigt, mächtig beeindruckt; er merkt jedoch bald, daß sich hinter dem Ich, wie absolut es auch immer gesetzt werden mag, noch etwas Größeres auftut – eine allererste, ganz und gar unabhängige Wahrheit. Sie nennt er Gott. Gott steht zwar über den Menschen, ist aber auch der Herr ihrer Herzen; Endlichkeit und Unendlichkeit sind in ihm vereinigt. Wenn der Mensch, beseelt von der Liebe, sich für die Stimme Gottes offenhält, verfällt ihm die gewöhnliche Zeit, und er wird Teil der wahren Ewigkeit: «Die Menschheit grünt und blüht, welkt und ruht zu gleicher Zeit. (...) Das Prinzip ist in jeder Kleinigkeit des Alltagslebens – in allem sichtbar. Das Wahre erhält sich immer – das Gute dringt durch – der Mensch kommt wieder empor – die Kunst bildet sich – die Wissenschaft entsteht –und nur das Zufällige, das Individuale verschwindet. – Es ist der Kampf des Vergänglichen mit dem Bleibenden ...» Dieser Kampf, glaubt Novalis, kann nur zugunsten des Bleibenden entschieden werden. Das Individuum stirbt, aber es lebt weiter in der Gattung; eines Menschen Geschichte wird *jedes Menschen Geschichte*, die aufgehoben ist in der Menschheit Gottes: «Wenn wir von uns sprechen, so reden wir von der Gattung und dem Einzelnen. Unser Ich ist Gattung und Einzelnes – allgemein und besonders. Die zufällige oder einzelne Form unsers Ich hört nur für die einzelne Form auf – der Tod macht nur dem Egoismus ein Ende ... Was du wirklich liebst, das bleibt dir.»

Mit dieser Einsicht wird Novalis schon bald auf eine schmerzliche Probe gestellt: Sophie erkrankt schwer. Die Lage ist ernst. An Erasmus schreibt er am 20. November 1795: «Die Leber war stark entzündet – die heftigsten Schmerzen, seit dem Montag schlaflose Nächte, brennendes Fieber. Schon ... zweimal zur Ader gelassen. Sie war sehr matt, konnte sich nicht rühren – aber heiter und gelassen.» In der Tat ist Sophie ungemein tapfer; ihre Leidensfähigkeit, die sich auch an den damaligen, aus heutiger Sicht geradezu furchteinflößenden Behandlungsmethoden der Medizin bemißt, wird von allen gerühmt. Sie unterzieht sich einer Operation in Jena, die kurzfristige Besserung bringt, dann jedoch das alte Leiden wieder hervortreten läßt. Anfang März 1797 sieht Friedrich von Hardenberg seine Sophie zum letzten Mal; sie stirbt, so steht es im Grüninger Kirchenbuch, am «19. März 1797, früh um 9 Uhr, 2 Tage nach ihrem fünfzehnten Geburtstag» an «den Folgen einer Lungensucht». *Was du wirklich liebst, das bleibt dir* – diese Erkenntnis läßt sich leicht aufschreiben, angesichts des leibhaftigen Todes aber nur schwer durchstehen: «Es ist Abend um mich geworden, während ich noch in die Morgenröte hineinsah. Meine Trauer ist grenzenlos, wie meine Liebe. Drei Jahre ist sie mein stündlicher Gedanke gewesen. Sie allein hat mich an das Leben, an das Land, an meine Beschäftigungen gefesselt. Mit ihr bin ich von allem getrennt, denn ich habe mich selbst nicht mehr.» – Kaum ist Sophie zu Grabe getragen worden, wird ihm der nächste Schicksalsschlag auferlegt: Kaum vier Wochen später, am Karfreitag 1797, stirbt sein Lieblingsbruder Erasmus an Tuberkulose; er ist noch keine 23 Jahre alt. Dieser zweite Todesfall innerhalb kürzester Zeit, der den Lebensschmerz eigentlich ins Unerträgliche steigern müßte, bewirkt erstaunlicherweise eine Beruhigung; aus all dem, so macht sich Novalis klar, kann es nur den Weg ins Licht geben. Der Tod ist nicht das Ende, er zeichnet vielmehr, modellhaft für jedes Menschen Geschichte, die unendlich feinen und eindringlichen Linien eines absoluten Neubeginns vor: «Das Blütenblatt ist nun in die andere Welt hinübergeweht, – der verzweifelte Spieler wirft die Karten aus der Hand und lächelt, wie aus einem Traum erwacht, dem letzten Ruf des Wächters entgegen und harrt des Morgenrots, das ihn zum frischen Leben in der wirklichen Welt ermuntert. Je ängstlicher die Träume, desto näher die erquickende Frühe... Ich habe noch einiges zu verrichten – dann mag die Flamme der Liebe und Sehnsucht auflodern und dem geliebten Schatten die liebende Seele nachsenden. Der Augenblick des Wiedersehens ist der freudigste Aufblick, den ich noch unter dieser Sonne habe.»

Novalis gelingt es nun, sich dem wirklichen Leben zu widmen, ohne seine eigentliche Welt, die er «die unsichtbare Welt» nennt, aus den Augen zu verlieren. Er arbeitet konzentriert, ist um sein berufliches Fortkommen bemüht. Zugleich spricht in Briefen immer wieder davon, seiner Sophie «nachsterben» zu wollen; der rechte Zeitpunkt dafür sei nicht mehr fern, es gelte nur noch, die eine oder andere Kleinigkeit zu erledigen. Je mehr er allerdings zurückfindet ins reale Leben, desto mehr verlieren seine Todespläne an Gewicht; sie werden, da er jetzt auch in seiner Philosophie festes Terrain gewinnt, schließlich unerheblich und haben nur noch theoretischen Wert. Novalis arbeitet inzwischen in der Behörde, der Heinrich von Hardenberg als Direktor dient; man hat seinen ältesten Sohn als Salinenassessor in Weißenfels angestellt. Da sein Wissensdurst ungestillt ist, entschließt er sich zu einem zusätzlichen Studium an der Bergakademie Freiberg, für das ihn die kurfürstliche Behörde im November 1797 freistellt. Mit dem Jahr 1798 tritt der Schriftsteller Novalis an die Öffentlichkeit: Bislang hat er eher im verborgenen geschrieben, nun findet er, daß er sich hervorwagen darf. Friedrich Schlegel hat zusammen mit seinem Bruder August eine literarische Zeitschrift gegründet, die «Athenaeum» heißen soll, nachdem man zuvor ernsthaft erwogen hat, sie «Schlegeleum» zu nennen, was so ganz abwegig nicht gewesen wäre, da die Brüder die Absicht hegen, die meisten Beiträge selber zu schreiben. Im «Athenaeum» erscheint im April 1798 unter dem rätselhaft-einschmeichelnden Titel *Blütenstaub* die erste selbständige Arbeit Friedrich von Hardenbergs, der sich als Schriftsteller Novalis nennt. Es sind «Vermischte Bemerkungen», die da das Licht der Öffentlichkeit erblicken, «romantische Fragmente», in denen der Autor, wie er selbst bekennt, «Bruchstücke des fortlaufenden Selbstgesprächs in mir» nach draußen läßt. Obwohl er mit dieser Form nicht sonderlich zufrieden ist und auch an den Inhalten nachträglich einiges zurechtgerückt wissen will, enthält die Sammlung *Blütenstaub* doch bereits wesentliche Bekenntnisse des Dichters und Denkers Novalis. Er formuliert einige seiner Grundgedanken, die um das Verhältnis von Endlichkeit und Unendlichkeit, von Tod und Leben, von Zeit und Zeitlosigkeit kreisen. Novalis, der im wirklichen Leben längst zu einem pflichtbewußten Beamten geworden ist, sieht sich als Bürger einer höheren Welt. Diese höhere Welt ist unsichtbar und lebt vom reichen Seelenleben, das jeder Mensch in sich trägt: «Wir träumen von Reisen durch das Weltall: ist denn das Weltall nicht in uns? Die Tiefe unseres Geistes kennen wir nicht. – Nach Innen geht der geheimnisvolle Weg. In uns und nirgends ist die Ewigkeit mit ihren Welten, die Vergangenheit und Zukunft.» Dennoch wäre der Mensch schlecht beraten, wenn er sich nur darauf beschränkte, die Tiefen seiner Seele auszuloten. Die Außenwelt, das wirkliche Leben, darf nicht geringgeschätzt werden, im Gegenteil: «Der erste Schritt wird Blick nach Innen, absondernde Beschauung unseres Selbst. Wer hier stehen bleibt, gerät nur halb. Der zweite Schritt muß wirksamer Blick nach Außen, selbsttätige, gehaltvolle Beobachtung der Außenwelt sein.» Das Band, das die ideale Verbindung zwischen Innen- und Außenwelt schafft, ist die Poesie. Ihr mutet Novalis viel, wenn nicht gar alles zu: Poesie, wie er sie versteht, steht sogar noch über Philosophie und Religion, ja sie soll auch die geheime Triebfeder sein, die das Staats- und Gesellschaftsleben prägt.

Inzwischen hat Friedrich Schlegel seine Überlegungen aufgenommen; im «Athenaeum» nennt er die Poesie, der sein Freund Novalis zutraut, «die Welt zu romantisieren», eine «progressive Universalpoesie», die nichts Geringeres bewirken soll, als «die Poesie lebendig und gesellig und das Leben und die Gesellschaft poetisch» zu machen. Novalis sucht derweil nach einer Art Weltformel. Sie soll die geheime Klammer des Wissens benennen, die das Kleine mit dem Großen, das Innere mit dem Äußeren verbindet; sollte es sie geben und sollte sie, dies vor allem, den Menschen zugänglich sein, wäre sie der eigentliche Schlüssel zum Reich Gottes. Von den zeitgenössischen, an sich ja kühnen Entwürfen der Philosophie hat sich Novalis inzwischen entfernt; er glaubt, die Philosophie Fichtes hinter sich gelassen zu haben, weil er eben nicht beim Ich stehengeblieben ist, sondern die ganze Reichhaltigkeit des Lebens, das sich durch reine Begriffe nicht fassen läßt, in sein Denken mit einbezieht. *Leben ist magisch* – diese Erkenntnis, die ihn nicht schaudern läßt, sondern noch ergriffener und neugieriger macht – wird ihm zur erkenntnisleitenden Idee: «Zur Welt suchen wir den Entwurf – dieser Entwurf sind wir selbst... Wir werden die Welt verstehn, wenn wir uns selbst verstehn, weil wir und sie integrante Hälften sind.» Als Dichter sieht er sich indes nicht, wohl aber als Autor, der sein Schreiben wie sein Denken dazu benutzt, zu höheren Einsichten zu gelangen: «Die Schriftstellerei ist eine Nebensache... Wenn ich gut, nützlich, tätig – liebevoll und treu bin – so lassen Sie mir einen unguten Satz passieren. Schriften unberühmter Menschen sind unschädlich – denn sie werden wenig gelesen und bald vergessen. Ich behandle meine Schriftstellerei als ein Bildungsmittel – ich lerne etwas mit Sorgfalt durchdenken und bearbeiten – das ist alles, was ich abverlange. Kommt der Beifall eines klugen Freundes hinzu, so ist meine Erwartung übertroffen.» Zu Beginn des neuen Jahrhunderts schreibt Novalis Gedichte nieder, die im August 1800 unter dem Titel *Hymnen an die Nacht* im letzten Heft des «Athenaeum» erscheinen. Sie ziehen eine lyrische Summe seines bisherigen Denkens, das sich zum «magischen Idealismus» geläutert hat, der, durch auf- und absteigende Potenzierungen, die unsichtbare mit der sichtbaren Welt vereinigen will und das Gewöhnliche mit dem Ungewöhnlichen zusammendenkt. Deshalb ist die Nacht, die Novalis besingt, auch nicht bedrohliche Finsternis, sondern die andere Seite des Lichts; in der Nacht kommt es zur Versöhnung, wird Liebe zur wahren Offenbarung. Gott, der kein persönlicher, kein strenger Gott ist, ruft die Seinen, und sie erkennen ihn, ihrer Zeitlichkeit enthoben, in seiner zugänglichen Ewigkeit. Es ist ein Moment, der für alle zählt, und Novalis beschreibt ihn als aufblitzende Vision, die die Wahrheit als Bild nimmt, das sich eingräbt, auch wenn es schon wieder verloschen ist: «Da kam aus blauen Fernen – von den Höhen meiner alten Seligkeit ein Dämmerungsschauer – und mit einemmale riß das Band der Geburt – des Lichtes Fessel. Hin floh die irdische Herrlichkeit und meine Trauer mit ihr – zusammen floß die Wehmut in eine neue, unergründliche Welt – du Nachtbegeisterung, Schlummer des Himmels kamst über mich – die Gegend hob sich sacht empor; über der Gegend schwebte mein entbundner, neugeborner Geist. Zur Staubwolke wurde der Hügel – durch die Wolke sah ich die verklärten Züge der Geliebten. In ihren Augen ruhte die Ewigkeit – ich faßte ihre Hände, und die Tränen wurden ein funkelndes, unzerreißliches Band. Jahrtausende zogen abwärts in die Ferne, wie Ungewitter...»

Obwohl seine Gesundheit immer wieder quertreibt, ringt Novalis sich weitere literarische Arbeiten ab: Er hat einen Roman begonnen, die *Lehrlinge von Sais*, der aber liegenbleiben muß, weil ihm die Zeit fehlt; er schreibt *Geistliche Lieder*, die wegen ihrer ergreifenden Schlichtheit zu Lebzeiten seine erfolgreichsten Werke sind; er bringt unter dem programmatischen Titel *Die Christenheit oder Europa* eine geschichtsphilosophische Abhandlung zu Papier, in der er Religion und politische Erwartungshaltung auf eine Weise ineinanderführt, daß beide wie neu belebt erscheinen, was auch und im besonderen gegen den zeitgenössischen, sich philosophisch gebärdenden Materialismus geht, der gegen die alten Werte wettert, nur weil sie alt sind und einem rigorosen Fortschrittsverständnis widersprechen:

«Das Resultat der modernen Denkungsart nannte man Philosophie und rechnete alles dazu, was dem Alten entgegen war, vorzüglich also jeden Einfall gegen die Religion... Noch mehr – der Religions-Haß dehnte sich sehr natürlich und folgerecht auf alle Gegenstände des Enthusiasmus aus, verketzerte Phantasie und Gefühl, Sittlichkeit und Kunstliebe, Zukunft und Vorzeit, setzte den Menschen in der Reihe der Naturwesen mit Not obenan, und machte die unendliche schöpferische Musik des Weltalls zum einförmigen Klappern einer ungeheuren Mühle, die vom Strom des Zufalls getrieben und auf ihm schwimmend, eine Mühle an sich, ohne Baumeister und Müller und eigentlich ein echtes Perpetuum mobile, eine sich selbst mahlende Mühle sei.»

Im Dezember beginnt er mit der Arbeit an einem neuen Roman, der *Heinrich von Ofterdingen* heißen soll und von einem mittelalterlichen Dichter erzählt, der im 13. Jahrhundert, zusammen mit seinen Dichterkollegen Wolfram von Eschenbach, Walther von der Vogelweide und Reinmar von Hagenau, am legendären Sängerkrieg auf der Wartburg teilgenommen hatte. Dennoch ist *Heinrich von Ofterdingen* kein historischer Roman, sondern eher ein Glaubensbekenntnis in Romanform. Es geht wieder um die Poesie, die Novalis noch einmal beim Wort nimmt, auf daß sie – nunmehr im Erzählgang eines Romans – die ganze, welt- und seelentrösterische Vielfalt ihrer unendlichen Möglichkeiten darlege. Man kann sagen, daß Novalis in seinen *Heinrich von Ofterdingen* alles hineinlegt, was er bisher erdacht, erfühlt und erlitten hat. In der berühmtesten Szene des Romans, aus der sich später die Zeichengebung einer übersteigerten romantischen Weltauffassung herauslesen ließ, erfährt Heinrich von Ofterdingen die visionäre Kraft der Erlösung, für die ein besonderes Symbol steht, die blaue Blume: «Er sah nichts als die blaue Blume und betrachtete sie lange mit unnennbarer Zärtlichkeit. Endlich wollte er sich ihr nähern, als sie auf einmal sich zu bewegen und zu verändern anfing; die Blätter wurden glänzender und schmiegten sich an den wachsenden Stengel, die Blume neigte sich nach ihm zu, und die Blütenblätter zeigten einen blauen ausgebreiteten Kragen, in welchem ein zartes Gesicht schwebte.» Heinrich von Ofterdingen, der, wie sein Autor Novalis, eine starke Mutterbindung hat, die allerdings, soweit das überreicher Phantasie überhaupt möglich ist, im Sinne reiner Liebe von Zweideutigkeiten weitgehend freigehalten wird, darf schließlich, mit Blick auf die bestaunenswerten Grundfragen des Lebens, denen er Tag und Nacht nachsinnt, des Rätsels Lösung erfahren, das allerdings wiederum nur die Gewißheit des einen erfüllten Augenblicks anzubieten hat; darüber hinaus dreht sich das Geheimnis, in dem der Mensch und letztlich wohl auch sein Gott aufgehoben ist, im Kreise – eine unaufhörliche Bewegung, die den Schleier der Unwissenheit hebt, um ihn gleich darauf wieder fallenzulassen: «Das große Geheimnis ist allen offenbart und bleibt ewig unergründlich. Aus Schmerzen wird die neue Welt geboren, und in Tränen wird die Asche zum Trank des ewigen Lebens aufgelöst. In jedem wohnt die himmlische Mutter, um jedes Kind ewig zu gebären ...» – Inzwischen haben die Ärzte eine Lungentuberkulose bei Novalis diagnostiziert; sie verordnen Trinkkuren und regelmäßige Spaziergänge. Der Kranke macht sich seine eigenen Gedanken: Er besorgt sich heilkundliche Schriften und sucht darin nach einer Diagnose, die mit seiner Philosophie vereinbar erscheint. Schließlich kommt er darauf, daß Krankheiten, wie alles andere auf Erden auch, unter dem göttlichen Diktat freier Notwendigkeit stehen. Der Mensch soll die ihm auferlegte Krankheit als Herausforderung sehen: «Krankheiten zeichnen den Menschen vor den Tieren und Pflanzen aus – zu Leiden ist der Mensch geboren... Wahrscheinlich sind sie der interessanteste Reiz und Stoff unseres Nachdenkens und unserer Tätigkeit... Krankheiten, besonders langwierige, sind Lehrjahre der Lebenskunst und Gemütsbildung.»

Friedrich von Hardenberg stirbt am 25. März 1801. Bald danach wird er zum Dichter einer Romantik erklärt, die das von ihm geprägte Zeichen der blauen Blume erhält – was sich jedoch als ein eher zweifelhaftes Qualitätssiegel herausstellt. Denn Novalis' Werk ist vielschichtiger; sein «magischer Idealismus» unternimmt eine Denkanstrengung, die auch heute noch lohnend erscheint: Sie versucht, getrennte Sphären zu vereinigen, an denen wir mal schwach und demütig, mal großspurig und zukunftsversessen teilhaben. Das Sichtbare und das Unsichtbare, Natur und Geist, Innen- und Außenwelt, Rationalität und Gläubigkeit wollte Novalis zusammenbringen und darauf eine Religion des Wissens gründen, die zwar Bodenhaftung einfordert, aber zugleich hoch hinauf in die Göttlichkeit und in die unendlichen Weiten des Alls drängt, von denen wir das sinnstiftende Konzentrat in unseren Herzen tragen. Eine solche religiös grundierte Philosophie führt, wie Novalis kühnerweise annehmen konnte, «immer nach Hause»; ihr zu folgen bedeutet, anders als es das blaublumige Romantik-Bild meint, nicht ausschweifendes Träumen, nicht Sinnieren um jeden Preis, sondern die Teilhabe an einer realistisch gedachten und um die nötigsten Illusionen erweiterten Weltauffassung, aus der sich bewegende Andacht ebenso beziehen läßt wie Erkenntniszugewinn: «Ist denn nicht das Leben des gebildeten Menschen eine beständige Aufforderung zum Lernen? Der gebildete Mensch lebt durchaus für die Zukunft. Sein Leben ist Kampf; seine Erhaltung und sein Zweck Wissenschaft und Kunst. Je mehr man lernt, nicht mehr in Augenblicken, sondern in Jahren zu leben, desto edler wird man. Die hastige Unruh, das kleinliche Treiben des Geistes geht in große, ruhige, einfache und vielumfassende Tätigkeit über, und die herrliche Geduld findet sich ein.» Die Geduld aber wird ausgehalten von existentieller Ungeduld; sie ahnt, daß ein einziges Leben womöglich nicht ausreichen kann, um all das zu erfahren, was erfahrenswert ist. Überhaupt hat sich Novalis, der – nicht nur, weil er jung zu sterben hatte – eine jugendbewegte Philosophie des träumerischen Realismus entwickeln konnte, mitten hinein ins bedenkliche Leben gestellt, dem er die Poesie anbietet; sie läßt sich als das begreifen, was den desillusionierten Alten abhanden kommt, den Jungen jedoch, das muß ihr Vorrecht sein, zumindest einmal im Leben zufliegen sollte: als «Sinn für das Eigentümliche, Personelle, Unbekannte, Geheimnisvolle, zu Offenbarende, das Notwendigzufällige. Er stellt das Unvorstellbare dar. Er sieht das Unsichtbare, fühlt das Unsichtbare...» Poesie wird zur kreativen Welt- und Ich-Auffassung, sie macht den Kopf zum Ideenwebstuhl, dem gleichwohl eines gewiß bleibt: «Für das Lebendige ist kein Ersatz.» So liegt denn, möglicherweise, alles unendlich nah beisammen; «das Gewöhnlichste, Nächste» wäre «als ein Wunder und das Fremde, Übernatürliche als etwas Gewöhnliches zu betrachten», so daß einen «das alltägliche Leben selbst wie ein wundervolles Märchen» umgibt «und jene Region, die die meisten Menschen nur als ein Fernes, Unbegreifliches ahnden oder bezweifeln wollen», schließlich «wie eine liebe Heimat» erscheint. Novalis mutet seiner Philosophie den ganzen Reichtum des Lebens zu, den das Denken, das allerdings nur ein «Traum des Fühlens» sein könnte, nachzuzeichnen und wahrzumachen hat. Dazu gehören auch die Zweifel, ja die Verzweiflung, die den Jungen eruptiv widerfährt, den Alten jedoch Teil ihrer bitteren Abwicklungsroutine wird; in seinem Tagebuch notiert der achtzehnjährige Novalis: «Von unserer Wiege an verfolgen uns Vorurteile, Schwachheiten und Mängel, die uns das Drückende des Lebens in seiner ganzen Schwere fühlen lassen. Alle unsre Wünsche bleiben unerfüllt, unsre Pläne scheitern, unsre schönsten Hoffnungen, unsre blühendsten Aussichten verschwinden. Oft schein ich mir allein in der Welt zu sein... Skeptizismus an Allen, trauriger Menschenhass muß unmittelbar daraus entstehen. – Unglücklicher, dem dies Schicksal zuteil ward. Bin ich der Unglückliche?» Auf diese Frage gab sich Novalis selbst seine Antworten; sie sind weit hergeholt und gehen gegen unseren heutigen, fast immer begründeten Überzeugungen an, unglücklich sein zu müssen: Nein, lautet die Antwort in ihrer letztgültigen Fassung, eigentlich bin ich der Glückliche.

Nachwort

«Der entscheidende, der eigentlich aufschlußreiche Moment im Leben eines Menschen ist der, in dem die disparaten Elemente, die er in sich trägt, die zerstreut und unverbunden in ihm herumliegen, plötzlich zu einem unsichtbaren Kristall zusammenschießen, der nie mehr aufzulösen ist, von dessen harter, spürbarer, ja schmerzlicher Form alles bestimmt sein wird, was er je unternimmt. Von diesem inneren Kristall wird er sich nie mehr befreien können, und ob er durch ihn scheitern wird oder ihm schließlich entspricht, wird sich erst sehr spät, manchmal sogar erst lange nach seinem Tod erweisen, nämlich dann, wenn Sinn oder auch Unsinn seines Werks anderen aufgeht. Dieser Moment kann blitzartig sein, er kann sich aber auch zu Jahren dehnen.»

Dieses Zitat stammt von Elias Canetti und war eine zentrale, ihm sehr wichtige Passage in einem Radio-Gespräch, das ich einmal mit ihm führen konnte – es muß etwa um 1974 gewesen sein. In seinem späteren Werk, in seiner dreibändigen Autobiografie und in seinen «Aufzeichnungen» taucht dieses Phänomen, das er damals als die Entstehung eines «unsichtbaren Kristalls» charakterisiert hatte, immer wieder auf – als entscheidende Erfahrung in seinem eigenen Leben und als Schlüssel zum Verständnis anderer Existenzen, zumal der von Schriftstellern. Canetti nahm damit einen Gedanken von Stendhal auf, den dieser in seinem Buch «Über die Liebe» schon 1822 geäußert hatte.

Warum ich darauf zu sprechen komme? Weil ich finde, daß Otto A. Böhmer in seinen «Sternstunden der Literatur» sehr plausible Belege dafür gefunden hat, wie sich solche entscheidenden Kristallisationspunkte in der Person und im Werk von Autoren ereignen. Elias Canetti hätte sich sicher über dieses Buch gefreut, das seine eigenen Erfahrungen fortschreibt und bestätigt. Böhmer schildert nämlich sehr genau die unterschiedlichen Einflüsse, die zusammentreffen müssen, um diesen Konzentrations- und Kristallisationseffekt bei den von ihm behandelten Figuren auszulösen: es können Wahrnehmungen sein von Landschaften oder von Zeitereignissen, Begegnungen mit Büchern oder Menschen, schicksalhafte Umstände oder scheinbare Zufälle – sie führen alle zu einem ähnlichen Ergebnis, zu der Selbsterkenntnis von Schriftstellern, daß sie nur durch das Schreiben ihr Leben bewältigen können. Es geht also um den Augenblick, wo sie ganz sicher ihr Ziel vor Augen haben. Es sind Kristallisations- und Wendepunkte in ihren Biografien, es sind auch, das darf man nicht vergessen, die eigentlichen Inspirationsquellen für ihr künftiges literarisches Werk.

Spannend und anrührend ist dabei (Böhmer bezieht seine Beispiele ja aus den letzten 250 Jahren), welche unerwarteten Parallelen sich da im Vergleich verschiedenartiger Personen und Charaktere feststellen lassen, unabhängig von der jeweiligen historischen Situation, unabhängig von den individuellen Lebensvoraussetzungen. Denn die Selbstfindungsprozesse, denen sich dieses Buch behutsam nähert, liegen meistens im jugendlichen Alter der Akteure, wo äußere und innere Gefährdungen besonders einschneidend wirken, wenn das Mißverstandenwerden durch die Umgebung und Selbstzweifel zusammenkommen. Was Böhmer beschreibt sind Akte der Selbstbefreiung, der Selbstbehauptung und eine immer weiter wachsende Selbstgewißheit, als Anschub und Triebkraft für das literarische Werk und die Berufung, Schriftsteller zu sein oder zu werden.

Diese biografischen Schlüsselszenen, Einblicke in frühe psychische Konflikte von Autoren, hat Otto A. Böhmer literarisch angelegt in Form von Prosa-Miniaturen und kleinen Novellen, die von mehr oder weniger spektakulären «unerhörten Begebenheiten» (wie es die Definition der Novelle verlangt) im Leben der Beteiligten handeln. Festgehalten wird dabei der Moment der «Kristallisation», so wie Canetti ihn eingangs definiert hat: die disparaten, unverbundenen, unbewußten Teile in der Vorstellungswelt eines Schriftstellers verdichten sich zu jenem Lebensstoff und Material, aus dem Literatur eigentlich erst entsteht.

Dieses Buch von Otto A. Böhmer basiert auf einer Nachtstudio-Sendereihe des Bayerischen Rundfunks, die in den Jahren 2002/2003 unter dem Titel «Das Abenteuer der Inspiration» im Programm Bayern2Radio gelaufen ist.

Peter Laemmle

Literaturhinweise

Die folgende Literaturliste kann keinen Anspruch auf Vollständigkeit erheben, sie will es auch gar nicht. Genannt werden vor allem solche Werke, die für den Autor besonders informativ waren. Da seine eigenen Vorlieben schon immer mehr den Lebensgeschichten galten, die sich um literarische und philosophische Werke ranken, liegt der Schwerpunkt des Literaturverzeichnisses im biographischen Feld. Die Freunde der Werktreue und des strikten Wortglaubens mögen mir meine Spielart der literarischen Darstellung, die gleichwohl begründet und erprobt ist, nachsehen; in seinem Umgang mit Büchern und Texten kann sich ein freier Autor noch für frei halten, ansonsten ist er oft mehr Autor als frei.

Als ein Traum, als ein Schweben

Franz Kafka und das nichtgelebte Leben

Franz Kafka, Gesammelte Werke in acht Bänden. Hg. v. Max Brod. Frankfurt a. M. 1969

Anthony Northey, Kafkas Mischpoche. Berlin 1988

Elias Canetti, Der andere Prozeß. Kafkas Briefe an Felice. München 1977

Hans-Gerd Koch (Hg.), Als Kafka mir entgegenkam. Erinnerungen an Franz Kafka. Berlin 1995

Margarete Buber-Neumann, Kafkas Freundin Milena. München 1963

Hartmut Binder, Kafka. Der Schaffensprozeß. Frankfurt a. M. 1983

Heinz Politzer, Franz Kafka. Der Künstler. Frankfurt a. M. 1978

Klaus Wagenbach, Franz Kafka. Reinbek 1964

Hanns Zischler, Kafka geht ins Kino. Reinbek 1996

Der alten Liebe große Macht

Dante und der Weg ins Licht

Dante, Vita Nuova. Das Neue Leben. Aus dem Italienischen von Karl Federn. Hg. v. Ulrich Leo. Frankfurt a. M. 1964

Dante, Die Göttliche Komödie. Übertragen von August Vezin. Dülmen i. W. 1926

Kurt Leonhard, Dante. Reinbek 1970

August Vezin, Dante. Seine Welt und Zeit. Sein Leben und Werk. Dülmen i. W. 1949

Antonio Altomonte, Dante. Reinbek 1994
Olof Lagercrantz, Dante und die Göttliche Komödie. Frankfurt a.M. 1997

Im klaren Herzen einer Kristallkugel

Joseph Conrad und der Abgesandte der Zukunft

Joseph Conrad, Werke. Zürich 1977 ff.
Joseph Conrad, Bericht über mich selbst. Aus dem Englischen übertragen von Renate Berger. Leipzig 1979
Peter Joseph Nicolaisen, Joseph Conrad. Reinbek 1988
Olof Lagercrantz, Reise ins Herz der Finsternis. Eine Reise mit Joseph Conrad. Frankfurt a.M. 1988
Renate Wiggershaus, Joseph Conrad. München 2000

Eine höchstrichterliche Entscheidung

Jean Paul und die Entdeckung des fügsamen Ich

Jean Paul, Werke. Hg. v. Norbert Miller. München 1959 ff.
Uwe Schweikert, Jean Paul. Stuttgart 1970
Günter de Bruyn, Das Leben des Jean Paul Friedrich Richter. Frankfurt a.M. 1977
Rolf Vollmann, Das Tolle neben dem Schöne – Jean Paul. München 2000
Eduard Berend (Hg.), Jean Pauls Persönlichkeit in Berichten der Zeitgenossen. Berlin 1956
Wolfgang Harich, Jean Pauls Revolutionsdichtung. Berlin 1974

Sprich, Erinnerung, sprich

Vladimir Nabokov und die durchsichtigen Dinge

Vladimir Nabokov, Gesammelte Werke. Hg. v. Dieter E. Zimmer. Reinbek 1989ff.
Vladimir Nabokov, Erinnerung, sprich. Wiedersehen mit einer Autobiographie. Dt. v. Dieter E. Zimmer. Reinbek 1991
Zinaida Schachowskoy, Auf den Spuren Nabokovs. Frankfurt a.M. 1981
Donald E. Morton, Vladimir Nabokov. Reinbek 1984

Ein kleines Quantum reiner Zeit

Marcel Proust und die Zeichen des Glücks

Marcel Proust, Auf der Suche nach der verlorenen Zeit. Übers. v. Eva Rechel-Mertens. Frankfurt a.M. 1953ff.

Marcel Proust, Jean Santeuil. Übers. v. Eva Rechel-Mertens. Frankfurt a.M. 1964
Marcel Proust, Briefe zum Werk. Hg. v. Walter Boehlich. Frankfurt a.M. 1977
Marcel Proust, Briefe zum Leben. Hg. v. Uwe Daube. Frankfurt a.M. 1978
Claude Mauriac, Proust. Reinbek 1958
André Maurois, Von Proust bis Camus. München 1964
Ulrike Sprenger, Proust ABC. Leipzig 1997

Zündend fürs ganze Leben

Joseph von Eichendorff und das Herz der Welt

Joseph von Eichendorff, Werke. Hg. v. Ansgar Hillach und Klaus-D. Krabiel. München 1970 ff.
Joseph von Eichendorff, Von versunknen schönen Tagen. Ein Lesebuch. Hg. v. Otto A. Böhmer. München 1987
Günter Schiwy, Eichendorff. Der Dichter in seiner Zeit. München 2000
Paul Stöcklein, Eichendorff. Reinbek 1963
Wolfgang Frühwald (Hg.), Joseph von Eichendorff. Leben und Werk in Texten und Bildern. Frankfurt a.M. 1988
Otto A. Böhmer, Zeit des schönen Scheins. Eggingen 1992

Die Stimmen, die da kommen sollen

Rainer Maria Rilke und die Arbeit eines Sommers

Rainer Maria Rilke, Sämtliche Werke. Hg. v. Ernst Zinn. Frankfurt a.M. 1955 ff.
Rainer Maria Rilke, Briefe. Hg. v. Rilke-Archiv in Weimar in Verbindung mit Ruth Sieber-Rilke besorgt durch Karl Altheim. Frankfurt a.M. 1987
Wolfgang Leppmann, Rilke. Bern 1981
Donald A. Prater, Ein klingendes Glas. Das Leben Rainer Maria Rilkes. München 1986
Lou Andreas-Salomé, Rainer Maria Rilke. Leipzig 1928
Egon Schwarz, Das verschluckte Schluchzen. Poesie und Politik bei Rainer Maria Rilke. Frankfurt a.M. 1972
Heinz Ludwig Arnold (Hg.), Rilke? Kleine Hommage zum 100. Geburtstag. München 1975
Hans Egon Holthusen, Rilke. Reinbek 1958

Alles scheint anders, als es ist

Anton Tschechow und die Ähnlichkeit mit Menschen

Anton Tschechow, Das erzählerische Werk. Hg. v. Peter Urban. Zürich 1976
Anton Tschechow, Das dramatische Werk. Hg. v. Peter Urban. Zürich 1973 ff.
Anton Tschechow, Briefe. Hg. v. Peter Urban. Zürich 1979
Henri Troyat, Tschechow. Leben und Werk. Stuttgart 1987
Maxim Gorki, Erinnerungen an Zeitgenossen. Frankfurt a.M. 1962
Elsbeth Wolffheim, Anton Tschechow. Reinbek 1982

Es ereignet sich aber das Wahre

Friedrich Hölderlin und das unschuldigste aller Geschäfte

Friedrich Hölderlin, Werke und Briefe. Hg. v. Friedrich Beißner und Jochen Schmidt. Frankfurt a.M. 1969
Peter Härtling, Hölderlin. Roman. Neuwied 1976
Peter Härtling (Hg.), Behalten Sie mich immer in freundlichem Angedenken. Briefe von und an Hölderlin. Köln 1994
Pierre Bertaux, Hölderlin. Frankfurt a.M. 1978
Martin Heidegger, Erläuterungen zu Hölderlins Dichtung. Frankfurt a.M. 1985
Ulrich Häussermann, Hölderlin. Reinbek 1961
Gunter Martens, Friedrich Hölderlin. Reinbek 1996
Dieter Henrich, Der Grund im Bewußtsein. Untersuchungen zu Hölderlins Denken. Stuttgart 1992

Ein Fall von Begünstigung

Hans Christian Andersen und das Märchen eines Lebens

Hans Christian Andersen, Märchen. Übers. v. Eva-Maria Blühm. Frankfurt a.M. 1975
Hans Christian Andersen, Tagebücher. Übers. u. hg. v. H. Barüske. Frankfurt a.M. 1980
Hans Christian Andersen, Das Märchen meines Lebens. Hg. v. E. Nielsen. München 1961
Hans Christian Andersen, Lebensbuch. Übers. v. G. Perlet. München 1993
Erling Nielsen, Andersen. Reinbek 1995

Den inneren Menschen erfinden

Robert Musil und der andere Zustand

Robert Musil, Gesammelte Werke. Hg. v. Adolf Frisé. Reinbek 1978
Robert Musil, Briefe. Hg.v. Adolf Frisé. Reinbek 1981
Karl Corino, Robert Musil. Leben und Werk in Bildern und Texten. Reinbek 1988
Hans-Georg Pott, Musil. München 1984
Hans Mayer, Der Repräsentant und der Märtyrer. Frankfurt a.M. 1971
Wilfried Berghahn, Robert Musil. Reinbek 1963

Das Spiel kommt zu Ehren

Thomas Mann und die Textur der Vergänglichkeit

Thomas Mann, Gesammelte Werke in Einzelbänden. Hg. v. Peter de Mendelssohn. Frankfurt a.M. 1980 ff.
Thomas Mann, Über mich selbst. Frankfurt a.M. 1994
Thomas Mann, Altes und Neues. Kleine Prosa aus fünf Jahrzehnten. Frankfurt a.M. 1953
Katia Mann, Meine ungeschriebenen Memoiren. Frankfurt a.M. 1976
Golo Mann, Erinnerungen und Gedanken. Eine Jugend in Deutschland. Frankfurt a.M. 1986
Klaus Schröter, Thomas Mann. Reinbek 1964
Hermann Kurzke, Thomas Mann. Das Leben als Kunstwerk. München 1999
Heinrich Breloer, Die Manns. Frankfurt a.M. 2001

Einem Nachtwandler ähnlich

Goethe und der Gebrauchswert der Literatur

Johann Wolfgang Goethe, Werke. Hamburger Ausgabe. Hg. v. Erich Trunz. München 1964 ff.
Johann Wolfgang Goethe, Leben und Welt in Briefen. Zusammengestellt v. Friedhelm Kemp. München 1996
Karlheinz Schulz, Goethe. Eine Biographie in sechzehn Kapiteln. Stuttgart 1999
Nicholas Boyle, Goethe. Der Dichter in seiner Zeit. München 1999 ff.
Richard Friedenthal, Goethe. Sein Leben und seine Zeit. München 1963
Peter Boerner, Goethe. Reinbek 1964
Peter Schünemann (Hg.), Unwandelbar G. Ein Lesebuch zu Goethes Leben. München 1998

Katharina Mommsen, Goethe-Lesebuch. Frankfurt a.M. 1992
Ernst Beutler, Essays um Goethe. Frankfurt a.M. 1995
Otto A. Böhmer, Der junge Herr Goethe. München 1999

Daß ihn der Teufel hole

Denis Diderot und die Schwerkraft des Wissens

Denis Diderot, Ästhetische Schriften. 2 Bde. Berlin 1984
Denis Diderot, Philosophische Schriften. 2 Bde. Berlin 1984
Denis Diderot, Sämtliche Erzählungen und Romane. 2 Bde. München 1979
Denis Diderot, Briefe 1742–1781, Frankfurt a.M. 1984
Hans Magnus Enzensberger, Diderots Schatten, Frankfurt a.M. 1994
Pierre Lepape, Diderot. Frankfurt a.M. 1994
Jean Starobinski, Das Rettende in der Gefahr, Frankfurt a.M. 1990

Was ist aus uns geworden

Clemens Brentano und die Phantasie des zerrissenen Herzens

Clemens Brentano, Werke. Hg. v. Wolfgang Frühwald, Bernhard Gajek u. Friedhelm Kemp. München 1968
Clemens Brentano, Gedichte, Erzählungen, Briefe. Hg. v. Hans Magnus Enzensberger. Frankfurt a.M. 1981
Hartwig Schultz, Schwarzer Schmetterling. Zwanzig Kapitel aus dem Leben des romantischen Dichters Clemens Brentano. Berlin 2000
Helene M. Kastinger Riley, Clemens Brentano. Stuttgart 1985
Robert Walser, Aufsätze. Hg. v. Jochen Greven. Frankfurt a.M. 1985
Requiem für eine romantische Frau. Die Geschichte von Auguste Bußmann und Clemens Brentano. Überliefert von Hans Magnus Enzensberger. Frankfurt a.M. 1996

Immer nach Hause

Novalis und das Feuer des Schönen

Novalis, Werke. Hg. v. Gerhard Schulz. München 1969
Novalis, Dokumente seines Lebens und Sterbens. Hg. v. Hermann Hesse. Frankfurt a.M. 1976
Novalis für Gestresste. Ausgewählt von Ursula Michels-Wenz. Frankfurt a.M. 2001
Herbert Uerlings, Novalis. Stuttgart 1998
Hermann Kurzke, Novalis. München 1998
Gerhard Schulz, Novalis. Reinbek 1969